# 中国消费函数分析

臧旭恒 著

商务印书馆
The Commercial Press
创于1897

**图书在版编目(CIP)数据**

中国消费函数分析/臧旭恒著.—北京:商务印书馆,
2023
ISBN 978－7－100－22319－5

Ⅰ.①中… Ⅱ.①臧… Ⅲ.①消费理论—研究—中
国 Ⅳ.①F126.1

中国国家版本馆 CIP 数据核字(2023)第 067039 号

**中国消费函数分析**

臧旭恒 著

商 务 印 书 馆 出 版
(北京王府井大街36号 邮政编码100710)
商 务 印 书 馆 发 行
北京市白帆印务有限公司印刷
ISBN 978－7－100－22319－5

2023 年 10 月第 1 版 开本 880×1230 1/32
2023 年 10 月北京第 1 次印刷 印张 9
定价:70.00 元

# 目　　录

.

# 序

　　近十年来国内关于消费问题的研究逐渐多了起来，消费经济研究机构、消费经济理论刊物也先后问世，至于研究消费的论文则更是屡见不鲜，只是关于消费函数的研究却不多见，一些偶尔涉及消费函数的文章，又往往是一带而过，浅尝辄止，不能给人留下深刻的印象。臧旭恒同志的《中国消费函数分析》这篇博士论文，知难而进，紧紧抓住这个较少为人着力研究过的课题作为他的博士论文主攻方向，并花了很大的努力在这块待开垦的领域中潜心求索，终于写出了这部具有一定开创性和填补空白意义的著作，对此，我作为他的导师深感欣慰。

　　消费函数问题过去所以尚未引起经济学界的广泛重视，我认为最主要的原因是过去的环境使然。中国过去的低收入政策，使得收入除了被用于即期消费之外，几乎所剩无几，因此收入与消费的关系并未构成什么问题。但是随着改革的深化和国民经济加快增长，国民的个人收入也随之迅速增加，个人收入与消费水平的关系也正日益引起社会的关注。从这个意义上讲，研究消费函数问题多少带有一点超前性，但它更多地具有为即将到来的研究热点起着理论准备的作用。

　　谈到理论的准备，我认为本书在以下两点是颇值得重视的。首先，作者在构筑消费函数模型之前，曾专门分析了消费者行为，他认为这是构筑消费函数模型的理论基础，而这一点在过去有关此类著作中则是较少涉及的。其次，作者在分析中国消费者行为时，坚持从实际出发，他考虑体制改革前后消费环境的变化，导致内在设定的不同，从而提出分期建立不同的消费函数模型。与此同时，他又考虑到中国社会城乡分离造成的消费行为的差异（包括收入水平、精神物质生活差异，以及劳动力自由流动受到人为的限制等），提出分别建立城市和农村的消费函数模型。这些做法无疑都是带有开创性的探索，在科学研究上是很有启发性的。

作者在本书中采用的方法主要是计量经济学的方法，利用线性回归模型分析法等有关方法来验证各种假说和模型，对于这些方法我不熟悉，没有发言权，但是我认为在经济学领域中仅仅局限规范的分析是远远不够的，因此，如能有分析地借鉴西方经济学中一些运用数学手段的分析方法，来弥补我们已有研究的不足，无疑是非常必要的。所以在这方面尽管我知之甚少，但是对作者的尝试还是非常欣赏的，如果在这方面有不足和缺陷，乃至引起一些评论和异议的话，那对于这个领域的研究来说，也是非常有益的。

谷书堂

1994 年 2 月 5 日于南开大学

# 0 导言

## 0.1 研究消费函数的意义

### 一、总需求决定上的主要因素

一位经济学家在回溯凯恩斯以后消费函数理论和实证研究的发展时，感慨地写道："很少有经济学领域像总量消费函数那样进行了这样广博的研究。"[①] 的确，自从凯恩斯在《就业利息和货币通论》(以下简称《通论》)中首创消费函数理论[②] 以后，消费函数成为经济学家们经久不衰的关注和研究的一个专门领域，研究文献浩如烟海。固然，这部分是由于在标帜着经济理论的"凯恩斯革命"的凯氏《通论》中，凯氏把消费函数置于其理论体系的核心地位(汉森把它叫作"凯恩斯分析的核心"，加德纳·阿克利称它为"凯恩斯理论结构中的主要部分"，"它构成凯恩斯理论体系的核

---

① George Hadjimatheou, *Consumer Economics after Keynes*, St. Martin's Press, 1987, p. vii.

② 参见〔英〕凯恩斯：《就业利息和货币通论》第 3 编，徐毓枏译，商务印书馆 1963 年版。

心"①。），"它鼓舞人们进行广泛的、不断的努力，来说明、推敲并用统计来衡量收入与消费之间的关系的性质与稳定性。"②此后，一些杰出的经济学家，如诺贝尔经济学奖折桂者西蒙·库兹涅茨、托宾、弗里德曼、摩迪里安尼涉足消费函数，并取得不同凡响的研究成果。其中，摩迪里安尼主要因其在消费函数研究上的突出贡献，戴上诺贝尔经济学奖桂冠。这些显然使消费函数理论大放异彩。

然而，对某一特定经济理论研究领域或特定现实经济问题经久不衰的、广泛的兴趣，无疑有着更深刻得多的社会经济背景。虽然凯恩斯在《通论》中第一次充分而清晰地说明了消费和收入之间的函数关系，在此之前，其他人已经接近于提出同样的思想③。艾尔弗雷德·马歇尔从长期增长的角度，明确认识到总收入和储蓄之间存在着一种关系④，另一些人从短期波动的角度提出这一思想⑤，"可是没有认识到它的重大关系"⑥。

显而易见的一个因果关系是，凯氏首创消费函数与20世纪30年代在主要资本主义国家爆发的大危机相关。大危机之前，虽然不

---

① 〔美〕加德纳·阿克利:《宏观经济理论》，陈彪如译，上海译文出版社1981年版，第444—445、240页。

② 同上。

③ 同上书，第239页。

④ 庇古指出这一点。参见 A. C. Pigou, *Employment and Eguilibrium: A Theoretical Discussion*, 2nd ed., Mcmillan, 1952。

⑤ 正如阿克利所指出的，克拉克在其所著《商业循环的战略性因素》一书中不仅明确地从收入波动的角度表述了这一思想，而且非常清楚地谈到它的关系。参见《宏观经济理论》，第239—240页。

⑥ 〔美〕加德纳·阿克利:《宏观经济理论》，陈彪如译，上海译文出版社1981年版，第239页。

乏有人已对古典经济学的主要支柱之一——"萨伊信条"有所置疑，但是，大危机无疑是对这个信条的最后致命一击。供给自动创造需求，使两者处于均衡状态。这个命题不能成立。需求作为经济运行机制中的主要变量之一，起码并不是始终处于被动地位。在经济思想史上，马克思较早地、系统地阐述过需求的组成部分之一——消费在社会再生产过程中的地位和作用，并从这个角度，揭示出资本主义社会再生产的周期性的重要原因之一[①]。当然，马克思是从制度和动态的高度，阐释了消费（需求）不足的制度机理，这从方法论上为后人留下宝贵遗产。凯恩斯认识到总需求状况如何对于总供给的影响，总需求由两部分，即消费需求和投资需求组成。在现代经济社会中，消费支出占社会总收入的三分之二左右，其状况如何，显然是分析宏观经济状态时不容忽视的重要因素。正是在这个意义上，凯恩斯把消费作为总需求的一个主要部分加以关注。

也许，合理预期（rational expectations）称得上为现代经济理论的另一次革命，至少，合理预期对现代经济理论的发展产生了重大的影响。这里，从本书分析的角度，值得一提的是，在70年代早期，大多数合理预期研究集中于与总供给相关的那些问题上，而到70年代后期和80年代早期，研究的着重点转移到需求方面，尤其是消费和投资。[②]

总之，消费作为主要变量之一，其与收入的函数关系的奥妙，吸引着一代又一代经济学家倾毕生精力探微。在对消费与收入之间

---

[①] 参见《马克思恩格斯全集》第46卷上册，第18—50页；第24卷第3篇。

[②] 参见 J. B. Taylor, "Rational Expectations Models in Macroeconomics", in *Frontiers of Economics*, ed. by Arrow, K. J., et al., Oxford, 1985。

关系的研究和知识积累过程中，已经揭示出主要经济变量之间的某些特殊属性，如消费的相对稳定性对经济的"棘轮作用"，并从消费与收入之间的关系上，分析财政政策、税收政策、货币政策以及相关的经济稳定政策的有效性。

## 二、宏观经济调控的着眼点

或许，有人认为，现在研究中国的消费函数，如同孩子尚在襁褓之中，就研究如何指导矫正其行走一般。实则不然，对中国消费函数的研究，虽然至今仍未成为中国经济理论界给予特别重视的课题（这也与此课题研究的难度较大相关），但已经越来越多地引起人们的注意。究其原因在于，在中国宏观经济理论形成发展进程中，消费与收入之间的关系已成为研究的最薄弱的环节之一。国内某些有影响的宏观经济理论专著在涉及这一问题时，有意或无意地加以回避。[①] 毫不夸张地说，这肯定削弱了这些理论体系解释现实宏观经济运行状态的有效力。

中国正从传统的中央集权的经济体制向社会主义市场经济体制过渡。经济体制改革、政治体制改革使中国正处于非常态的制度变迁、制度重建过程中，制度变革、组织创新和观念转变必然导致消费者行为的变异。如果说，在传统体制下，由于严重的消费短缺和长期实行配给制度而使人们觉得消费行为无理论可言，从而谈不到消费函数研究的话，那么，时至今日，严重的消费品短缺已经基本

---

[①] 参见刘国光、戴园晨等:《不宽松的现实和宽松的实现：双重体制下的宏观经济管理》，上海人民出版社 1991 年版，第 466 页；樊纲等:《公有制宏观经济理论大纲》，上海三联书店 1990 年版，第 148 页。

消除，配给制度已基本不存在，消费行为应该有理论可言，并在此
基础上建立消费函数理论。进一步说，即使在传统体制下存在严重
的消费品短缺和实行配给制度，也仍有消费行为理论可言，科尔奈
在《短缺经济学》中对社会主义传统体制下消费者行为的分析即为
一明证[①]。

　　中国现时仍在进行之中的制度变迁，是人类社会经济发展史上
的一大创举，其意义已跨越国界。就消费与收入之间的关系而言，
改革前后，由于制度变革、组织创新和观念转变导致的消费行为的
变异，必然使两者呈现不同的属性。某些制度因素的增加或减少，
以及其组合方式的改变以怎样的方式、多大的程度改变了消费者行
为，从而使消费与收入之间的关系图式发生变形？这是截然不同于
思想实验的实际社会实验。社会科学研究与自然科学研究有众多不
同之处，其中主要两点一是在研究的手段上，自然科学能够在受控
的实验室内，基本上排除可能干扰实验的那些因素，使实验在理想
的条件下进行，用经济学术语表述，这使实验具有确定性；社会科
学则不能拿人类社会的发展作为赌注进行大规模的社会实验，一般
来说，社会科学利用的是思想实验手段，这使实验具有极大的不确
定性。另一点与第一点相关，自然科学研究的成果具有可测性，正
确与错误是确定的；而社会科学研究成果的可测性很差，它只能
在以后相当长的社会演进实践中，由历史的进程去印证。社会科学
研究的这两个特点有一个"例外"，那就是在社会变革的非常态时

---

　　① 旧译科尔内。参见〔匈〕科尔内：《短缺经济学》下卷，高鸿业校，经济科学
出版社 1986 年版，第 18 章。

期。一方面，社会变革——包括制度变迁、组织创新和观念转变等——本身即成为社会科学研究的"实验室"，尤其像中国目前这种"受控"的社会变革；另一方面，在相对较短的时间里实现的制度变革和组织创新，使社会科学研究成果的可测性增加。中国改革前后，制度因素对消费者行为，进而对消费与收入关系的影响的对比研究，无疑会为现代经济理论研究的进展提供丰富多彩的史料和实验室，验证现代经济理论的某些研究成果，如本书所要验证的各种消费函数假定，使这些研究深化。

中国制度变迁的目标是建立适合中国国情的现代市场经济体制，这是与传统体制不同的另一种体制。在两种不同体制下，消费作为一种宏观经济变量，对经济运行状况的影响相当不同。从消费需求作为总需求的一部分影响国民生产总量供给这一命题看，在传统体制中，由于消费品严重短缺、配给制度以及僵硬的劳动工资制度，消费需求的形成基本上可以控制，这使消费需求对国民生产总量供给的影响有较大的确定性；在市场经济体制中，收入的多渠道性、金融资产的多样化、居民投资和投机机会的可选择性，以及相应的流动约束（liquidity constraints）的松弛化，使消费需求形成机制复杂，可控性减弱，消费需求影响国民生产总量供给的不确定性增加。另一方面，从消费需求对国内净储蓄的形成的影响看，在传统体制下，居民储蓄仅占国内净储蓄的一个很小比重（1978年为 4.8%[①]）；随着向新体制的转变，居民储蓄的份额逐渐增大

---

① 参见中国经济体制改革研究所宏观经济研究室：《改革中的宏观经济》，四川人民出版社 1988 年版，第 62—63 页。

（1986年已达到35.5%[①]）。居民消费与居民储蓄是互为消长的两个经济变量，在居民储蓄占国内净储蓄份额增大的情况下，消费（主要为居民消费）对国内储蓄形成的影响力加大。

在市场经济体制中，消费作为一个主要的宏观经济变量，已成为宏观经济调控的主要对象之一。

## 0.2　研究的方法

### 一、消费函数与消费者行为

在本书的理论分析部分中，以相当大的篇幅集中分析比较消费函数理论中的消费者行为假定，这似乎游离于主题甚远，实则不然。

本书以对消费者行为的分析研究作为研究消费函数的突破口，主要基于以下几方面的缘由：

#### 1. 以往研究中国消费函数的薄弱之处

处于起步阶段的中国消费函数研究中的一个致命弱点是：建立消费函数理论模型缺乏消费者行为理论分析。消费函数研究流于用中国的数据拟合现代经济理论，主要是西方经济理论中的种种消费函数假定，并以相关系数和其他几种统计量的优劣判断不同消费函数在中国的适用性，进而作出种种推论。这其中的不当之处，本书将专门分析。就一般而论，正如凯恩斯已指出的，消费动机或者说

---

[①]　参见中国经济体制改革研究所宏观经济研究室：《改革中的宏观经济》，四川人民出版社1988年版，第62—63页。

储蓄动机，是随假定的经济制度与经济组织、随种族、教育、成规、宗教及流行道德观念等因素所形成的习惯，随现在的希望与过去的经验，随资本设备的多寡与技术，又随目前财富分配办法，以及社会各阶层已经确立的生活程度，而大有不同[①]。这种不同对于消费函数的影响，显然是不可稍事忽略的。现代经济学的消费函数理论主要是在新古典学派范式（the neoclassical paradigm）内发展起来的，而新古典学派范式深深植根于现代西方社会制度、经济组织等的土壤之中。中国的社会制度、经济组织等与西方社会有许多重要的不同之处，因此，制度因素，这是在利用现代消费函数理论分析研究中国消费函数时，尤其要注重的。正是种种制度因素从客观上制约着消费者行为的形成。以下还要阐释，对消费者行为的研究以及在此基础上确立的消费者行为理论，是确立消费函数理论的基础。也正是从这个意义上说，缺乏消费者行为理论分析是以往研究的致命弱点。

### 2. 消费函数理论的微观基础

消费函数是指消费与收入之间的某种函数关系。这种关系既可以是个人消费与个人可支配收入之间的某种量上的比例，也可以是社会总消费与社会总收入之间的某种量上的相关。就前者，即居民个人消费与个人可支配收入而言，显然，在个人可支配收入既定的前提下，消费与收入的相关关系取决于由个人消费行为所决定的个人消费；另一方面，由个人消费行为所决定的个人消费又会影响到

---

① 参见 J. M. Keynes, *The General Theory of Employment, Interest and Money*, St. Martin's Press, 1973, p. 95。

个人取得收入的努力程度，从而影响到个人可支配收入。可见，消费者行为是研究个人消费与收入之间相关关系的基础。就后者，即社会总消费与社会总收入而言，两者无非是某一国度内全体居民个人消费和收入的总和，尽管其中涉及一个较复杂的"加总"问题。现代经济学的方法是把社会总消费与社会总收入视为"宏观个人"的消费和收入，当然，这是以个人消费行为的假定及其可加性为基础的。

### 3. 各种消费函数假定的异同之源

现代经济理论中不同消费函数关于消费者行为假定的差异，是下一章所要分析的主要内容之一。从这种分析中将不难看到，消费者行为假定的差异是导出不同消费函数假定的主要缘由之一。

## 二、消费函数与新古典经济理论

自从凯恩斯在《通论》中第一次明确提出消费函数以来，消费函数主要是在新古典经济理论范式内发展的，除凯恩斯本人绝对收入假定的消费函数和杜森贝里等人的相对收入假定的消费函数没有超出凯恩斯经济学的藩篱外，其他几种主要的消费函数及其变异均以新古典经济理论为母体[①]。这也就是说，各种消费函数理论中有关消费者行为的假定——这种假定是消费函数分析的基础，不论有何差异，均是以新古典经济理论中对消费者行为的外部环境设定和对消费者行为的内在设定，即消费主体假定为不言而喻的前提假设

---

① 参见 George Hadjimatheou, *Consumer Economics after Keynes*, St. Martin's Press, 1987, pp. 1–12。

的。在西方学者看来，这是不说自明的，因而，在他们有关消费函数的论述中很少再指明这些前提假设。然而，问题在于，在利用现代经济理论（主要是新古典理论）有关消费函数研究的成果，具体分析中国的消费同收入之间的关系图式时，这些前提假设是否仍然成立，或者说，是否可以忽略？

在对这个问题作出正面回答之前，先简要分析一下以往有关中国消费函数的研究实际上如何处理此问题的。依据对所掌握的资料的研究，结论是：大多数的研究忽略了这些前提假设，少数研究虽从不同的角度涉及这些前提假设，但并没有进行充分的分析。从某种意义上说，这意味着以往研究及其所获得的成果，基本上建立在新古典理论的那些前提假设之上。

问题在于，新古典理论的那些前提假设在中国是否具有客观有效性？如果具有客观有效性，即假设基本成立，以往研究不论其最终结论正确与否，起码研究的基础不成问题；反之，如果不具有客观有效性，即假设基本不成立，那么以往研究恐怕是难以成立的，就如在海滨沙滩之上建摩天大厦一样，地基不稳定，大厦复何存。在这两种状况之间，还有一些中间状态，即新古典理论的前提假设中有一些成立，另一些不成立，或者有效力的强弱有所差异，在这些情况下，以往研究能否成立，需做更具体的分析。

本书与以往研究的不同之处首先在于，比较全面和充分地分析了新古典理论的那些前提假设在中国的适用性。以此为基础，借鉴各种消费函数理论的研究成果，提出有关中国消费函数的几种假定，然后用中国的各种数据加以验证。这些假定与以往研究有所不同，实证分析利用的数据也较之更广泛、细致。

### 三、制度因素分析

一旦分析新古典理论的前提假设在中国是否成立，制度因素立刻进入视野。作为现代经济学主流学派的新古典理论，正如有人已指出的，是把经济分析的制度因素作为既定的前提加以舍象。对此，非议颇多。尤其在制度学派和新制度学派眼中，经济理论所要研究的对象首先是社会经济过程中的制度因素，舍此，根本不可能作有说服力的分析。为此，从方法论的角度，本书在分析过程中尤其注意制度因素对消费—收入之间关系的影响。

暂且不论这些分歧，如果说新古典理论在持续研究某一特定社会经济实体时，舍象或忽略了制度因素还有一定的合理性的话，在研究具有不同的社会经济背景的客体时，这种合理性则不再存在。

关于制度因素分析的几个重要问题，将在第 3 章再作论述。

### 四、实证检验和现代计量经济学方法的运用

在用中国有关数据实证检验提出的各种假说和模型时，是以现代计量经济学方法为手段的，主要是线性回归模型（linear regression models）分析方法，包括普通最小二乘法、序列相关分析、自回归移动平均误差处理方法和多项式分布滞后分析方法等。

## 0.3 基本思路、结构和主要内容

### 一、基本思路

根据以上论述的方法，本书首先以归纳出的消费者行为假定基

本框架为参照系,分析比较分时期、分城乡的中国消费者行为制约因素,从中推论出消费者行为假定;然后,在此基础上,作出中国消费函数假说和建立消费函数模型;再通过整理、估算分时期、分城乡的居民收入、消费、储蓄、资产、实物补贴总量时间序列数据和家庭抽样调查横截面数据,以及相关的利率、价格指数、货币数量和人口等数据,用现代计量经济学方法检验所提出的消费者行为假定和消费函数假说、模型,以及相关的一些问题;最后,阐述所作出的主要结论的各种政策含义。

## 二、结构和主要内容

除导言外,本书可以归纳为三部分:第 1 章至第 3 章为理论分析,第 4 章至第 8 章为实证检验,第 9 章为分析结论和政策含义。

### 1. 理论分析部分

在理论分析部分,首先(第 1 章),归纳出分析消费者行为的理论框架,主要是新古典理论框架,比较分析各种消费函数假定关于消费者行为的异同;然后(第 2 章),把制度因素纳入分析框架,分析中国的消费者所面临的外部环境及对其消费行为的影响,从中归纳出依中国情况,消费者行为的外部环境设定和内在设定,并将其与新古典理论和不同消费函数理论的设定加以比较,作出中国消费者行为假定。在这个过程中,始终贯彻了前述的分期和分城乡分析方法。最后(第 3 章),在以上分析的基础上,推论出中国消费函数假说,建立分期的、分城乡的消费函数理论模型。此外,还分析比较了有关中国的几种主要消费函数论述的方法和观点,着重从方法论上探讨了中国消费函数研究中的三个重要问题。

## 2. 实证检验部分

在实证检验部分，用分期和分城乡数据验证在理论分析部分提出的各种假说和模型。实证检验的五章可以概括为两部分：前一部分为第 4 章一章，是对 1978 年以前时期假定和模型的实证检验。依据理论部分的分析，1978 年以前，中国的消费函数较接近凯恩斯的绝对收入假定，居民的现期消费主要取决于现期收入。这个观点得以成立的基本前提在于，居民消费行为的基本约束条件是非跨时的、现期一时预算约束。制约居民现期消费主要取决于现期收入的除现期一时预算约束外，还有一些其他因素。在传统体制下，城镇居民的消费行为受到消费品定量配给和短缺的制约，所以，定量配给和短缺应纳入影响城镇居民消费的主要变量之中。另一方面，农村居民的消费行为则因农村商品经济很不发展，整个农村经济处于半自然经济状态，而受实物收入和自给性消费的影响很大。此外，工农业产品比价也影响着农村居民的消费行为。因此，实物收入、自给性消费和工农业产品比价是除现期货币收入外，解释农村居民消费的主要变量。第 4 章用 1952—1977 年全国城镇和农村居民消费、收入、资产等方面的总量时间序列数据和城镇、农村居民家庭收支调查横截面数据，验证了假说和模型。

后一部分是对 1978 年以后时期假设和模型的实证检验。这一部分是实证检验部分的重点，包括第 5 章到第 8 章共四章，其中：第 5 章为总量时间序列数据分析，第 6 章为居民家庭预算数据分析，第 7 章为影响居民消费的因素分析，第 8 章为居民家庭资产选择和个人投资行为对消费的影响分析。在这四章中，逐一详细分析了 1978 年以后消费者行为外部环境的变化，验证了本书提出的有关 1978 年以后时期的假说和模型。

**3. 分析结论和政策含义部分。**

第 9 章归纳了全书分析得出的主要结论及其政策含义。此外,还论述了需要进一步研究的问题。

# 1　消费者行为假定比较研究

本书以对消费者行为的分析开始消费函数的研究。在这一章和下一章里，首先，比较分析各种消费函数关于消费者行为假定的异同；然后，分析归纳出消费者行为的理论框架，主要是新古典理论框架；最后，把制度因素纳入分析框架，提出中国的消费者行为假定。

## 1.1　消费者行为因素分析

影响消费者行为的因素很多，包括社会的、历史的、经济的等多方面极其复杂的因素，但其中最主要的是经济方面的因素。本书也主要分析影响消费者行为的经济因素。

如前所述，消费函数主要是在新古典理论范式内发展的，基于这一点，本书分析中国消费者行为，作出某种假定时，以新古典理论关于消费者行为因素的种种设定为基本参照系。作为以后分析的铺陈，在这一章先归纳概括新古典理论的设定。

新古典理论关于消费者行为因素分析的设定分两个方面：一是关于消费者行为的外部环境设定，另一是关于消费者行为的内在设定，即消费者假定。前者主要包括：a）消费选择自由；b）价格充分弹性；c）预算约束；d）没有流动约束；e）不确定性存在。后者主要包括：a）理性主体；b）追求效用最大化；c）规避风险；d）时间偏好。以下先分析外部环境设定，然后分析内在设定，最后，论述几个相关问题。

### 一、消费者行为的外部环境设定

新古典理论关于消费者行为的外部环境的设定不是一成不变的，这表现在两个方面，一方面，外部环境设定的主要内容随理论的发展有所变动；另一方面，这些主要内容的约束力的强弱及约束力的方向性有所不同。这里，主要从一般性上论述这些假定，并就某些特殊理论变动作一定说明。

#### 1. 消费选择自由

消费选择自由指消费者在购买消费品和劳务时基本上不受限量、配额和短缺的约束。消费者在不同消费品和劳务之间的选择，主要取决于其对消费品和劳务的主观偏好，以及后面将要分析的预算约束。

#### 2. 价格充分弹性

在新古典理论中，价格具有充分的弹性，就消费品（包括劳务，下同）而言，其价格随着市场供给和需求状态的变化而变化，当供给大于需求时，价格下跌；反之，需求大于供给时，价格上涨。

这一点上的主要异议来自凯恩斯。他坚持，价格具有某种粘着性或曰"刚性"，即价格向下调整是不易的。

### 3. 预算约束

预算约束指消费者购买消费品受到其收入的限制，即

$$Y \geqslant P_i Q_i \qquad\qquad i = 1, 2, \cdots, n \qquad\qquad 1.1$$

这里，$Y$ 是消费者的收入，$P$ 是消费品的价格，$Q$ 是消费品的数量，下标 $i$ 表示消费品的种类。

预算约束上的一个主要发展是跨时预算约束的提出。跨时预算约束指在没有流动约束的前提下，消费者可以借贷的手段在现时支出未来才能获得的收入。在跨时预算约束下，上式变为

$$\sum_{i=1}^{l} Y_i \geqslant \sum_{i,j=1}^{l,n} P_{ij} Q_{ij} \qquad\qquad 1.2$$

其中，$\sum Y$ 表示消费者终生全部收入，$\sum PQ$ 表示其一生全部消费或消费品购买总量，下标 $i$（$= 1, 2, \cdots, n$）表示消费者的经济生命时间（年），$j$（$= 1, 2, \cdots, n$）表示消费品种类。

### 4. 没有流动约束

跨时预算的前提是没有流动约束。流动约束是涉及金融制度（financial institutions）和实践的较复杂的问题。仅就消费者行为的外部环境设定而言，消费者现期支出以及一生不同时期的计划的消费支出是否可以不受流动约束限制，在新古典理论框架内存有一些不同观点，但较一般的看法，是支持没有流动约束。

### 5. 不确定性

在确定性和不确定性上，新古典理论的方法一般为先假定存在确定性，即抽象掉不确定性，这使分析在较抽象的层次上展开。然后，再引进不确定性，对在确定性假设下的分析结论作某些修正。市场经济条件下，未来的不确定性是一个突出问题，是新古典理论

研究的重要领域之一。显然，新古典理论在消费者行为的外部环境设定上的一点是不确定性存在。

不确定性对消费行为影响很大，主要有两个，一是要求并培植了消费者的风险意识，二是增加了消费者预期的困难，使消费者预期行为复杂。

## 二、消费者行为的内在设定——消费者假定

新古典理论关于消费者行为的内在设定主要有四个：理性主体，追求效用最大化，规避风险和时间偏好。

### 1. 理性主体

新古典理论体系的最重要的基石之一是关于理性主体的假定。尽管新古典理论理性"经济人"的假设遭受到众多的诘难，被认为太过于理想化，不现实，事实上是错误的，并提出一些替代的假定，其中影响较大的有"适度理性"，认为"经济人"实际上是可满足的人，即接受"足够好"的方案的人[1]；"适应性理性"，适应不是通过理性活动者进行的选择而实现的，而是通过对活动者进行自然选择（选择出这样一些活动者，他们的行为恰好是适应性的）而实现的[2]。但是，显然这些替代的假定并没有完全跳出理性"经济人"的假定，仅在一定程度上作了些修正而已。

### 2. 追求效用最大化

依新古典理论"经济人"的假设，消费者行为的最基本的、最

---

[1] 参见〔美〕赫伯特·A.西蒙：《人工科学》，武夷山译，商务印书馆1987年版，第33、48页。

[2] 同上。

主要的假定为：追求效用最大化。即在 1.1 约束下，使

$$\max U = V(P_i, Q_i) \qquad\qquad 1.3$$

其中，$U=V(\,\cdot\,)$ 为效用函数。或者，在 1.2 约束下，使

$$\max UL = \sum V(P_i, Q_i) \qquad\qquad 1.4$$

### 3. 规避风险

消费者规避风险行为与外部环境设定中的不确定性相关。以 $R$ 表示风险，消费者力求使 $R$ 最小，即

$$\min R = \mathrm{Exp}(U) \qquad\qquad 1.5$$

### 4. 时间偏好

由于存在着不确定性和风险，在消费的时序选择，即现在消费和未来消费上，消费者较看重现在消费，这就是时间偏好设定的基本点。时间偏好难于直接度量，一般是以利率来近似表示。例如，在两个时期的选择上，以 $i$ 表示利率，以 $Y_1$、$Y_2$ 和 $C_1$、$C_2$ 分别表示现期和下一期消费者的收入和消费。时间偏好对消费和收入的作用可用图 1-1 表示。

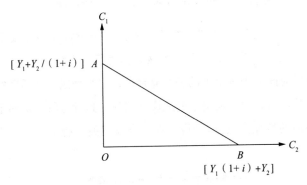

**图 1-1 消费者时间偏好假定**

图中 $A$ 点表示消费者在两期的跨时预算约束下，完全偏好于现期消费，而可用于现期消费的两期收入（$Y$）在假定没有流动约束的前提下为

$$Y = Y_1 + Y_2 / (1 + i) \qquad 1.6$$

即当期的全部收入加上下一期用利率折现过的收入。$B$ 点表示，消费完全偏好于下一期消费，可用于下一期消费的两期收入（$Y$）为

$$Y = Y_1 (1 + i) + Y_2 \qquad 1.7$$

即当期的收入用利率增值后再加上下一期的收入。

　　假定预算约束不能跨时，即消费者的消费完全取决于当期收入，图 1-1 也可以表示一期预算约束下的消费者偏好及其对消费选择行为的影响。不过，这时图中各点的含义改变。$C_1$ 和 $C_2$ 分别表示两种不同的消费品；$AB$ 线为一期预算约束线，$A$、$B$ 两点表示在既定的相对价格水平和完全的消费选择自由条件下，收入全部用于购买消费品 $C_1$ 或 $C_2$ 时可达到的最大数量。

### 三、消费者行为的外部环境设定和内在设定

　　这里，主要讨论消费者行为的外部环境设定和内在设定的关系。本书设立的基本观点是：消费者作为行为系统，是很简单的，其行为随时间而表现出来的表面复杂性，主要是他所处环境的复杂性的反映。或者说，消费者的适应性很强，其行为所反映的主要是外部环境的特征。[①] 这就是说，在本书以下关于消费者行为假定的

---

　　① 参见〔美〕赫伯特·A.西蒙：《人工科学》，武夷山译，商务印书馆 1987 年版，第 57—58 页。

讨论中，着重的是消费者行为的外部环境设定的不同对消费者及其行为的影响。

　　在分析比较新古典理论框架内的几种主要消费函数有关消费者行为假定的差异，以及分析中国的消费者行为假定中，均贯穿了上述基本观点。

## 1.2　不同消费函数理论有关消费者行为假定的比较研究

　　这一节主要讨论在凯恩斯和新古典理论框架内，几种主要的消费函数理论有关消费者行为假定的差异。

### 一、凯恩斯的"短视"消费者行为

　　在几种主要消费函数理论中，要数凯恩斯的绝对收入假定对消费者行为的外部环境设定和内在设定较窄，以致凯恩斯笔下的消费者被称之为"原始的"（primitive）消费者。这主要是由于凯恩斯所分析的是短期消费和收入的关系。在短期规定下，消费主要取决于现期的收入水平。因此，就外部设定而言：

　　1. 预算约束是一期的或即时的，跨时的预算约束不予考虑；

　　2. 与 1 相关，是否存在流动约束也不在考虑的范围之内；

　　3. 在短期内，不确定性以及与此相关的风险较小，也不要求消费者有预期心理。

　　可见，在凯恩斯的绝对收入假定中，外部设定仅有前三条，即消费选择自由，价格充分弹性和一期预算约束。需要说明的是，虽然凯恩斯理论体系与古典学派理论体系的一点极为重要的不同在于，古典学派理论体系中，价格弹性在方向上不受任何限制，凯恩斯体系中的价格则具有向下的"刚性"，但就笔者看来，这种价格上的"刚性"并没有进入凯恩斯对消费同收入关系的分析。

预期，尤其是长期预期，在凯恩斯《通论》中已给予重视。但就消费者短期预期而论，凯恩斯从两个方面给出予以忽略的理由。一是预期"对于个人之消费倾向，固然许有重大影响，但从社会全体而论，大概是互相抵销"；二是"一般而论，这个因素太不确定，故不会有多大影响。"①

另一方面，就内在设定而言，凯恩斯的原始的消费者追求的是一期预算约束下的效用最大化。体现时间偏好的时间贴现率以利率近似替代，在凯恩斯看来，利率变动对于当前消费的影响很复杂而不确定，须看几种相反力量的大小强弱而定。虽然凯恩斯承认在长期中，如果利率变动甚大，可能影响主观的消费倾向，但就短期而言，如果利率变动范围不大，在个人收入不变的情况下，大概不至于直接影响消费。②进一步，由于短期内不确定性（风险）较小和时间偏好影响不大，"原始的"消费者规避风险行为较弱。

简而言之，这种"原始的"消费者是一种"短视的"，即只见眼前的消费者。

## 二、杜森贝里的"后顾的、攀附的"消费者行为

在凯恩斯之后发展的几种主要的消费函数中，杜森贝里相对收

---

① 〔英〕凯恩斯:《就业利息和货币通论》，徐毓枬译，商务印书馆1963年版，第84页。

② 同上。

入假定的消费函数基本上是在凯恩斯理论分析框架内衍生的。所以，以上关于凯恩斯的分析，消费者行为的外部环境设定和内在设定种种，基本上适用于杜森贝里的设定。

但是，两者之间的区别是明显的。凯恩斯的消费函数假设主要是以内省和极偶然的观察为依据的。或者如阿克利所指出的："既不是根据先验的假定进行的一长串推理，也不是根据任何统计研究。""既不是一个适当的归纳推理的例子，也不是一个适当的演绎推理的例子。"① 凯恩斯不曾在一个较为牢靠的基础上建立其消费函数，这个基础就是消费者行为理论。本书以上关于凯恩斯消费函数对消费者行为的设定是从其理论中推断出来的，凯恩斯本人并没有明确地、系统地阐述其理论假定的消费者行为基础。

与凯恩斯不同，杜森贝里的相对收入假定的消费函数完全是从对消费者行为的分析和设定入手的。

在杜森贝里之前，希克斯等人已经指出：凯恩斯的消费函数是消费者行为的一般理论中的特例，这个函数能够在若干确定的假设之下，由此特例演绎出来② 。杜森贝里则不仅要使其消费函数建立在消费者行为的一般理论之上，而且更进一步，首先要矫正这个一般理论中的两个基本假设，即：（1）一个人的消费行为不受其他个人消费行为的影响；（2）消费关系与时间成反向。杜森贝里认为这两个基本假设不能成立。

---

① 〔美〕加纳德·阿克利：《宏观经济理论》，陈彪如译，上海译文出版社 1981 年版，第 242 页。

② 参见〔美〕杜森贝里（James S. Duesenberry）：《所得、储蓄与消费者行为之理论》，侯家驹译，台湾银行经济研究室 1968 年版，第 1 页。

　　关于第一个基本假定，杜森贝里从消费的社会性着手加以批驳。这个立论的基础可以远溯至亚里士多德关于"人是社会动物"的命题，后来是马克思在更为广博的社会经济背景之下对这一命题作了淋漓尽致的发挥[①]。不过，杜森贝里在这一点上，主要是受到凡勃伦类似思想的启迪[②]。杜森贝里从消费选择的本质、选择的过程、追求较高的消费和消费的社会重要性等方面，推翻了较老效用理论中的"互不影响"假定，确立每一个人的消费行为均受其他个人消费行为的影响。由此推导出他的相对收入假定的第一个命题：在既定的相对收入分配之下，一个家庭从收入中储蓄的百分比与其在收入分配中所占的百分位，趋向于一个单一的、不变的和递增的函数关系；被储蓄的百分比不受收入绝对水平的影响[③]。这就是说，消费的变动不依赖于消费者绝对收入水平，而依赖于其相对收入水平，即其在一定的收入分配中所占的百分位。

　　在论述第一个命题时，杜森贝里提出了消费的"示范效应"（demonstration effect），即对任一特定消费者而言，其对高档消费品接触的次数，随其他家庭支出增加而上升，这导致增加支出的冲动在次数上增加，而抗拒这种冲动次数的力量，相对减弱。结果是储蓄减少，支出增加。[④]

　　这种"示范效应"是杜森贝里对消费者行为的外部环境的附加

---

① 参见马克思：《〈政治经济学批判〉导言》，《马克思恩格斯全集》第 46 卷上册。
② 参见〔美〕杜森贝里（James S. Duesenberry）：《所得、储蓄与消费者行为之理论》，侯家驹译，台湾银行经济研究室 1968 年版，第 16 页。
③ 同上书，第 3、30 页。
④ 同上。

设定。在这个设定下，消费者具有某种"攀附"行为。

关于第二个基本假定，由于收入下降而引起的消费支出变动的绝对量，与因收入上升而引起的支出变动相等，或者说，消费支出随着收入的增加或减少大体上等幅度的上下波动。尤其当收入下降时，消费支出亦随之减少，这即为"消费的可逆性"假设。对此，杜森贝里从揭示这个假设与预算研究数据的不相符入手，认为与此相反的假设——"消费的不可逆性"成立，在商业短期波动中，消费支出在收入下降时，不是减少，而是大体上维持不变。这也就是说，消费与以前达到的较高收入之间有一定的联系。不过，杜森贝里仅仅分析了这个假设的一个特例，短期商业周期波动中消费与收入的关系。结论是：在经济萧条时，储蓄（消费）比率可以看成现行收入和以前达到的最高收入之间比率的函数。稍后，布朗（T. M. Brown）在一篇著名的论文[①]中进一步发展了杜森贝里的观点，将其一般化。

与凯恩斯"原始的"、短视的消费者相比，杜森贝里的消费者是后顾的、攀附的消费者。

## 三、前瞻的（forward-looking）消费者行为

如果说杜森贝里的相对收入假定基本上没有脱离凯恩斯的理论体系的话，那么，以摩迪里安尼的生命周期假定和弗里德曼的持久收入假定为主要代表的前瞻的消费函数理论，则偏离开凯恩斯或者

---

① T. M. Brown, "Habit Persistence and Lags in Consumer Behaviour", *Econometrica*, vol. 20, no. 3, July 1952, pp. 355–371.

说凯恩斯学派的消费函数①。前面概括归纳的新古典理论关于消费者行为的外部环境设定和内在设定，在前瞻的消费函数理论中得到充分体现。

## 1. 关于消费者行为的外部环境设定

前瞻理论与凯恩斯学派理论的第一点不同是，预算约束的时间界限发生了变化。在凯恩斯和杜森贝里的消费函数假定中，决定消费支出的主要变量是现期收入。在前者看来，是现期绝对收入水平，因此预算约束是现时一期的。而在后者看来，是相对收入，当收入下降时，由于"消费的不可逆性"，消费支出大体维持不变，这时减少的是收入中储蓄的部分；另一方面，由于消费的相互依赖性，处于相对收入分配较低百分位上的消费者，其消费支出占收入的份额较大，但却以收入中储蓄份额的下降为代价。所以，杜森贝里的消费者也是受限于一时预算约束。

前瞻理论则不同。弗里德曼持久收入假定的消费函数理论认为，决定消费支出的主要变量是收入，但是这里的收入既不是凯恩斯的绝对收入，也不是杜森贝里的相对收入，而是持久收入。持久收入是消费者总收入中可以预料到的较稳定的、持续性的那部分收入。持久收入假定与绝对收入和相对收入假定的差别在于：它不是把消费支出同现在的收入或过去的收入水平和消费水平联系起来，也不是强调人们的消费支出同周围的人的消费支出之间的关系，而

---

① 参见 George Hadjimatheou, *Consumer Economics after Keynes*, St. Martin's Press, 1987, p. 5。

是用人们的长期收入作为解释现期消费支出的主要变量[1]。所以，在持久收入假定中，预算约束是跨时的。

在摩迪里安尼的生命周期假定的消费函数理论中，跨时预算约束发挥了一种关键作用[2]。按照生命周期假定[3]，现期的以及为将来计划的消费是现期收入加上预期收入和原始财产的函数，消费者按其一生中可动用的总资源，在各个时期进行大体上的均匀的消费支出。因此，在生命周期假定的主要代表作中，摩迪里安尼等人承认其在整个论证中唯一的基本假设是：一个人对于他的总资源，准备在他此后一生中的任何一年所消费的比率，只决定于他的嗜好（tastes），而不决定于他的资源的大小。可见，生命周期假定的预算约束是终生跨时预算约束。

由跨时预算约束必然导致持久收入假定和生命周期假定的另一种附加的外部环境设定：没有流动约束。这是第二点不同。在某一时点上，生命周期假定或持久收入假定的消费可能超过现期收入，这时，消费者如果没有可以利用的以前所得资产来弥补现期收入的不足，就必须具有不受约束的借贷能力。没有流动约束的一个基本要求，正如托宾（J. Tobin）所指出的，是要有一个完善的资本市场（a perfect capital market）[4]。对于没有流动约束设定是否成立，

---

[1] 参见厉以宁：《消费经济学》，人民出版社 1984 年版，第 71 页。

[2] 参见 George Hadjimatheou, *Consumer Economics after Keynes*, St. Martin's Press, 1987, p. 5。

[3] 参见〔美〕摩迪里安尼等：《效用分析与消费函数：对横断面资料的一个解释》，载于〔美〕肯尼斯·栗原编：《凯恩斯学派经济学》，蔡受百译，商务印书馆 1964 年版（此书把摩迪里安尼译作佛朗哥·摩第格里尼）。

[4] 参见 James Tobin, *Essays in Economics, vol. 2: Consumption and Econometrics*, North-Holland Publishing Company, 1975, p. 178。

有一些不同的看法 ①。这里暂且不论。

第三点不同在于"不确定性"设定上。不像凯恩斯主要考虑的是短期，也不像杜森贝里主要考虑的是过去收入和消费的水平，前瞻理论不论是持久收入还是终生可支配资源，均把未来的预期收入作为一个重要的因素纳入分析框架，这样，在短期分析或涉及过去（已确定的）的情况分析时可以忽略的不确定因素，现在涉及未来预期的情况时必须加以考虑。在弗里德曼的持久收入假定和摩迪里安尼的生命周期假定中均充分考虑到这一点。

**2. 关于消费者行为的内在设定**

在消费者行为的外部环境设定上，前瞻理论附加上的这三个设定：跨时预算约束，没有流动约束和不确定性，使其在消费者行为的内在设定上也与以前的理论有所不同：

（1）理性主体。凯恩斯的消费者是"原始的"、短视的消费者，杜森贝里的是"后顾的"消费者，而前瞻理论的则是"精明的、前瞻的"消费者。

（2）追求效用最大化。凯恩斯和杜森贝里的消费者追求的是现期一时效用的最大化，而前瞻理论的消费者追求的是跨时效用最大化（弗里德曼的持久收入假定）或一生效用最大化（摩迪里安尼的生命周期假定）。

（3）规避风险。跨时预算约束，借债消费和未来的种种不确

---

① 参见 George Hadjimatheou, *Consumer Economics after Keynes*, St. Martin's Press, 1987, p. 5; L. J. Kotlikoff, "Taxation and Savings: A Neoclassical Perspective", *Journal of Economic Literature*, vol. XXII, no. 4, 1984, pp. 1576-1629。

定因素，使消费者的风险意识加强，风险预期和规避风险行为常规化。这一点同凯恩斯和杜森贝里的消费者也不同。

（4）时间偏好。跨时预算约束和不确定性的引进，使消费者的时间偏好成为一个重要行为设定。这一点主要体现在如何看待近似替代时间贴现率的利率与消费或储蓄的关系上。凯恩斯认为利率对消费倾向的影响不大，在短期内可以忽略。弗里德曼持久收入假定则把利率看作决定平均消费倾向的主要变量之一[①]。至于生命周期假定，正如米尔鲍尔指出的，在生命周期模型中，除了现时利率的变化以外，把不确定性引进分析框架意味着，有关未来利率预期的变化同现时消费数量的决定相关[②]，虽然在生命周期假定的一些代表作中假定利率是常数并保持不变[③]。

### 3. 前瞻消费函数理论与新古典理论分析框架

从关于消费者行为的外部环境设定和内在设定看，消费函数的新古典理论分析框架在前瞻理论中已基本上确立起来。这一框架"从获得公认的消费者选择自由这一理论开始"[④]，突出了以下几个

---

① 参见 M. Friedman, *A Theroy of the Consumption Function*, Princeton University Press, Princeton, 1957, p. 232。

② 参见 J. Muellbauer, "Surprises in the Consumption Function", *Economic Journal*, 1982, p. 35。（比较 George Hadjimatheou, *Consumer Economics after Keynes: Theory and Evidence of the Consumption Function*, St. Martin's Press, 1987, p. 107。）

③ 参见 Albert Ando and Franco Modigliani, "The 'Life Cycle' Hypothesis of Saving: Aggregate Implications and Tests", *The American Economic Review*, vol. 53, no. 1-2, March 1963。

④ 〔美〕摩迪里安尼等：《效用分析与消费函数：对横断面资料的一个解释》，载〔美〕肯尼斯·栗原编：《凯恩斯学派经济学》，蔡受百译，商务印书馆1964年版，第431页。

方面：

（1）跨时预算约束（假定的前提是没有流动约束）；

（2）未来的不确定性；

（3）"精明的、前瞻的"消费主体；

（4）跨时效用最大化；

（5）风险预期和规避风险；

（6）与时间偏好相关的利率。

从方法上看，凯恩斯与前瞻理论（包括杜森贝里等人的相对收入假定）的一个重要差异是，凯恩斯把消费作为总需求的主要组成部分，这是他的消费函数分析的出发点和着眼点；而他的后继者们的着眼点则放在发展总量消费函数的微观基础上[①]。

## 四、有远见的、追求最优化的消费者（far-sighted opti-mising consumer）

在 70 年代，生命周期假定和理性预期理论相联姻，产生了理性预期的生命周期模型（rational expectations life cycle model）。这个模型进一步扩展了摩迪里安尼等人的新古典分析框架，依据对一代人向另一代人遗馈的广泛存在这一现象的观察，巴罗（Barro）提出，任何一代人的效用同其后代人的效用有联系[②]。这种观点被进一步发展，从而对上述设定从三个方面加以修正：

---

[①]　参见 George Hadjimatheou, *Consumer Economics after Keynes: Theory and Evidence of the Consumption Function*, St. Martin's Press, 1987, p. vii。

[②]　参见 R. J. Barro, "Are Government Bonds Net Wealth?", *Journal of Political Economy*, vol. 82, pp. 1095−1117。

1.拉长了跨时预算约束的时间跨度。从终生预算约束发展到跨代预算约束。

2.与1相对应，现在追求的不是一生效用最大化，而是跨代效用最优化。

3.从"精明的、前瞻的"消费者进化到"有远见的、追求最优化的消费者"。

此外，理性预期理论和持久收入假定、生命周期假定的联姻，还产生了一些很有影响的模型。如霍尔的"合理预期模型"（rational expectations model）[①]，戴卫森等人的"错误矫正机制"（error correction mechanisms）[②]，等等。这些模型除了更突出地强调消费者的预期行为外，基本上是在持久收入和生命周期假定确立的新古典理论分析框架内发展的。

## 五、消费者行为假定的另一种分析框架——科尔奈对传统社会主义经济体制下消费者行为的分析

科尔奈以传统社会主义经济体制为分析的客观对象，提出与新古典经济理论有所不同的消费者行为假定的另一种分析框架。本书不准备全面评析这个框架，仅就本书的主思路着重分析比较这个框架与新古典理论分析框架的几个主要不同之处。

---

① 参见 R. E. Hall, "Stochastic Implication of the Life Cycle—Permanent Income Hy-pothesis: Theory and Evidence", *Journal of Political Economy*, vol. 86, no. 6, 1978。

② 参见 J. E. H. Davidson et al., "Econometric Modelling of the Aggregate Time-Series Relationship between Consumers Expenditure and Income in the United Kingdom", *Economic Journal*, vol. 88. no. 352, 1978, pp. 661-692。

### 1. 外部环境设定

以新古典理论关于消费者行为外部环境设定和内在设定为参照系，科尔奈框架的主要不同之处在于对消费者行为的外部环境设定上[1]。传统社会主义经济体制与西方的市场经济体制相比[2]，在外部环境设定上，科尔奈着重指出分析了这样几个方面：(1) 消费品短缺；(2) 消费品的行政配给；(3) 消费品相对价格的扭曲；(4) 基本上没有消费信贷。

(1) 消费品短缺。短缺，这里特指普遍的、严重的短缺，按科尔奈的分析是传统社会主义经济的市场正常状态，这与西方市场经济中的情况截然不同。在西方市场经济中，市场的正常状态是供给大于需求，即有效需求相对不足，消费选择自由的设定主要是建立在这个基础之上的。在消费品普遍的、严重的短缺为常态的情况下，消费选择自由受到严重的限制，由此，必须对这一设定作某种程度的修正。

(2) 消费品的行政配给。对消费选择自由设定的另一个严重限制因素是消费品的行政配给。在传统社会主义经济中，消费品的行政配给是同消费品的市场供给并行的两个主要的消费品供给方式。消费品的行政配给不但其本身限制着消费者选择自由，而且还由于其对市场供给和需求行为的影响，间接作用于选择自由。

(1) 和 (2) 对消费选择自由的限制大到什么程度？是否大到

---

[1] 参见〔匈〕科尔内：《短缺经济学》下卷，高鸿业校，第 18 章 "家庭：消费者行为"；第 19 章 "消费品价格和消费品部门的短缺"，经济科学出版社 1986 年版。

[2] 科尔奈框架和新古典框架的不同实质上反映着他们分析的客观对象——前者是传统社会主义经济体制，后者是西方市场经济体制——的差异。

足以考虑取消这一设定？这需要用某些可度量的经验数据进行实证分析。这里，仅仅依据人们对日常经济生活的观察和体验提出一个需验证的假设：传统社会主义经济体制下，消费品短缺的强度和行政配给的范围及作用使消费选择自由设定不再成立。

（3）消费品相对价格的扭曲。在新古典理论的设定中，不存在消费品相对价格扭曲的问题。科尔奈框架则不同，在科尔奈看来，"在社会主义国家中，某些物品和服务的消费价格由于政府补贴或免税而固定在低水平上，同时其他物品则由于税率高于平均水平而维持高价"。[1]这种扭曲的相对价格在传统社会主义经济体制下是长期存在并为消费者所习以为常的，因之，科尔奈称其为"消费品的正常相对价格"[2]，并作为消费者行为的外部环境设定的附加因素。

（4）基本上没有消费信贷。在传统社会主义经济体制下实际上极少存在各种形式的消费信贷[3]，这一点也成为外部环境的附加设定。

## 2. 内在设定

在科尔奈框架内，对消费者行为的外部环境设定的上述几个重要不同（与新古典框架相比），对消费者行为的内在设定的影响是显然的。新古典理论框架外部环境设定的首先一点是消费选择自由，新古典理论框架内的消费者是在这一基本外部环境设定下，追

---

① 〔匈〕科尔内:《短缺经济学》下卷，高鸿业校，经济科学出版社1986年版，第171页。

② 同上。

③ 同上书，第152页。

求效用最大化的。在科尔奈框架内，由于消费品短缺和行政配给，消费选择自由即使没有被完全取消，也受到极大限制，强制替代成为消费选择过程中普遍存在的现象。消费者是在强制替代约束下追求效用的最大化。同时，相对价格的扭曲使消费者主观效用的评价产生偏离。

科尔奈框架的另一个重要的外部环境设定是有流动约束，也就是说，消费者面对的预算约束是一时，或现时的。在这个设定下，消费者追求的是一时效用最大化，而不是跨时效用最大化，更不是跨代效用最大化。

总之，由于外部环境设定上的几个重要不同，科尔奈的消费者既不同于凯恩斯和杜森贝里的消费者，也不同于新古典理论框架下的消费者。相对而言，科尔奈的消费者在某些重要特征上较接近于凯恩斯"原始的"消费者或杜森贝里的"后顾的"消费者。

# 2 中国消费者行为假定

在第 1 章，归纳概括了新古典理论关于消费者行为的外部环境设定和内在设定，分析了不同消费函数或消费者行为理论关于这些设定的差异。这一章在前一章的基础上，分析中国的消费者所面临的外部环境及其对消费者行为的影响，从中分析归纳出依中国情况，消费者的外部环境设定和内在设定，并将其与新古典理论和不同消费函数理论的设定加以比较。

在分析中国的消费者行为外部环境设定和内在设定时，有两个重要因素不可忽略。其中，最重要的一个是，中国自 1978 年实行改革开放政策，进行经济体制改革和其他方面的改革以后，经济体制的许多方面发生了重大的、有些是根本性的改变，这些变动使消费者行为的外部环境发生了相应的变化。考虑到这一因素，关于消费者行为的外部环境设定和内在设定分析应划分为两个不同的时期，一是 1978 年以前，另一个是 1978 年以后。当然，是否以1978 年为界，后面本书还要具体分析。第二个因素是中国的城乡差别，这种差别使城镇消费者和农村消费者的种种设定不具有同质性，因之，也必须把关于城镇的分析和关于农村的分析划分开。[①]

① 不像第一个因素，第二个因素要求分别分析城镇和农村这一点已为一些学者注意到，其中有人作过尝试。参见李子奈编著：《计量经济学：方法和应用》，清华大学出版社 1992 年版，第 275—279 页；秦朵："居民消费与收入关系的总量研究"，《经济研究》1990 年第 7 期。

这一章首先分析 1978 年前后两个不同时期中，消费者行为的
制约因素；然后，分析城镇和农村的消费者行为制约因素；最后，
依据以上分析，作出消费者行为假定。

# 2.1　消费者行为制约因素分析比较（一）：1978 年以前

1978 年以前，中国实行的是一种特定的传统社会主义经济体
制，在这种传统体制下，消费者行为的外部环境不但与新古典理论
框架中所设定的很不相同，而且与科尔奈框架对传统社会主义经济
体制所设定的也有一定差异。

## 一、外部环境比较

### 1. 消费品短缺

对于传统社会主义经济体制下的短缺现象，科尔奈已作过精辟
阐释，消费品短缺对于消费者行为的影响是其分析的构成部分之
一。本书这里所要分析的着重点不同，所要讨论的是消费品短缺对
新古典理论设定的消费选择自由假设可能有的效应。

这里首先假定：

（1）消费者的总货币收入是既定的；

（2）预算约束是一时的和硬的；

（3）消费者接受既定的消费品价格；

（4）不存在市场以外的其他消费品分配方式；

（5）仅存在两种消费品 $A$ 和 $B$，且两者的相对价格已定。

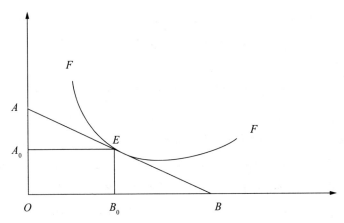

图 2-1　预算线、无差异曲线和消费选择自由

在这些假定前提下，假若不存在短缺，消费选择自由设定的意义是，消费者可以在预算约束以内，购买任一数量组合的 A 和 B。而这一组合定在哪一点，取决于消费者对 A 和 B 的效用的主观评价。借用新古典理论分析此问题的工具——预算线和无差异曲线，这一意义可用图 2-1 示意。

图 2-1 中，FF 线是"无差异曲线"（indifference curve）[①]，AB

————————

① "无差异曲线"是帕累托从埃季沃思那里接受过来的一种几何学方法，帕累托将其运用于效用分析上。对此，希克斯给以很高的评价："帕累托这一发现，使其学说和马歇尔分道扬镳，并为具有广泛的经济意义的新论点开了道。""帕累托的一小张几何图，因而产生了一个在方法论方面有广泛重要性的结论。"（〔英〕希克斯：《价值与资本》，薛番康译，商务印书馆 1982 年版，第 11—15 页。）也有人把无差异曲线定义为"等效用曲线"（iso-utility curves）或"固定总效用曲线"（constant totalutilily curves），表示在无差异曲线上，消费者所持有的两种不同商品的数量组合虽有变动，但其总效用保持不变。较高的无差异曲线代表较高的"等总效用"，但在同一条无差异曲线上，总效用始终是相同的。参见〔美〕H. H. 利布哈弗斯基（H. H. Liebhafsky）：《价格原论》上册，毛育刚译，台湾银行经济研究室 1970 年版，第 87 页。

线是"消费者预算线"（consumers budget line）①，$OA$ 和 $OB$ 分别表示当消费者用全部收入购买一种消费品 $A$ 或 $B$ 时，所能购买的 $A$ 或 $B$ 的最大数量，$AB$ 线与 $FF$ 线相切之点 $E$，为消费者预算约束和对 $A$、$B$ 两种消费的主观偏好既定的条件下，消费者选择的 $A$ 和 $B$ 的数量组合，即 $A$ 种消费品数量 $OA_0$，$B$ 种消费品数量 $OB_0$，$E$ 点被称为"消费者均衡点"（position of consumer equilibrium）。

现在，引入短缺，假设短缺的是 $B$，其最大供给量为 $OB_1$，$OB_1$ 小于 $OB_0$（见图 2-2），在消费者对 $A$ 和 $B$ 的主观偏好不变（无差异曲线不移动）的情况下，消费者首先购买全部的短缺消费品 $OB_1$，$B$ 短缺的数量为 $OB_0 - OB_1 = B_1B_0$。这时，消费者可以有两种选择：

第一种，用本来意愿购买 $B_1B_0$ 的收入购买 $A_1A_0$，这时，$A_1B_1$ 新的组合在预算线上的平衡点为 $E'$，由于这一点位于无差异曲线之下，消费者用 $A_1A_0$ 替代 $B_1B_0$，消费者从 $A$ 和 $B$ 中获得的效用减小。由此，可称这种替代为短缺强制替代。

第二种，在少购买 $B_1B_0$ 情况下，仍然仅购买 $OA_0$ 数量的 $A$，这时，强迫储蓄发生。

必需品和非必需品短缺的不同。假定短缺的 $B$ 为生活必需品，不短缺的 $A$ 为非生活必需品，这时，一般情况下，$A$ 与 $B$ 之间发生强制替代的动机较弱。相反，如果短缺的 $B$ 为非生活必需品，$A$ 为必需品，则在一定范围内发生强制替代的可能性极大。在前一种情

---

① 消费者预算线最先由希克斯提出，他称之为"价格线"（price-line），后来被人们称为"预算线"或"消费可能性线"（consumption-possibility-line）。参见希克斯：《价值与资本》，第 14 页。

况下，强迫储蓄的数量较大，在后一种情况下则相对小一些。

进一步分析，在传统体制下，短缺是普遍的现象，不但 $B$ 短缺，$A$ 也短缺。假定 $A$ 的最大供给量为 $OA_2$，$B$ 的最大供给量仍为 $OB_1$，两种消费品的短缺为 $A_2A_0$ 和 $B_1B_0$。这时，消费者的总支出为 $P_AA_2+P_BB_1$（$P_A$ 为 $A$ 的价格，$P_B$ 为 $B$ 的价格）；强迫储蓄为（$A_0-A_2$）$P_A+$（$B_0-B_1$）$P_B$。

这里，有两点需做说明。一是在传统体制下，价格很少变化，可以视为固定的，因此，消费品供给同有支付能力的需求之间的缺口不能通过价格的变动消除。这同新古典理论不同。按新古典理论，当某种商品的需求大于供给时，该商品的价格在需求拉动下上涨，价格上涨，一方面抑制了需求，另一方面刺激了供给，不管这种两面作用是瞬时的还是有一定的时滞，最终结果是使需求和供给大体上平衡。但这要有两个基本前提，价格具有充分弹性和资源尚未被充分利用。这两个基本前提在传统体制下均不成立。价格基本上是固定的，资源已接近于充分利用。

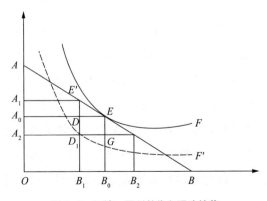

图 2-2　短缺、强制替代和强迫储蓄

另一点说明是，在社会主义传统体制下，强迫储蓄的数量并不多。其中的主要原因是，在那种体制下，储蓄的职能主要由国家承担，可使用的国民收入在消费和积累之间的分配是由中央政府支配的。由政府严格控制下形成的消费基金——它是形成个人收入的基础——留给消费者在消费和储蓄之间选择的余地很小。对此，这里暂不展开分析。

**2. 消费品的行政配给**

上面的分析假定不存在市场以外的其他消费品分配方式。这里，放松这个假定，因为实际上，在传统体制下，尤其像改革前的中国，消费品的行政配给是普遍的。从某些食品（肉、蛋、油等）、布料、棉花到住房等，无不存在一定程度上的行政配给。

实行行政配给的消费品一般是短缺的商品，所以行政配给对消费者选择自由的限制与短缺施加的限制有相同之处。仍以图 2-2 分析，这时，$A$ 表示实行市场分配方式的消费品，$B$ 表示实行行政配给方式的消费品。$A_0$ 和 $B_0$ 分别表示在一时预算约束和一定的消费偏好下达到效用最大化的 $A$ 和 $B$ 的数量组合，即消费者意愿购买的 $A$ 和 $B$ 的数量。$B_1$ 为行政配给的限量，小于消费者意愿购买的数量 $B_0$。这时，消费者像在短缺情况下一样可以做出两种选择，一是进行强制替代，另一是被迫储蓄。

但是，从经验观察上看，行政配给与短缺的效应有一定的不同。在短缺情况下，消费者由于种种原因，不一定购买短缺消费品的全部可供量，即对 $B$ 的购买量从图 2-2 上看，可能处于 $OB_1$ 之间接近于 $B_1$ 的某一点上。而在行政配给情况下，由于心理上的因素，消费者更接近于购买全部可配给的数量，尤其当行政配给常常与对消费品的暗贴联系在一起时。需要指明的是，1978年以前，对消费品的补贴（包括明贴和暗贴）很小，其作用可以忽略不计；但1978年以后，补贴的数量迅速膨胀，其效应再不容轻视，对此，稍后再作分析。

短缺和行政配给是对消费者选择自由的重大限制。这是在分析1978年以前收入与消费关系时，必须考虑的重要因素。

### 3. 固定价格

前面曾提到传统体制下的固定价格问题，这里再展开讨论一下。

按照新古典理论的假定，价格具有充分的弹性（在理想的市场状况中），在这个假定下，当需求大于供给时，该商品的价格提高，在其他商品价格不变时，总的价格水平上升。假定消费者总的货币收入不变，意味着其实际收入下降，消费者购买同等数量但价格已提高的商品，必须以减少对其他价格未提高的商品的购买为代价。这可以用图2-3说明。$L_1$表示消费者的预算线，$Q_0$和$Q_0'$表示消费者对消费品 $B$ 和 $A$ 的有效需求；与此相对应，$D$ 和 $S$ 分别表示消费者对消费品 $B$ 的需求曲线和 $B$ 的供给曲线，$S$ 与 $D$ 的相交点决定了 $B$ 的价格为 $P_0$，这时既无短缺亦无过剩。现在，假若需求曲线发生向右上方的移动，到 $D'$ 位，这时价格由 $P_0$ 提高到 $P_1$。$B$ 价格提高导致价格总水平的上升，使消费者的实际收入水平下降，与此相应，预算线由 $L_1$ 变动到 $L_2$。消费者对 $B$ 和 $A$ 的有效需求分别由 $Q_0$ 增加到 $Q_1$ 和由 $Q_0'$ 减少到 $Q_1'$。这时由于 $B$ 的价格提高对 $B$ 的供给产生的瞬时调整作用，$B$ 的供给增加（这由一条具有价格弹性的向右上方倾斜的曲线 S 表示），亦不存在短缺或过剩。

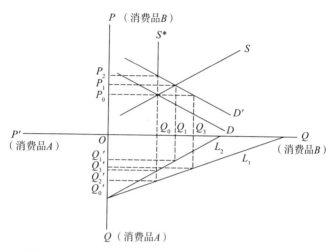

**图 2-3　新古典学派、古典学派和社会主义传统体制下的价格**

到此，再看一下古典学派的观点。依古典学派理论，由于资源是充分就业的，在短期内不存在可以动用的过剩资源，因此供给曲线近似于一条垂直于水平轴的直线 $S^*$。在这种情况下，$B$ 的需求曲线的向上位移使 $B$ 的价格由 $P_0$ 提高到 $P_2$，供给仍然不变，消费者的实际收入水平下降使其预算线由 $L_1$ 位移到 $L_2$（在图 2-3 中，由于 $P_2 > P_1$，与 $P_2$ 相对应应再划一条比 $L_2$ 更接近原点的预算线，但由于这种差别不影响这里的分析及其结论，为使图 2-3 分析更简明，忽略不计），这时，由供给制约的 B 的有效需求仍为 $Q_0$（这就是所谓的"短边规则"），A 的有效需求则由 $Q'_0$ 减少到 $Q'_2$。

传统社会主义经济体制下，由于资源约束，B 的供给类似于古典学派的假设，即为图 2-3 中的垂直线 $S^*$。不同之处是，当需求明显大于供给时，价格维持不变，在价格 $P_0$ 上，对 B 的有效需求

为 $Q_3$，同时，消费者的实际收入水平未变，总预算线仍为 $L_1$，所以相应对 $A$ 的有效需求是 $Q'_3$。但 $B$ 的最大供给量仅是 $Q_0$，短缺发生。这时，或者以 $Q'_3Q'_0$ 的 $A$ 强制替代，或者储币待购，正如上所分析的。

### 4. 相对价格变动和短缺

先把图 2-3 中的第Ⅳ象限孤立出来，加上两条无差异曲线绘制如图 2-4。

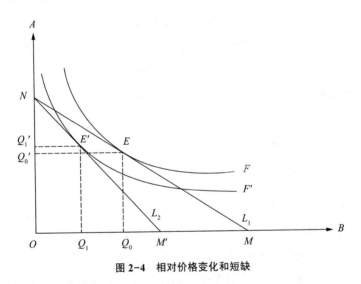

图 2-4 相对价格变化和短缺

按新古典理论，由于 $B$ 的价格上升（这里假设 $B$ 价格上升的主要原因是 $B$ 的需求大于 $B$ 的供给，即有短缺），消费者的总预算线由于 $A$、$B$ 两种消费品相对价格的变动，以及 $A$ 价格维持不变和 $B$ 价格上升导致消费者的实际收入下降，以 $N$ 点为中心，从 $NM$ 位置旋转到 $NM'$ 位置，并同一条较低的无差异曲线相切于 $E'$ 点。与此相应，消费者对 $B$ 的有效需求由 $Q_0$ 减少到 $Q_1$，对 $A$ 的有效需求略有增加（或减少，因无差异曲线和预算线的形状有所不同）。相对价格的变动使 $A$ 的短缺趋于消失。而在传统体制下，价格固定不变使相对价格变动缓解消费品短缺的作用失效，这就出现了图 2-2 说明的情况。

### 5. 流动约束

新古典理论框架内发展起来的持久收入假定和生命周期假定所设定的消费者预算约束是跨时的（intertemporal budget constraints），这其中暗含的假设是存在一个理想的资金市场，消费者不受流动约束限制，可以跨时计划其消费，使其消费在一生的不同时期具有均匀性质[①]。这在传统体制下显然不成立。传统体制基本上不存在资金市场和消费者信贷，消费者明显受到流动约束的限制，其预算约束是一时的。

### 6. 不确定性

改革以前，中国实行的是一种中央政府高度集权的计划经济体制，在这种体制下，消费者未来收入的不确定性较小，因为就业是有保证的，退休后有稳定的退休金收入，病残伤亡有国家公费医疗等。在这方面，尽管农村的情况有所不同，但并不影响这里的结论：与市场经济体制相关的不确定性，在 1978 年以前的中国基本上不存在。

这里，应该区别两种不同类型的不确定性。一种是市场的不确

---

① 对此，一些西方学者也有非议。

定性，另一种是环境的不确定性。①后一种不确定性包括相当广泛的一类事件，而任何人都不能确切地知道其中任一个事件的未来状况。这类事件典型的如影响农业收成的未来的天气状况。在本书没有特别指明的情况下，不确定性均不是指环境的不确定性，而是指市场的不确定性。市场的不确定性主要指市场行为主体（生产者和消费者）缺乏有关的市场信息，不能准确地知道市场的未来状况。1978 年前，中国农村存在环境的不确定性，但市场的不确定性由于主要农产品的统购包销制度和供给农村的农用生产资料、消费品价格、数量上的稳定，基本上不存在。

归纳以上六个方面，与新古典理论设定的一般框架相对照，详见表 2-1。

**表 2-1  新古典理论、凯恩斯理论关于消费者行为的外部环境设定与传统社会主义经济体制下的实际情况比较**

| 比较项目 | 新古典理论框架 | 传统社会主义经济体制（科尔奈框架） | 凯恩斯框架 |
|---|---|---|---|
| 消费选择自由 | 没有消费限量、配额和短缺 | 有消费限量、配额和短缺 | 同新古典 |
| 价格 | 具有充分弹性 | 固定不变 | 向下的刚性 |
| 预算约束 | 跨时 | 现时一期 | 现时一期 |
| 流动约束 | 没有 | 有 | 忽略 |
| 不确定性（风险预期） | 有 | 没有 | 忽略 |

与凯恩斯框架的比较也在表中列出。从比较的五个项目看，传统社会主义经济体制下，消费者行为的外部环境实际情况与新古典理论

---

① 米德曾区分过这两类不确定性。参见〔英〕詹姆斯·E.米德:《效率、公平与产权》，施仁译，北京经济学院出版社 1992 年版，第 236—237 页。

的一般设定是完全不同的，而与凯恩斯框架的设定有较多的相似之处，但两者之间的重大差异也不容忽视。

## 二、内在设定比较

在经济理论主流学派关于"经济人"为理性主体的论战中，赫伯特·A.西蒙曾做过一个观察蚂蚁的实验，而在此之前，格雷·沃尔特做了一个机电"海龟"的试验，西蒙依据对蚂蚁的观察和"海龟"试验，进行思维推理，提出一个假说：一个人，若视作为行为系统，是很简单的。他的行为随时间而表现出来的表面复杂性，主要是他所处环境的复杂性的反映。[①]

从方法论上来说，本书赞同并借鉴了西蒙的观点。"思想着的人的内部环境的'固有'性质中，只有几条限制着思想对问题环境的形状作出适应性变化。思维过程和解决问题行为中的其余一切都是人工的——都是习得的"[②]。也许，从思想着的人的内部环境的"固有"性质中，或者说从理性"经济人"的假定看，消费者的行为（行为的动机）在不同外部环境下不会有多大的、以至对消费函数估计产生重大影响的不同。但是，且记，本书要着重指出，这种看似有理的观点不能成立。如果承认上述"西蒙假说"成立，那么意味着，在分析消费者行为时，首先要限定或区分其行为发生所在的外部环境。

借鉴这种思想方法，以下主要从消费者行为的外部环境的不同

---

① 〔美〕赫伯特·A.西蒙:《人工科学》，武夷山译，商务印书馆1987年版，第56—58页。

② 同上。

入手，分析比较消费者行为内在设定上的差异。

## 1. 理性主体

在分析中国 1978 年以前消费者行为的内在设定之前，还有两个因素不能说不重要。一个是收入分配上的平均化。中国改革以前收入分配上的平均化是公认的事实，已有大量的文献分析过。这里与本书分析相关之处在于，收入分配上的平均化弱化了消费者之间的"示范效应"，对此，稍后再作较详细的实证分析和验证。另一个是社会舆论导向。这一点当然属于社会价值观念和道德规范因素，而本书主要从经济因素的角度和范围内分析问题。但是，这一点在改革以前极看重意识形态的中国是应加以考虑的。1978 年以前，中国对消费者行为施加的舆论导向是相当紧的，克俭（"新三年、旧三年、缝缝补补又三年"）、守旧（单一的样式，如中山装；单一的色调，如衣饰上的灰、蓝色）虽然与收入水平低下有关，但不能不说与舆论导向密切相联。

凯恩斯框架中的消费者如已指出的，是一个近视的（在消费支出上仅仅看见眼前的现期收入）、原始的（在预算约束上没有多大的回旋余地、不具有风险意识和预期）消费者，至多仅仅有一定的后顾意识（杜森贝里的前期峰值收入和峰值消费对现期消费的主要决定作用）和攀附意识（杜森贝里的消费者在收入分配中的相对地位对其消费或储蓄的决定作用）。

新古典理论框架中的消费者则是有远见的、精明的。

相比而言，1978 年以前中国的消费者在种种外部环境约束下，较接近于凯恩斯框架中的消费者。不能不承认或正视以下一点，凯恩斯框架中设定的消费者行为对消费者的要求较低，而新古典理论框架中的要求高得多。改革以前中国的消费者是近视的和原始的，即使有后顾意识和攀附意识，也是很弱的。

### 2. 对效用最大化的追求

1978 年以前的消费者由于收入水平较低，金融资产极少和流动约束很硬，预算约束基本上是现期一时的，因此，其追求的主要是现期效用最大化，这与新古典理论框架的跨时（代）预算约束下的消费者追求跨时效用最大化有很大差距。另一方面，与凯恩斯框架的消费者追求的现期效用最大化也有所不同。凯恩斯框架的消费者在追求现期效用最大化时，不受消费限量、配额和短缺的限制，消费选择自由度较大。而中国改革前的消费者则受到消费品限量、配额和短缺的严重制约，消费选择自由度很小。

### 3. 无风险预期和时间偏好

新古典理论框架及在其框架内发展的几种主要消费函数理论，均是把消费者对未来的预期视作影响现期行为的最重要的因素之一。未来情况的不确定性，使消费者形成风险预期，在把收入在消费与储蓄之间分配时，充分考虑到风险因素。传统社会主义经济体制下，住房福利、包就业、包退休以及对随时可能出现的病残伤亡事故实行全方位的保险和补助制度（城镇与农村不同，对此在本章第 3 节再分析），使居民形成了稳定的无风险预期，即形成了对国家的强烈依赖心理[1]。

　　以上关于消费者行为内在设定的不同框架或实际的比较分析可

---

[1]　参见中国社会科学院经济研究所居民行为课题组："居民的消费选择与国民经济成长"，《经济研究》1988 年第 1 期。

归纳在表 2-2 中。

表 2-2　新古典理论、凯恩斯理论关于消费者行为的内在设定与
传统社会主义经济体制下的实际情况比较

| 比较项目 | 新古典理论框架 | 传统社会主义经济体制 | 凯恩斯框架 |
|---|---|---|---|
| 理性主体 | 精明的、前瞻的、有远见的 | 被束缚的、近视的、原始的 | 近视的、原始的 |
| 追求效用最大化的时间跨度 | 一生或跨代 | 现期一时 | 现期一时 |
| 规避风险意识 | 强 | 弱 | 忽略 |
| 时间偏好 | 有 | 无 | 忽略 |

## 2.2　消费者行为制约因素分析比较（二）：1978 年以后

　　1979 年始，在中国这块古老的、曾经有过璀璨文化的大地上，一场举世瞩目的经济体制改革展开来。改革的目标和实际进程是"市场取向的"，即最终目标是由传统的中央集权的计划经济体制过渡到社会主义市场经济体制。这场改革采取的是一种由中央政府发动和控制、逐步渐进的过渡方式，逐渐削弱减少传统体制的因素，增加和强化市场经济新体制的因素。在改革之初，传统体制因素相对强大，占主导地位，新体制因素弱小，但充满生机。随着改革的进展，新体制因素渐渐孕育、成长、壮大起来，同时，传统体制因素仍然存在。因此，在改革的整个过渡过程中，存在的是一种新旧体制交替、并存，相互渗透和相互制约的双重经济体制。1978年以后至今，中国的消费者行为就是在这个大的经济体制框架背景下产生某些变迁的。

　　双重体制产生之初和目前新旧体制因素的相对作用是不同的，在这里理论分析阶段，本书舍象掉这种不同，从双重经济体制的一般状态分析消费者行为外部环境及其内在设定。

## 一、双重体制下的外部环境

### 1. 两种平行的消费品分配方式

　　在上一节中，曾先分析了在单一市场分配方式假定下，消费品短缺对消费者行为的影响，然后分析了单一行政分配方式的影响。在 1978 年以前，消费品的市场分配和行政分配方式是分别存在于不同消费品中的，同一种消费品或者实行市场分配，或者实行行政配给，极少有消费品同时通过两种方式分配。所以，上一节中分别分析这两种方式的方法是成立的。

　　1978 年以后，许多消费品同时通过两种方式分配[①]。两种平行的消费品分配方式成为消费者行为外部环境设定不能不加以考虑的重要因素。在上一节的大部分假定仍成立的前提下，首先把消费品分成两大类，一类是行政配给的消费品，另一类是市场配给的消费品，阐释把两种分配方式结合在一起考虑时的效应，然后再分析同一种消费品平行实行两种分配方式的情况。

　　配给消费品的替代效应和收入效应。行政配给消费品的价格一般大大低于其市场价格，这一方面使获得行政配给消费品的消费者的实际收入增加，另一方面，太低的价格使对这类消费品的需求趋于极大。然而，行政配给消费品的供给是既定的，由于低价格引致

---

　　① 东欧一些原社会主义国家在经济体制改革时期均出现这种现象。参见〔匈〕科尔内：《短缺经济学》，高鸿业校，经济科学出版社 1986 年版。

的需求受到既定供给量的约束而得不到满足。较低价格产生的收入效应转向对非行政配给品的需求，导致一种较特殊的替代效应。用以下图 2-5 说明。

在图 2-5 中，第 I 象限的纵轴和横轴分别表示行政配给消费品的价格和数量；第 II 象限的纵轴和横轴分别表示非行政配给消费品的支出和消费者的收入；第 IV 象限的纵轴和横轴分别表示非行政配给和行政配给消费品的数量。图 2-5 中 $\bar{P}$ 为供给与需求（分别以 $S$ 线和 $D$ 线代表）相等时的均衡价格，在市场条件下，如果初始价格（如 $P_1$）低于平均价格，供给同需求之间的不平衡将迫使价格上升，使之趋近于均衡价格。但是，在行政配给条件下，其供给曲线是一条垂直线 $S$，低于均衡价格的行政配给品价格 $P_1$ 是不变的固定价格。从图 2-5 的第 I 象限和第 IV 象限看，垂直的供给曲线和较低的固定价格结合在一起产生了几种效应。

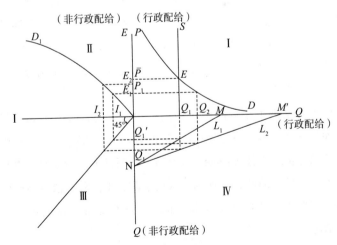

图 2-5　两种平行消费品分配方式的收入效应和替代效应

　　首先，收入效应。在均衡价格 $\bar{P}$ 水平和其他假定不变条件下，消费者的总预算线是第Ⅳ象限的 $L_1$，当价格定在低于 $\bar{P}$ 的 $P_1$ 上时，消费者的实际收入水平上升，在市场分配的消费品的价格不变的情况下，预算线绕 $N$ 点由 $NM$ 旋转至 $NM'$。消费者现在能以同样的货币收入购买较多数量的消费品。

　　其次，替代效应。在市场条件下，如果两类消费品为替代品，当一类消费品价格降低时，消费者倾向于多购买降价的消费品，同时减少未降价消费品的购买；在两类消费品为不可替代品时，消费者在大体上维持对价格不变消费品购买的同时，增加对降价消费品的购买量。然而，在行政配给和市场配给两种方式平行存在时，虽然较低的行政配给价格扩大了对这一类消费品的需求，但既定的供给量限定着购买量仍为 $Q_1$，没有满足的有效需求 $Q_2Q_1$ 很可能通过增加对非行政配给品的购买 $Q'_1Q''_1$ 来替代。

　　图 2-5 第Ⅲ象限的 45° 线的性质保证上述收入效应导致消费者实际收入变化情况转换到第Ⅱ象限的水平轴上。第Ⅱ象限的曲线 $D_1$ 表示消费者在市场分配的消费品上的支出随收入变化而变化。上述收入效应使消费者的收入由 $I_1$ 增至 $I_2$，相应地在市场分配消费品上的支出由 $E_1$ 增至 $E_2$。

　　以上，是把市场分配的消费品归为一大类，舍象了其内部构成。而实际上，这一大类消费品是由众多不同种类的消费品构成的。按照恩格尔定律（Engel's Law），不同种类消费品的需求收入弹性大小有异。因此，增加的收入用于购买不同种类消费品产生不同的支出状态。用图 2-6 重新考虑图 2-5 中第Ⅱ象限的更接近实际的情况。

　　由于食物、衣着等消费品的需求收入弹性较小，增加的收入中仅有较小的部分用在这些消费品的支出上，假若增加的收入没有除此以外其他的支出用途，那么，将有较大的一部分储蓄起来。另一方面，用品（包括耐用消费品）的需求收入弹性较大，增加的收入中有较大的份额用于这些消费品的支出，在这类消费品的有效需求不受有效供给约束时，增加的收入中储蓄的份额可能较小（不考虑购买耐用消费品产生的实物储蓄）；如果受到限制，如出现耐用消费品供给瓶颈，则增加收入中储蓄的份额较大。

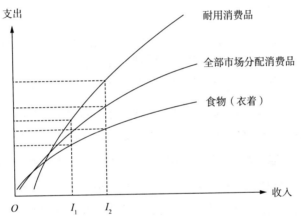

**图2-6　两种平行消费品分配方式并存下；不同种类消费品需求收入弹性的恩格尔效应**

以上是假定一类消费品纯粹实行市场分配方式，另一类消费品纯粹实行行政配给方式，即两种平行的消费品配给方式不同时在同一种消费品中实行。实际上，在双重体制下许多种消费品是平行地通过两种方式进行分配的[①]。同一类消费品由两种平行的方式分配，

---

① 科尔奈在分析东欧一些国家，尤其是匈牙利改革情况时，曾指出和分析过这个问题。参见科尔内：《短缺经济学》下卷，第18章。

可能产生的效应可用图 2-7 说明。

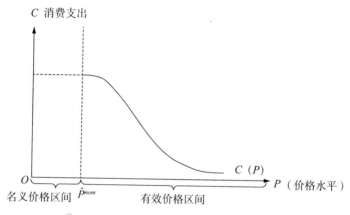

**图 2-7**[①]　同一类消费品由两种平行方式分配可能产生的效应

图 2-7 中纵轴表示消费支出，横轴表示价格水平。在许多情况下，行政配给部分的价格很低，甚至是免费的，如住房租金、医疗服务收费、托幼服务收费等，借用科尔奈的术语，称这种大大低于正常价格的价格为"名义价格"，称正常价格为"有效价格"。$\hat{P}^{nom}$为名义价格与有效价格之间的临界值，在名义价格区间 $[O, \hat{P}^{nom}]$，消费支出与价格水平无关，这时，价格是无效的。消费支出完全缺乏价格弹性，这以函数 $C(P)$ 是一条水平线表示。一旦价格超过临界值 $\hat{P}^{nom}$，即进入有效价格区间 $[\hat{P}^{nom}, P]$，这时消费支出与价格水平呈负相关关系，随着价格的提高，消费支出减少。

1978 以后至今，中国在一些重要的消费品，尤其是住房、某

---

① 此图是参照科尔内《短缺经济学》下卷第 178 页图绘制的，不同之处是纵轴和曲线所表示的含义。

些医疗保健服务、托幼等的分配上，市场和行政配给方式在大多数情况下都是平行出现的。根据以上的分析，两种方式平行出现对消费者选择自由可能产生几种效应：

首先，虽然行政配给消费品或部分的价格很低，但数量有限，满足不了消费者的有效需求，短缺仍然存在。

第二，行政配给消费品或部分的价格太低产生的收入效应，使这部分消费品的短缺发生"溢出效应"，增加的收入转向市场分配的消费品，使其价格上升。

第三，相对于行政配给部分的价格和消费者的收入而言，市场部分的价格过高，在这种状况下，许多消费者并没有真正的选择自由，他们不得不选择行政配给方式。[①]

### 2. 消费品补贴

1978年以后，随着消费品价格的调整和放开，对消费品的财政补贴成为中国经济生活中一个引人注目的现象，其对消费者行为外部环境的直接影响和间接影响究竟如何？

财政对消费品的补贴大体可以分为两种：一种是实物补贴，另一种是现金补贴[②]。在没有消费品短缺限制的条件下，这两种补贴对于消费者行为的影响可用图2-8说明。

图2-8纵轴表示消费者的收入，横轴表示有财政补贴的消费品，如住房等，假定消费者的收入为$OY$，在没有补贴的情况下，

---

① 参见〔匈〕科尔内：《短缺经济学》下卷，高鸿业校，经济科学出版社1986年版，第155页。

② 有人分成三种：非限制实物补贴、现金补贴和限制性实物补贴。参见李扬：《财政补贴经济分析》，上海三联书店1990年版，第3章。

如果消费者把全部收入都用在消费品上，可以购买 $OH_1$ 数量的消费品。从图2-8中看，$YH_1$ 是没有补贴的预算线。现在假若对消费品有了补贴，预算线由 $YH_1$ 以 Y 为轴旋转到 $YH_2$。这时，消费者同样的货币收入可以购买 $OH_2$ 数量的有补贴的消费品，即其实际收入水平提高。在没有补贴的情况下，消费者在购买 $OE$ 数量的消费品时达到均衡状态，这时，消费者的购买消费品支出为 $OB$，储蓄为 $BY$。在有实物补贴的情况下，消费者的均衡状态是购买 $OA$ 数量的消费品。

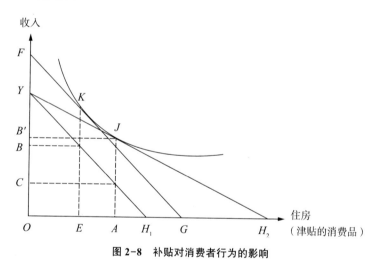

**图2-8　补贴对消费者行为的影响**

消费者在有实物补贴的情况下增加消费品的购买量，其根据有二：一是补贴产生的收入效应，预算线由 $YH_1$ 移至 $YH_2$，实际收入的增加使消费者可以购买较多的消费品；另一是实物补贴本身的性质，这就是只有购买消费品（有补贴的）才能享受补贴，在没有数量限制的情况下，购买得越多，享受到的补贴越多，这必然鼓励消费者多购买。在实物补贴情况下，消费者的货币收入并没有变化，仍为 $OY$。因此，消费者的消费支出由 $OB$ 增加到 $OB'$，储蓄相应从 $YB$ 下降为 $YB'$。

在货币补贴而非实物补贴的情况下，一个重要的不同在于，货币补贴增加了消费者的货币收入，而实物补贴虽然使消费者的实际收入提高，但其货币收入既没有增加，也没有减少。货币补贴使预算线发生向右上的平行移动，假定由 $YH_1$ 移至 $FG$，即现金补贴额为 $FY$。一般而言，实物补贴与货币补贴相比，前者比后者促使消费者购买更多的消费品。所以，在货币补贴情况下，消费品的购买量处于区间 $[E, A]$ 的某一点上。消费者货币收入中可能有一个相对较大的份额用于储蓄。

以上分析有两个暗含的假定前提条件，一个是在给予补贴的情况下，消费品的价格不变，至少其变化（如果有）的幅度小于补贴的幅度；另一个是对大多数重要的消费品均实行补贴。这两个假定在 1978 年以后的绝大多数年份中是近似现实的。

以上是假定不存在短缺。放松这个假定，有短缺存在，如果短缺严重到限制了由补贴引致的那部分有效需求的满足，则如前面分析短缺时所得到的结论，强迫储蓄发生。

### 3. 收入分配上的差距扩大

改革以后，与 1978 年以前相比，收入分配上的差距有所扩大[①]，不同收入水平的消费者之间的"示范效应"强化。

---

[①] 参见赵人伟、李实："中国居民收入分配：城市、农村和区域"，《改革》1992 年第 2 期；陈宗胜：《经济发展中的收入分配》，上海三联书店 1991 年版。

### 4. 消费品价格逐渐放开

1978 年以前，消费品价格基本上是固定的，调整的次数很少，且这些调整是由国家统一进行的，相邻两次调整之间的价格是固定的。

1978 年以后，消费品价格方面的改革总的趋向是"调放结合、以放为主"，在通过调整使消费品的计划价格逐步接近市场价格的基础上，放开价格。在 1985 年初放开了城市蔬菜、肉类等主要副食品的价格；1986 年 8 月底，放开了自行车、黑白电视机、电冰箱、洗衣机、收录机、中长纤维、80 支以上纯棉纱及其制品等 7 种消费品价格。这次放开价格，连同 1982、1983、1984 年连续放开小商品价格，逐渐使绝大部分工业消费品价格放开了[①]。1988 年 7 月下旬放开了 13 种名烟和名酒价格。[②]

### 5. 流动约束和预算约束的时间跨度

到 1988 年，中国的资金市场尚处于初始阶段。与消费者的流动约束相关的民间借贷市场和一些城市出现的债券、股票市场规模，以及消费信贷（如赊购、购买房屋贷款、高值消费品分期付款等）规模，与此时已经达到的消费总规模相比，虽然已不是一个可忽略的量，但还相当有限。但是，一个不容忽视的变量是居民的储蓄存量。改革以来，居民储蓄存量（包括货币储蓄和实物储蓄）迅速膨大，由此形成的消费者资产对消费者跨时规划消费支出有一定

---

①　参见张卓元等：《中国十年经济改革理论探索》，中国计划出版社 1991 年版，第 107—110 页。

②　同上。

影响。

### 6. 不确定性

改革以后，随着市场因素的逐步增大和一些新的改革措施的出台，经济生活中的不确定性明显增大。

归纳以上分析，中国 1978 年改革前后消费者行为的外部环境的实际情况变化可列表 2-3。

表 2-3　中国 1978 年改革前后两个时期消费者行为外部环境的实际情况比较

| 比较项目 | 1978 年以前 | 1978 年以后 |
| --- | --- | --- |
| 消费选择自由 | 有消费限量、配额和短缺 | 消费限量、配额逐渐取消，市场和非市场（行政）分配方式平行存在，短缺缓和 |
| 价格 | 固定不变 | 逐渐放开，计划价格和市场价格并存，补贴增多 |
| 预算约束 | 现期一时 | 向跨时方向过渡 |
| 流动约束 | 有 | 有所放松（储蓄存量） |
| 不确定性（风险预期） | 没有 | 逐渐增加 |
| 收入分配差距 | 小 | 加大 |
| 社会舆论约束 | 紧 | 松 |

## 二、双重体制下内在设定的考察

### 1. 理性主体

在上一节中已指出，1978 年以前中国的消费者较接近于凯恩斯框架中的消费者，是近视的和原始的，即使有后顾意识和攀附意识，也是很弱的。

1978 年以后，约束中国消费者行为的外部环境有一些大的改变，消费选择自由的增大，价格的逐渐放开，流动约束的放松，不确定性的增加，收入分配差距的加大和社会舆论约束的放松使中国的消费者（至少其中的一部分）开始由凯恩斯型消费者向新古典型消费者转变。当然，中国改革以来的时间还较短，在较短的时间内，改变消费者的外部环境的改革措施的出台有早有晚，且改革还远未结束，外部环境还在变化之中，在这种种情况下，消费者还没有足够的时间形成长期行为模式[①]。但是，消费者已由传统体制约束下的消费者向新体制下的消费者转变，确为无可置疑的事实。这一点是重要的。

### 2. 对效用最大化的跨时追求

与 1978 年以前相比，1978 年以后消费者的收入水平增加幅度较大，金融资产（主要是储蓄存款、手持现金和各种债券）和其他资产（主要指私人拥有的房屋和各种耐用消费品等）的数量迅速增加。这时，尽管流动约束相对于新古典理论框架的设定来说仍然较硬，但中国消费者的预算约束已开始由现期一时的向跨时的过渡，与此相应，其目标由追求现期效用最大化向追求跨时效用最大化过渡。

### 3. 风险预期和时间偏好

1978 年以后，随着经济生活中不确定性因素的增加，消费者的风险意识和风险预期行为强化。从农村看，1979 年后推广实行的家庭联产承包责任制使农村消费者（家庭）未来收入的不确定性明显增大，农民的风险意识和风险预期在城市居民之前开始形成和

---

① 参见世界银行经济考察团：《中国：宏观经济稳定与工业增长》，中国财政经济出版社 1990 年版，第 95 页。

逐步强化。其后，城镇劳动用工制度的改革，住房制度改革方案的推出，医疗保险制度的改革和企业制度的改革及高等教育制度的改革等，使城镇消费者未来收入和支出的不确定性因素大大增长，随之其风险意识和风险预期开始形成，规避风险行为出现。

此外，通货膨胀的出现和改革措施的逐渐出台，使消费者形成通货膨胀预期和经济体制改革预期。1985年以后各种金融资产陆续出现，不同金融资产的利率差别拉开。这些使消费者的时间偏好心理因素逐渐增加。

以上分析归纳为表2-4。

**表 2-4　中国 1978 年改革前后两个时期消费者行为内在设定的实际状况比较**

| 比较项目 | 1978 年以前 | 1978 年以后 |
| --- | --- | --- |
| 理性主体 | 被束缚的、近视的、原始的 | 向新古典理论框架消费者转化 |
| 追求效用最大化的时间跨度 | 现期一时 | 向跨时过渡 |
| 规避风险意识 | 弱 | 较强 |
| 时间偏好 | 无 | 有（较弱） |

## 2.3　消费者行为制约因素分析比较（三）：城镇和农村

在 2.1 和 2.2，分别分析了 1978 年改革前后两个时期消费者行为的外部环境和内在设定，以新古典理论框架的设定为参照系，作了初步的比较研究。在分析对比研究中，没有区分城镇消费者和农村消费者，也没有区分个人（家庭）和社会集团。本书所称的"消费者"不仅包括城镇和农村的消费者个人（家庭），还包括将购得的物品用于集体消费或以某种形式分配给本单位个人消费的企业和事业单位[1]。就所分析对比的消费者行为的外部环境和内在设定的大多数项目来说，这种较抽象的"消费者"设定是成立的，即较抽象的"消费者"的不同具体形态主体——城镇消费者、农村消费者、社会集团消费团体等——行为的外部环境和内在设定具有相当多和相当大程度的共性。但是，正如在这一章引言中所指出的，不同具体形态消费者行为的外部环境的差异性（特性），及其对内在设定的影响，是不能忽视的。先前的一些研究忽视了这一点，使其研究的真实性受到影响；也有一些研究认识到这一点的重要性，但却没能在研究中贯穿下去[2]。

这里，在分析较抽象的"消费者"共性的基础上，再进一步分析比较不同具体形态消费者的特性，以期较全面、较深入地具体把握中国消费者行为的外部环境和内在设定。以下的分析也分两个时期：1978 年以前和 1978 年以后。

## 一、1978 年以前的城镇、农村消费者行为制约因素比较

### 1. 基本消费品分配方式不同

1978 年以前，中国的消费水平处于"温饱阶段"，基本消费品支出是消费者生活消费支出的主要部分。在基本消费品的分配方式上，城镇和农村存有较大不同。对城镇消费者实行的是定量低价供给，农村消费者则基本上是自给性消费。

---

[1] 参见李扬:《财政补贴经济分析》,上海三联书店 1990 年版,第 54 页。

[2] 参见秦朵:"居民消费与收入关系的总量研究",《经济研究》1990 年第 7 期。

## 2. 收入形式不同

与基本消费品分配方式不同相适应，在收入形式上，城镇是低工资（收入）、高福利，农村则是以非货币收入为主，福利较少。

### 3. 工农业产品比价的不同影响

工农业产品比价变动对城镇和农村消费者的影响有所不同。城镇消费者的收入基本上不受工农业产品比价变动的影响，因为不论国家征购农产品的价格怎样变动，农产品对城镇消费者的销价基本上是稳定的。农村消费者的收入则受到工农业产品比价变动的影响，在比价向有利于农产品方向变动时（工农业产品的"剪刀差"缩小），这部分消费者的实际收入水平提高；反之，在比价向有利于工业品方向变动时（"剪刀差"扩大），实际收入水平下降。因此，工农业产品相对价格的变动是分析农村消费函数的重要变量之一。

总之，1978 年以前，城镇消费者的特征是低收入、低消费、享受较多的福利，农村则是一种自给自足、以非货币收入为主的消费者。

## 二、1978 年以后的城镇、农村消费者行为制约因素比较

1978 年以后，随着改革措施的不断出台，城镇和农村消费者行为的外部环境起了变化，这些变化一方面在某些方面缩小了城镇和农村消费者之间的差异，加强了他们之间的共性，如农村商品经济的迅猛发展，经济活动的货币化程度提高，农村消费者从自给性消费为主转变为商品性消费为主，即趋近城镇消费者；但是，另一

方面在某些方面增加了两者之间的差异。这里着重提出和分析以下几个方面的差异：

### 1. 消费者单位（家庭）经济功能上的差异

这是 1978 年改革以后，城镇和农村消费者两者行为制约因素上的一个根本性差别。这一点是随着农村原来"二级所有、队为基础"的人民公社政社合一的体制的解体，和新的生产经营体制——家庭联产承包责任制的诞生而出现的。家庭联产承包责任制使农村消费者单位——家庭的双重经济功能突出出来，一方面，是消费活动的基本单位；另一方面，又是生产经营活动的基本单位。城镇消费者单位则不同，除少数个体业主的家庭具有同农村家庭一样的双重经济功能外，就绝大多数的城镇工薪劳动者家庭而言，一般并不具有双重经济功能。他们不是生产经营活动的基本单位，而仅仅是消费活动的基本单位。

农村消费者单位的双重经济功能使其消费行为和投资行为掺杂在一起，并使其消费者行为增加了一个特定的外部环境设定，即生产经营风险（收入风险）约束。新古典理论框架内发展的消费函数也十分注意家庭农场（family farm）同工薪收入者在其消费行为制约因素上的不同[①]，这同本书这里的区别有很大的相通性。

### 2. 农村私人建房和城市的福利性住房

住房是消费支出的一项重要内容。在这方面，城镇和农村的差

---

① 参见 M. Friedman, *A Theory of Consumption Function*, Princeton University Press, 1957。

异一目了然。农村住房完全由消费者自己筹集资金兴建，国家不予补贴，房屋建成后成为个人私有财产，是农村消费者实物储蓄的主要形式。城镇消费者的住房除极少数为私人房屋外，一般是由国家（全民所有制或集体所有制单位）提供，以行政配给的方式分配给消费者，消费者交纳很低的房租，从中享受到很高的国家住房补贴（暗贴）。

### 3. 有各种消费性补贴的福利享受者和身份限制

1978 年以后，随着消费品价格的提高和放开（主要是农副产品价格的逐步提高和放开），以及其他一些改革措施的出台，政府给予城镇消费者一定的补贴，包括实物的和货币的补贴，且其数量越来越大，已在城镇消费者收入中占一个很大的份额。

另一方面，政府仍然通过户籍管理制度，对农村人口实行身份限制，使农村人口享受不到给予城镇消费者的种种补贴。

### 4. 资产存量形式及流动性上的差别

1978 年以前，就平均水平而言，城镇和农村的消费者均没有什么个人资产，因而两者在这方面没有什么差别。1978 年改革以后，消费者个人资产迅速增加，已成为分析消费者行为和消费函数的重要变量之一，且城镇和农村消费者在拥有的资产形式及相应的资产流动性上有较大的差别。

农村消费者拥有的资产的主要部分是实物资产（以住房储蓄为主），城镇消费者拥有的资产的主要部分是金融资产，也拥有一些实物资产（主要是各种耐用消费品存量）。因此，相对而言，农村消费者资产的流动性较差，城镇消费者资产的流动性较强。

总结以上分析，不论是 1978 年以前，还是 1978 年以后，城镇消费者和农村消费者行为的外部环境条件有相当大的不同，这种种不同足以说明，必须把城镇消费函数和农村消费函数分开来分析。

## 2.4　消费者行为假定

从 2.1 到 2.3，本书详细分析了中国消费者行为的外部环境设定和内在设定。在这个基础上，现在可以作出有关中国消费者行为的假定。在阐释本书的假定之前，首先再简要回顾一下各种消费函数理论中对于消费者行为的假定。

### 一、不同消费者行为假定概览

在凯恩斯的消费函数中，消费者行为是简单的。以总需求理论中的两个基本假设为前提，凯恩斯的消费者目光短浅，行为显然是短期的。

杜森贝里在其消费函数理论中，从推翻总需求理论中的两个基本假设入手，提出相反的两个假定，即消费者行为相互影响和消费不可逆性，以此论证了其消费者行为的两个突出特征：后顾行为和攀附行为。

与凯恩斯的短视行为和杜森贝里的后顾行为不同，弗里德曼和摩迪里安尼在各自的消费函数理论中确立了一种取不同方向的时间向量的消费者行为。在他们看来，消费者的消费支出不仅取决于其现期收入和过去的收入（尤其是过去的峰值收入），而且还取决于消费者预期的未来的收入。还不仅于此，他们更强调的是未来收入，在弗里德曼那里是持久收入，在摩迪里安尼那里是终生财产。所以，他们的消费者行为的最明显的特征是：前瞻行为。此外，他们的消费者在预期未来收入的基础上，规划其消费支出采取跨时均匀的路径。这可用图2-9形象表示。

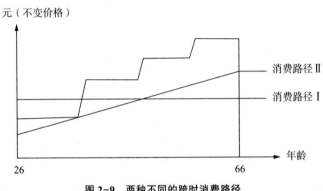

**图2-9 两种不同的跨时消费路径**

图2-9中横轴表示消费者单位的年龄，纵轴表示消费者单位收入或消费的度量单位，是以不变价格折算的元，阶梯形曲线表示消费者随着年龄的增长工作收入增加，到退休年龄（假定为66岁）时工作收入降至零。按照原始的、近视的消费者行为假设，其消费主要取决于现期收入，其消费图式为图2-9中的"消费路径Ⅱ"。而在前瞻的消费者行为假设下，消费图式为图2-9中的"消费路径Ⅰ"，这条水平线表示大多数消费者宁愿使他们的消费在各年之间保持相对稳定的水平，即在年轻时预期未来有更高的收入而借钱消费，中年时收入水平高为退休储蓄，退休后逐渐花掉他们的资产。这同取决于现期收入高低，因而有相对大的消费波动的"消费路径Ⅱ"是不同的。

到 20 世纪 70 年代和 80 年代，宏观经济学中关于消费的合理
预期研究大部分是以弗里德曼的持久收入假定和摩迪里安尼的生命
周期假定为基础的[①]。不过，合理预期—持久收入—生命周期相结
合的结果是更强调消费者的深思熟虑的计划消费行为[②]。

至此，可以把不同消费函数理论关于消费者行为的核心假定列
于表 2-5 中。

表 2-5　各种消费函数理论中关于消费者行为的假定

| 凯恩斯 | 杜森贝里 | 弗里德曼 | 摩迪里安尼 | 合理预期 |
|---|---|---|---|---|
| 短期行为 | 后顾行为<br>攀附行为 | 前瞻行为<br>（跨时计划） | 前瞻行为<br>（终生计划） | 深思熟虑的消费<br>计划行为 |

## 二、本章小结：中国消费者行为假定

在 2.1 中，已经指出，1978 年以前的消费者是被束缚的、近
视的、原始的消费者，这种消费者的行为是短期的，即近似于凯恩
斯的消费者，但两者之间的一个重要区别是前者很少有消费选择自
由，而后者有很大的消费选择自由。中国消费者在这一时期的短期
行为上被动因素居主导地位，政府的消费基金控制、基本消费品限
量供给和短缺等因素限制了消费者行为的主动成分。

**本书把 1978 年以前中国消费者行为假定为被动的短期行为。**

1978 年改革以后，由于消费者行为的外部环境的变化，消费

---

① 参见〔美〕罗伯特·E.霍尔、〔美〕约翰·B.泰勒:《宏观经济学》，陈勇民等
译，中国经济出版社 1988 年版，第 192 页。

② 参见 George Hadjimatheou, *Consumer Economics after Keynes*, St. Martin's Press,
1987, pp. 6–11。

行为开始改变。如果以各种消费函数理论关于消费者行为的假定为
参照系，那么，中国 1978 年以后的消费者如 2.2 中已指出的，由
近似凯恩斯的原始的消费者向新古典理论的消费者转变，其前瞻行
为逐渐形成。同时，在改革的特定环境中，随着收入分配差距的拉
开和各种新的、较高档次的消费品的涌现，消费者之间的攀附行为
逐渐强化。

**本书把 1978 年以后中国消费者行为假定为攀附的、过渡性前
瞻行为。**

关于 1978 年前后两个时期中消费者行为上述基本假定，是就
中国消费者整体而言的。城镇消费者行为和农村消费者行为虽然有
些不同，但是在基本假定方面是相同的。

# 3 消费函数假定

从这一章开始，在前两章研究消费者行为，主要是分析比较消费者行为的外部环境和内在设定，并作出关于消费者行为的假定的基础上，展开消费函数研究。

在这一章，首先依据对消费者行为的假定，推论出中国消费函数假说，并建立分时期的、分城乡的消费函数理论模型；然后，分析比较有关中国的几种主要消费函数论述的方法和观点；最后，着重从方法论上，讨论中国消费函数研究中的三个重要问题。

## 3.1 中国消费函数假说和模型

### 一、假说

根据第 1 章和第 2 章的分析，本书提出以下几个假说。

假说 I：凯恩斯和杜森贝里的较简单的消费函数对中国 1978 年以前时期的可应用性较大；

假说 II：新古典理论框架内发展起来的消费函数，主要指弗里德曼的持久收入假定和摩迪里安尼的生命周期假定，对 1978 年以前的中国的可应用性较小；

假说Ⅲ：假说Ⅱ中的消费函数对 1978 年以后的中国的可应用性逐渐加大；

假说Ⅳ：复杂的消费函数对中国的可应用性较小，如理性预期的消费函数。

这几个假说同以往研究的不同在于，以往的研究一般没有作消费者行为分析，直接用中国的数据拟合几种主要的消费函数，以数据拟合的好坏判断不同消费函数在中国的适用性。这在研究消费函数的方法上有显然的缺陷。以上四个假说，主要是依据以新古典理论框架对消费者行为的外部环境和内在设定为分析比较框架，分析对比各种消费函数理论和中国 1978 年前后两个时期的异同之处，推论得出的。因此，如果前面两章分析的思路和方法成立，分析比较的结果是基本准确和客观的话，那么，以上假定应该说是能够成立的。当然，是否成立，稍后还将作实证检验分析。

## 二、模型

假说仅仅以现有的各种主要消费函数为参照系，勾勒出构造中国不同时期消费函数的大体轮廓，以此还不足以具体构造适用于中国的消费函数模型。本书的一个核心观点是：由于中国的特殊情况，几种主要的消费函数理论毕竟不能直接应用于中国，而必须根据中国的具体情况，作某些限定或修正。

### 1. 1978 年以前的模型

根据假说Ⅰ和假说Ⅱ，1978 年以前中国的消费函数模型主要以凯恩斯的消费函数理论模型为基础，以中国城镇、农村消费者行为的外部环境和内在设定的具体情况为根据，作某些调整形成。

A. 城镇模型

凯恩斯消费函数理论的基本模型为：

$$C = \alpha_0 + \beta_1 Y \qquad\qquad 3.1$$

式 3.1 中，$C$ 为现期消费，$Y$ 为现期收入，常数项 $\alpha_0$ 为与收入无关的那部分消费，即自发性消费，$\beta_1$ 为边际消费倾向。

在凯恩斯的模型中，影响消费的唯一变量是现期收入。而根据本书的分析，影响 1978 年以前中国城镇消费者消费的因素除现期收入以外，主要还有消费品的短缺和行政配给方式。把这两个变量纳入式 3.1，得

$$C = \alpha_0 + \beta_1 Y + \beta_2 Z + \beta_3 R \qquad\qquad 3.2$$

式 3.2 中，$Z$ 为消费品短缺量，$R$ 为消费品行政配给量。

3.2 式为 1978 年以前中国城镇消费函数的基本模型。

B. 农村模型

构造 1978 年以前农村消费函数模型，应该考虑的主要变量有现期收入、自给性消费和工农业产品比价。这里的现期收入包括货币性收入和非货币性的实物收入，且后者占主要比重。农村消费函数的基本模型为：

$$C = \alpha_0 + \beta_1 Y + \beta_2 RP \qquad\qquad 3.3$$

式中，$RP$ 表示工农业产品比价。需要特别指出的是，式 3.3 中，

$$C = C_m + C_n \qquad\qquad 3.4$$

$$Y = Y_m + Y_n \qquad\qquad 3.5$$

$C_m$ 表示商品性消费，$C_n$ 表示自给性消费，$Y_m$ 表示货币性收入，$Y_m$ 表示非货币的实物收入。将式 3.4 和式 3.5 代入式 3.3，得

$$C_m + C_n = \alpha_0 + \beta_1 (Y_m + Y_n) + \beta_2 RP \qquad 3.6$$

式 3.6 的意义在于，把自给性消费和非货币性实物收入作为独立的变量，从消费和收入中分离出来加以分析。

### 2.1978 年以后的模型

根据假说Ⅲ和假说Ⅳ，1978 年以后中国的消费函数模型可以考虑以新古典理论的前瞻的消费函数理论模型为基础，加以调整修正形成。此外，1978 年改革开始以后，收入分配差距拉大，消费的示范效应增强，因此，杜森贝里的相对收入假定的消费函数也有可借鉴之处。三种主要消费函数的基本模型为：

$$C = \beta Y_p \qquad 3.7$$

$$C = \alpha Y + \beta A \qquad 3.8$$

$$C = \alpha Y + \beta \bar{Y} \qquad 3.9$$

式 3.7 为弗里德曼的持久收入假定，$Y_p$ 为持久收入，等于收入 $Y$ 减去一时收入部分 $Y_t$，即：

$$Y_p = Y - Y_t \qquad 3.10$$

式 3.8 为摩迪里安尼的生命周期假定，$Y$ 为工作收入，$A$ 为财产收入。式 3.9 为杜森贝里的相对收入假定，$C$ 和 $Y$ 分别为某一个或某一收入等级消费者的消费和收入，$\bar{Y}$ 为全体消费者的平均收入。

### A. 城镇模型

城镇经济体制改革的全面展开在时间上略晚于农村。在农村，家庭联产承包责任制大约是在 1979 年全面推开的；而在城镇，1985 年以前仅有一些小的改革措施出台，改革的全面展开始于 1985 年。

　　城镇改革以后，消费品短缺趋缓，行政配给的消费品从品种和数量上看已不起太大的影响。与此同时，城镇居民享受的补贴的种类和数量越来越多，这些补贴除一部分以现金的形式直接发给居民，已成为居民货币收入的组成部分外，还有一部分是以暗贴的形式间接补给居民的，这一部分虽然没有进入居民的货币收入，但对居民消费的影响是毋庸置疑的。另一方面，城镇居民的资产逐渐积累膨大起来，也成为制约居民消费决策的重要因素之一。以上四个因素：短缺、行政配给和补贴、资产中，前两个因素可以从模型中去掉，后两个应该加进。这样，城镇消费函数的基本模型为：

$$C = \beta_1 Y + \beta_2 A + \beta_3 SU \qquad\qquad 3.11$$

式中，$Y$ 为居民劳动收入（包括享受的货币补贴），$A$ 为居民资产，$SU$ 为城镇居民享受的间接补贴（暗贴）。

　　B. 农村模型

　　也许，1978 年以后农村消费者行为与城镇相比，更接近于新古典理论的种种设定。由于农村居民不享受城镇居民的各种补贴，其消费函数的基本模型为：

$$C = \beta_1 Y + \beta_2 A \qquad\qquad 3.12$$

式 3.12 基本上即为摩迪里安尼的生命周期假定模型。

　　此外，还可以借鉴杜森贝里相对收入假定和弗里德曼的持久收入假定，建立一对相对收入假定模型和一个持久收入假定模型：

$$C/Y = \alpha + \beta(\bar{Y}/Y) \qquad\qquad 3.13$$

$$C_t/Y_t = \alpha + \beta(Y_0/Y_t) \qquad\qquad 3.14$$

$$C = \beta_1 Y_p + \beta_2 Y_t \qquad\qquad 3.15$$

式 3.13 和式 3.14 为相对收入假定模型。式 3.13 中 $\bar{Y}$ 为平均收入，即

$$\bar{Y} = \sum Y_i / n \qquad\qquad 3.16$$

$C$ 和 $Y$ 为不同消费者（单位或按收入水平等级划分的群体）的消费和收入，式 3.16 中 $n$ 为消费者单位或群体的数目。此式主要用于测验消费示范效应和消费者的攀附行为。

式 3.14 中 $C_t$ 和 $Y_t$ 分别表示消费者的现期消费和现期收入，$Y_0$ 表示消费者前期曾达到的最高收入水平。此式用于检验消费不可逆性定理的适用性。

式 3.15 中，$Y_p$ 和 $Y_t$ 分别表示收入中的持久收入部分和暂时收入部分。此式用于检验持久收入和暂时收入对消费的不同影响。

## 3.2 有关中国的几种主要消费 函数分析比较

近几年来，国内外陆续发表了一些有关中国消费函数研究的成果，这里，仅就笔者所能掌握的资料，对其中有代表性的成果作一分析比较。当然，分析比较是以以上的观点为基本判别标准的。

### 一、王于渐函数

比较系统地运用现代经济理论中的几种主要消费函数假说，分析中国消费函数的当首推王于渐。他在《中国消费函数的估计与阐释》[①] 一文中，用中国的数据分别验证了凯恩斯的绝对收入假定，摩

---

① 此文载于于景元等主编：《中国经济改革与发展之研究》，商务印书馆 1990 年版，第 319—347 页。

迪里安尼的生命周期假说，弗里德曼的持久收入假说，邹至庄的消费分析的宏观简单模型（作者作了修订）和霍尔的理性预期假说。王于渐的结论是凯恩斯的模型能拟合中国的数据，摩迪里安尼等人和弗里德曼的模式也同样拟合中国的数据，但是，霍尔的假说在中国不被证实。本书以下简称王于渐的方法和结论为王于渐函数。

　　王于渐函数的突出特点是直接用中国数据拟合几种不同的主要消费函数假说，同时，这也是其弱点所在。消费函数研究的基础是消费者行为假定，当用中国的数据拟合几种主要消费函数假说时，必须注意的一个重要之点是，中国消费者行为的外部环境和内在设定与这些消费函数假说的设定有相当大的距离。根据本书的分析，中国1978年以前的农村和1985年以前的城镇，从消费者行为上看更接近于凯恩斯的模式，而与新古典的几种模式有相当大的不同，由此得到的推论显然是：这一时期中国的消费函数应为凯恩斯模式的，而不应是新古典模式的。王于渐函数的大相径庭的结论在于其方法上的偏颇，即没有以对中国消费者行为的研究和设定为基础。

　　实际上，王于渐似乎也似明似暗地认识到这一点："随意采用特定的计量方法来估计总经济关系是可能有误导性的，除非能根据经济理论来指引实证研究，否则要阐释估计式中的意义就会遇到相当的困难。研究中国的困难更大，这是因为各项数据并不适合惯常所用的理论体系"[①]。关键不在于数据不适合惯常所用的理论体系，而在于消费者行为的外部环境及相应的内在设定上的差异，种种差

---

　　① 王于渐：《中国消费函数的估计与阐释》，载于景元等主编：《中国经济改革与发展之研究》，商务印书馆1990年版，第336—337页。

异需要作理论上的分析阐释，并以此指引实证研究。

值得再次指出的是，王于渐函数的这一弱点并不被其独有，而是大多数有关中国消费函数研究所共有的。

王于渐函数方法论上的偏颇导致其结论上的偏差。他用的数据的时间跨度为 1952 年至 1985 年的总量时间序列数据、1983 至 1984 年的省际总量横截面数据和 1981 至 1985 年的省际农民家庭横截面数据。除没有按中国 70 年代后期发生的改革进行分期，以纳入制度变迁所引致的种种经济变量的相对作用变动考虑外，其所跨的时间，尤其是总量时间序列数据和 1983 至 1985 年的省际总量横截面数据，主要跨度是改革以前的年度，或者说是全面经济体制改革开始（1985 年）以前的年度。从时间跨度上看，按照本书的方法，中国消费函数相似于凯恩斯的，不同于新古典的。王于渐函数中的一个重要发现支持了本书的假说。这个重要发现是：

用中国数据拟合摩迪里安尼模式和弗里德曼模式，"当加入滞后消费变数为解释变数时，收入变数往往变得全然不具统计上的显著性。其他国家的研究结果都显示收入变数的显著性是会因加入滞后消费变数而下降，但其下降的程度没有像中国的数据中那么大。这表明量度收入变数有严重的误差，是在分析凯恩斯的模式中没有发现的。"[1]

加入滞后消费变数是除凯恩斯绝对收入假说外，其他几种主要消费函数假说的共同特点，以至于有人用下式近似表述这几种消费

---

[1]　王于渐：《中国消费函数的估计与阐释》，载于景元等主编：《中国经济改革与发展之研究》，商务印书馆 1990 年版，第 336—337 页。

函数假说 [①],

$$C_t = f(\,Y_t, \ C_{t-1}\,) \qquad\qquad 3.17$$

式中，$C_t$ 和 $Y_t$ 分别表示现期消费和收入，$C_{t-1}$ 即为滞后消费。王于渐的重要发现恰恰说明，加入滞后消费变数后，新古典理论的两种主要消费函数假说对中国上述时期数据的解释力，相对于其他国家而言，明显下降。而另一方面，不带滞后消费变数的凯恩斯模式则对中国这一时期的数据具有较好的解释力。这个重要发现使王于渐函数的结论之一，摩迪里安尼等人的模式和弗里德曼的模式能拟合中国的数据的可靠性有所动摇。

王于渐函数再一个缺陷是，分析 1952 至 1985 年中国总量时间序列消费函数时，没有把城镇和农村划分开。按本书的方法，决定城镇和农村消费的变量有一定的不同，两者应分开分别研究。

总之，尽管王于渐函数利用了许多现代计量经济学的先进方法，建立了比较精巧的计量模型，但有三个致命的弱点：一是没有以对中国消费者行为的外部环境和内在设定的分析为基础；二是没有考虑到改革前后制度变迁的因素所要求的分期分析；三是没有把城镇和农村分开研究。这些使其结论的可信性受到影响。

## 二、邹至庄函数

在外国学者中，对中国经济问题有较深入全面研究的要数邹至庄 [②]，这也许归因于他个人的文化背景。正因为此，1985 年他发表

---

① 参见李子奈编著：《计量经济学：方法和应用》，清华大学出版社 1992 年版，第 274 页。

② 参见〔美〕邹至庄：《中国经济》，南开大学出版社 1984 年版。

了《一个决定中国国民收入的模型》一文后，此文经常被研究中国
经济问题的国内外学者所引用[①]。以下简称邹至庄在此文中分析消
费函数的方法和结论为邹至庄函数。

　　邹至庄函数的贡献在于，通过建立消费分析的宏观简单模型，
解决收入本身是由宏观经济模型内生决定的和用简单方程估计消费
函数之间的不协调。这种不协调早在邹至庄之前已为人们发现[②]。
邹至庄的宏观简单模型为：

$$Y_t = C_t + I_t \qquad\qquad 3.18$$
$$C_t = \gamma_0 + \gamma_1 Y_t + \gamma_2 C_{t-1} \qquad\qquad 3.19$$
$$I_t = \alpha_1 \Delta Y_t + \alpha_2 I_{t-1} \qquad\qquad 3.20$$

模型中，$Y_t$、$C_t$ 和 $I_t$ 分别表示现期的国民收入、消费和积累，$C_{t-1}$
和 $I_{t-1}$ 表示滞后的消费和积累，$\Delta Y_t$ 表示国民收入增量，$\gamma_i$（$i = 0$，1，
2）和 $\alpha_i$（$i = 1$，2）为系数。

　　邹至庄函数解决收入由宏观经济模型内生决定和用简单方程估
计消费函数不协调的方法，有其诱人之处。但是，用此方法分析中
国特定时期的消费函数时，邹至庄忽视了一个重要问题，新古典理
论内在的各种设定与中国实际情况的差异。由于这种差异，尽管邹
至庄模型整体上有可取之处，但是其组成部分上存在问题。这里，
主要是指式3.19。一眼可见，式3.19即为几种主要的新古典理论
消费函数的近似表达式3.17，其可计量形式即为经济计量学中的部

　　① 参见 Gregory C. Chow, "A Model of Chinese National Income Determination", *Journal of Political Economy*, vol. 93, no. 4, 1985, pp. 782-792。

　　② 参见 T. Haavelmo, "Methods of Measuring the Marginal Propensity to Consume", *Studies in Econometric Method*, ed. by W. C. Hood and T. C. Koopmans, Wiley, 1953。

分调整模型（partial-adjustment model），

$$C_t = \alpha_0 + \alpha_1 Y_t + \alpha_2 C_{t-1} + U_t \qquad 3.21$$

式中 $U_t$ 为误差项。

这里，滞后消费变量纳入模型。然而，邹至庄函数拟合的是中国 1952 至 1982 年的数据，这就导致类似分析王于渐函数时已指出的那个问题，加入滞后消费变量与中国改革以前的实际情况可能不协调，原因在于本书已反复指出的新古典理论设定同中国实际的差异，而且，进一步，这一点已被王于渐函数的一个重要发现所证实。

### 三、秦朵函数

秦朵根据动态设模理论，建立了中国居民总消费的误差修正型（Error Correction Mechanisms, ECM）计量模型，并用中国 1952 至 1987 年的统计数据拟合，分析居民总消费与总收入之间的长期关系和影响短期消费波动的主要因素，从中得出一个基本结论和一个推论。基本结论是：从 60 年代到 80 年代，居民总消费与总收入间存在着较固定的比例关系，本年短期居民消费波动主要受本年与上年的收入、物价，及上年的消费与社会集团购买力变动的影响，这些因素对消费波动的影响程度也大致是固定的。推论为：从长期和短期看，中国居民的总有效需求行为基本上是稳定的，用"居民有效需求倾向上升"来解释消费膨胀现象的论点则证据不足，因而按此论点开的政策"处方"恐难治病根。[①] 以下简称秦朵的上述方法和结论为秦朵函数。

---

① 参见秦朵："居民消费与收入关系的总量研究"，《经济研究》1990 年第 7 期。

秦朵函数中运用的 ECM 比"部分调整模型"有一些优越之处。ECM 源于戴卫森等人（Davidson et al.）的一篇长文,[①] 戴卫森等首先建立了有关 $C$ 和 $Y$ 的一阶多元等式,

$$C_t = K^n + \beta_1 Y_t + \beta_2 Y_{t-1} + \alpha_1 C_{t-1} + V_t \qquad 3.22$$

式中的变量为自然对数, 然后, 通过限定

$$\beta_1 = -\beta_2 + \gamma \text{ 和 } \alpha_1 = 1 - \gamma \qquad 3.23$$

式 3.22 成为,

$$\Delta_1 C_t = K^n + \beta_1 \Delta_1 Y_t + \gamma ( Y_{t-1} - C_{t-1} ) + V_t \qquad 3.24$$

假定存在 $\Delta_1 C_t = \Delta_1 Y_t = g$, 即稳态增长（steady-state growth）, 式 3.24 有稳态解,

$$C_t = exp \{ [ K^n - g ( 1 - \beta_1 ) / \gamma ] \} Y_t \qquad 3.25$$

这个解隐含着一个长期单位弹性, 或者说在长期内, 消费与收入之间保持着较稳定的比例关系。

式 3.24 即为秦朵函数的原始基础模式。秦朵函数在基础模式中纳入了另外几个变量: 居民储蓄、社会集团购买力及通货膨胀率, 从而建立了一个比较精巧的一般式逐级约简的动态模型。

关键问题不在于所用模式的优劣上, 而在于建立模型的理论依据上。秦朵函数分析的是中国 1952 至 1987 年间的数据, 按照本书的方法, 这跨越了两个不同的时期: 1978 年以前和 1978 年以后, 以及相应的两种不同的经济体制: 传统的中央集权的旧体制和改革后的双轨体制。制度因素的变迁要求把这两个时期分开分析, 秦朵

---

① 参见 J. E. H. Davidson, et al., "Econometric Modelling of the Aggregate Time-Series Relationship between Consumers Expenditure and Income in the United Kingdom", *Economic Journal*, vol. 88. no. 352, 1978, pp. 661-692。

函数非但没有分开分析，而且更进一步，依据模型估计系数固定性高的结果推论：无论在什么样的体制下，中国的经济内部都含有某种机制协调消费、收入及价格，使得总体的有效需求基本遵循某种均衡路径。这个推论按照本书的分析方法显然是不能成立的。

实际上，秦朵本人也对估计结果感到有点意外，认识到估计系数的高度固定性与改革以来整个经济机制的改变可能有矛盾。秦朵是用两个推断试图解释这个矛盾的。推断一：中国经济体制（改革前后两种）具有某种内在平衡机制协调消费、收入及价格，使他们之间保持某种大体固定的关系图式。推断二：中国居民消费行为的较高程度的经济理性。

推断一是比较含糊的。无论在什么样的体制下，肯定会有某种平衡机制。秦朵函数的含糊在于，回避了改革以来的经济体制的内在平衡机制与改革以前的是否基本相同这个要害问题。如果基本相同，秦朵的结论成立。实际上，秦朵函数中已暗含着基本相同的假定前提条件。但是，根据在第2章中的分析，两种体制下的平衡机制差异很大。在本书之前，也有一些学者从不同的角度分析过传统体制与改革以来的新体制在消费、收入形成及相互关系之间的不同。[①] 如果基本相同的假定不成立，秦朵函数的结论也难以成立。

推断二较勉强。如本书所分析的，1978年前后两个时期中，中国居民消费行为的外部环境变化很大，相应地，消费者行为的内在设定有所变动。在这种情况下，两个时期的经济理性的约束条件有差异，在很大程度上是不可比的。笼统地谈经济理性于解决问题

---

① 参见符钢战等：《社会主义宏观经济分析》，学林出版社1986年版，第3章。

无补。

此外，秦朵函数也没有将城镇与农村的消费同收入分开来估计，虽然秦朵已认识到这一点的重要性。

## 四、厉以宁函数

这里所称的厉以宁函数主要依据的是厉以宁主编的《中国宏观经济的实证分析》[①]一书。在此书第三章《个人储蓄行为》和第四章《居民消费支出》中，均涉及消费函数，其用的基本理论模型为，

$$C = \alpha + \beta Y \qquad 3.26$$

式中，$C$ 为居民消费支出，$Y$ 为居民可支配收入。式 3.26 说明，厉以宁函数用的是凯恩斯的绝对收入假说。

厉以宁函数用上述基本理论模型的可计量形式，对 1952—1977 年和 1978—1986 年两个时期居民消费支出同居民可支配收入的函数关系作了分析。

问题在于，厉以宁函数虽然区分了两个时期，但却用同一个模式（凯恩斯的）拟合两个时期的数据。按照本书的分析，这个模式能接近于适用 1952—1977 年的情况，但对 1978—1986 年的适用性已较弱。

## 五、张风波函数

张风波对消费函数的分析见于其所著的《中国宏观经济分

---

① 参见厉以宁主编：《中国宏观经济的实证分析》，北京大学出版社 1992 年版。

析》① 一书和主编的《中国宏观经济结构与政策》② 一书中。他分别用绝对收入假说的模式、加入滞后收入变量的模式和加入滞后消费变量的模式，拟合 1952—1985 年期间居民消费与国民收入的数据。以上对其他几种函数中运用绝对收入假说模式和运用加入滞后变量模式的评说大体上也适用于张风波函数，故不再赘述。

## 六、李子奈函数

除专门研究消费函数的专著和宏观经济分析，尤其是宏观经济实证分析中的消费函数分析外，一些有关计量经济学的书中也一般均有消费函数内容，其中较有代表性的是李子奈编著的《计量经济学：方法和应用》③ 一书的有关内容。李子奈建立了三种不同的消费函数模型，

$$C_t = \alpha + \beta Y_t + \gamma C_{t-1} \qquad\qquad 3.27$$

$$C_t = \alpha_1 Y_t + \alpha_2 C_0 + \varepsilon_t \qquad\qquad 3.28$$

$$C_t = \alpha + \beta Y_t + \gamma RP_t \qquad\qquad 3.29$$

其中，式 3.27 和式 3.29 中的变量是取对数形式的人均变量，$RP$ 为农产品价格指数与农村工业品零售价格指数之比；式 3.28 中的 $C_0$ 为 $t$ 时刻以前的最高消费水平。李子奈用中国城镇 1953—1982（1980）年的数据拟合式 3.27 和式 3.28，用农村 1953—1982 年的数据拟合式 3.29。

---

① 参见张风波：《中国宏观经济分析》，人民出版社 1987 年版。
② 参见张风波主编：《中国宏观经济结构与政策》，中国财政经济出版社 1988 年版。
③ 参见李子奈：《计量经济学：方法和应用》，清华大学出版社 1992 年版。

三种模式中，式 3.28 为相对收入假定模式，式 3.27 为几种主要新古典消费函数的近似表达式，李子奈称其为"消费习惯假设"，式 3.29 是在绝对收入假设的基础上增加了一个新的变量。由于李子奈函数用的是 1953—1982 年的数据，大体上接近于本书分期中 1978 年以前的时期，所以，式 3.29 与本书建立的有关模式十分相似，而式 3.27 和式 3.28 是否成立，如前面所分析的恐有问题。

## 3.3　再论研究中国消费函数的方法

在导言中，已讨论过研究中国消费函数的方法，这里，结合 3.2 节的分析，再就研究中国消费函数的三个重要方法论问题作进一步的讨论。其一是消费者行为假设和数据拟合；其二是制度变迁和分期模型构造；其三是城乡分隔和分城乡模型构造。

### 一、消费者行为假设和数据拟合

本书一再强调，消费者行为假设是消费函数研究的基础。现在，假定放弃这一点，具体说，即不考虑中国的消费者行为究竟如何，而仅以与历史数据的拟合程度为主要准则选择适当形式的消费函数。如果这一立论成立，意味着在一特定时期仅有一种形式的消费函数存在（暂不考虑城乡差别问题，并就总体而言），实际上就是说，在这一时期大多数消费者是按仅有的一种消费函数内含的消费者行为假定方式作消费决策的。譬如说，选择的是相对收入假说，那么，大多数消费者是以此假说的行为行事的，即具有消费不可逆性和攀附性行为特征。有一个具体的例子，罗伯特·霍尔和弗雷德里克·米什金（Robert E.Hall and Frederic S.Mishkin）在一项研究中[①]，分析了密西根典型抽样数据组（Michigan Panel Dataset）中大约 2000 个家庭的消费行为，结果说明，大约 80% 的家庭的行为是前向预期模型设定的，仅有大约 20% 的家庭的行为是按照消费和可支配收入成固定比例的简单模型进行的[②]。如果把这 2000 个家庭作为一个整体分析，那么可以说，适用的消费函数形式是前向预期模型。

　　但是，仅以与历史数据的拟合程度为主要准则选择适当形式的消费函数的立论，在实际分析过程中出现了矛盾。王于渐函数是不考虑消费者行为的不同，仅以中国的数据检验现代经济理论中几种主要消费函数在中国的适用性的典型之作。他的分析得出结论：除霍尔的假说外，其他几种主要消费函数形式（凯恩斯的、摩迪里安尼等人的和弗里德曼的）均能拟合中国的数据。按此结论可以推论，在同一时期，中国的同质的消费者既按凯恩斯的原始的、近视的消费者行为模式行事，又按新古典的精明的、前瞻的消费者行为模式行事。显然，这与上述立论的含意相悖，证明立论难以成立。

　　值得注意的是，一些有关中国消费函数的研究，运用在不同消费函数假说的基本理论模型的基础上建立的计量模型拟合中国的数据，均得到较好的回归结果。他们所利用的数据的时间跨度大体上相近。这从另一个方面提醒我们，利用现代计量经济学的手段，对

---

　　① 参见 Robert E. Hall, Frederic S. Mishkin, "The Sensitivity of Consumption to Transitory Income: Estimates from Panel Data on Households", *Econometrica*, vol. 50, no. 2, Mar. 1982, pp. 461-481。

　　② 参见〔美〕罗伯特·E.霍尔、〔美〕约翰·B.泰勒：《宏观经济学》，陈勇民等译，中国经济出版社 1988 年版，第 206 页；英文版，第 211 页。

不同的理论模型作某些修正和限定，也许总能得到可以由统计检验通过的计量结果。而根本问题在于，理论模型本身的确立是否有充分的根据。研究中国消费函数，首先要根据对中国消费者行为的分析，确立典型的行为特征；然后在此基础上选择和建立消费函数的理论模型；最后，将理论模型可计量化，用适当的数据进行验证。其中，第一步是关键，它是选择、建立理论模型的根据所在。

本书坚持这一观点：仅以与历史数据的拟合程度为主要准则选择适当形式的消费函数的方法是不正确的。

## 二、制度变迁和分期模型构造

本书始终坚持的另一个观点是：由于中国经济体制改革前后发生的制度变迁，消费者行为的外部环境前后两个时期差异较大，并导致内在设定的不同，因此，必须分期建立不同的消费函数模型。

起码有两项研究支持我们的观点。一项是有人利用经济计量学中同质性检验方法[①]，检验改革前后两个不同时期的消费行为是否有显著的差异。他们检验中国的是新古典消费函数的近似表达式，也是他们所称的相对收入假设模型的变形式，分别设定改革前后的模式为，

$$改革前：C_{t1} = \beta_{11}Y_{t1} + \beta_{21}C_{t-1,1} + U_{t1} \qquad 3.30$$

$$改革后：C_{t2} = \beta_{12}Y_{t2} + \beta_{22}C_{t-2,2} + U_{t2} \qquad 3.31$$

如果改革前后消费者行为没有发生显著的变化，式3.30和式3.31中的系数 $\beta_{11}$ 与 $\beta_{12}$ 和 $\beta_{21}$ 与 $\beta_{22}$ 应有十分接近的数值；否则，说明

---

① 参见王美今、曾五一："论我国经济体制改革前后宏观消费函数的演变"，《数量经济技术经济研究》1990 年第 4 期。

已发生了显著的变化。他们检验的结果列于表 3-1。

**表3-1　两个不同时期的消费者行为差异检验**

| | | 改革前 | 改革后 |
|---|---|---|---|
| 边际消费倾向 $\beta_1$ | | $\partial\beta_{11}=0.090082$（1.61309） | $\partial\beta_{12}=0.446704$（4.16108） |
| 消费滞后比 $\beta_2$ | | $\partial\beta_{21}=0.885032$（9.09097） | $\partial\beta_{22}=0.253842$（0.203176） |
| $\beta_1/\beta_2$ | | 0.10178 | 1.75978 |
| 本期消费对收入的弹性系数 | 计算公式 | $\dfrac{\partial C_{t1}}{\partial Y_{t1}}\times\dfrac{Y_{t1}}{C_{t1}}=\dfrac{\beta_{11}Y_{t1}}{\beta_{11}Y_{t1}+\beta_{21}C_{t-1,1}}$ | $\dfrac{\partial C_{t2}}{\partial Y_{t2}}\times\dfrac{Y_{t2}}{C_{t2}}=\dfrac{\beta_{12}Y_{t2}}{\beta_{12}Y_{t2}+\beta_{22}C_{t-1,2}}$ |
| | 平均弹性 | 0.14731 | 0.76847 |
| 本期消费对上期消费的弹性系数 | 计算公式 | $\dfrac{\partial C_{t1}}{\partial C_{t-1,1}}\times\dfrac{\partial C_{t-1,1}}{\partial C_{t1}}=\dfrac{\beta_{21}C_{t-1,1}}{\beta_{11}Y_{t1}+\beta_{21}C_{t-1,1}}$ | $\dfrac{\partial C_{t2}}{\partial C_{t-1,2}}\times\dfrac{C_{t-1,2}}{C_{t2}}=\dfrac{\beta_{22}C_{t-1,2}}{\beta_{12}Y_{t2}+\beta_{22}C_{t-1,2}}$ |
| | 平均弹性 | 0.94343 | 0.23151 |

注：括号内为 T 统计量数值。

从表 3-1 中数据看，$\beta_{11}$ 与 $\beta_{12}$ 和 $\beta_{21}$ 与 $\beta_{22}$ 的数值显著不同。从中可得出的结论不说自明。

此项研究中消费和收入变量是按 1952 年可比价格计算的、1953—1988 年的消费基金和国民收入使用额。有人认为，用消费基金和国民收入使用额代替消费函数中的消费和收入，以此得到的结果并不能反映居民对自己收入的支配、使用、选择的某种倾向和规律，而仅仅反映了国家对于国民消费与积累的计划比例分配的"决策倾向"，主张用居民可支配货币收入和居民用货币支付的消费作为消费函数中的收入和消费变量[①]。

---

①　参见蒋学模主编：《社会主义宏观经济学》，浙江人民出版社 1990 年版，第 290 页。

蒋学模等人以此观点所作的研究虽然有一些可商榷之处，如没有作分期而产生的矛盾，但这个观点本身还是可取的。另一项符合这一观点的研究仍然支持本书的观点。这项研究即是采用的基本理论模型为绝对收入假说形式的厉以宁函数，用最小二乘法估算的结果如下[①]：

1952—1977 年：

$$C = -0.1186 + 0.9853Y$$

1978—1986 年：

$$C = 232.7314 + 0.8319Y$$

两个时期的系数 $\beta$，即 0.9853 和 0.8319 仍然相差很大。依计量经济学中同质性检验方法，说明消费函数已发生质的变化。

这里顺便指出，厉以宁函数根据 1952—1977 年间居民的边际消费倾向（MPC）达 0.9853，而 1978—1986 年 MPC 降至 0.8319 的估算结果，推论随着居民可支配收入的提高，居民收入增加的部分中用于消费支出的数额减少，用于储蓄的部分增多。这个推论忽略了两个时期中一些不可比的因素。按照本书的假说，前一个时期较适用的消费函数形式是凯恩斯的绝对收入假说，居民的消费主要取决于现期居民的可支配收入；但在后一个时期，情况起了变化，居民消费不再仅仅取决于现期可支配收入。所以，用居民可支配收入的提高作为解释 MPC 下降的唯一的或主要的因素，起码是过于简单化了。

---

① 参见厉以宁主编：《中国宏观经济的实证分析》，北京大学出版社 1992 年版，第 149 页。

在分期研究中，本书把重点放在 1978 年改革以来的时期，主要目的是揭示相关的一些宏观经济变量之间的关系及其政策含义。对 1978 年以前时期的研究一是为了估计中国的长期消费函数，二是为了同后一个时期作某些对比分析，这也是分期研究的意义之一。

### 三、城乡分隔和分城乡模型构造

中国经济属于发展中经济（developing economy），呈现出明显的二元经济特征。但是，中国的二元经济与发展经济学文献中讨论的一般意义上的二元经济有很大差别。这种差别对于研究中国的消费函数有特殊意义，这里较详细讨论如下。

中国的二元经济与一般意义上的二元经济的差别可以概括为四个字："城乡分隔"。城乡分隔与城乡差别不同。城乡差别主要指由于城镇和农村经济发展和经济开发的程度上的不同，所导致的就业水平、收入水平及相应的精神和物质生活水平上的差异。而本书所称的城乡分隔，是指在以身份约束为核心的一整套行政措施限定下，人为形成的城乡经济分隔局面。这种局面的形成，一方面可以从中国历来重户籍管理等实际因素中溯源；另一方面，归因于斯大林社会主义原始积累思想和实践的影响。对此的探讨已超出本书范围。

身份约束等一整套行政措施的基础是户籍管理制度。这种制度把人口一分为二：农业人口和非农业人口，并且严格限制农业人口转为非农业人口。

城乡分隔使主要的生产要素之一——劳动力的自由流动受到严格限制。这种限制是单向的，即仅严格限制农村劳动力进城做工

（这种限制 1978 年以后有所缓解）。这使农业人口中的劳动力被束缚在农村从事生产。与此同时，政府给予城镇大多数非农业居民以各种特殊待遇：一是保证就业；二是公费医疗、劳保和退休金；三是给予各种补贴（以价格补贴为主）。享受这些待遇的必备条件首先是非农业居民身份，由此农业人口被排斥在外。而这种种待遇是使城镇非农业居民同农村农业居民的消费函数有很大差异的主要非收入因素（除上面提到的这些因素外，还有工农业产品比价的变动，以及 1978 年农村实行家庭联产承包责任制后农村居民的投资行为）。

非收入因素对于城镇非农业居民和农村居民消费行为的影响是明显的。例如，由于城镇非农业劳动者大多数到老年能按期得到相当于退休前工资 70% 以上的退休金，在年富力强时不必为退休后的养老费用担忧，因此为养老而储蓄的动机较弱；农村农业劳动者则不同，他们一般到老年时没有退休金收入，所以为了使其晚年的生活有保障，在年富力强时要将收入的较大部分（与城镇非农业劳动者相比）储蓄以防老，他们养老储蓄的动机较强。又如，在住房方面，城镇非农业劳动者能享受国家给予高额补贴的低租金住房，因此为住房储蓄的动机甚弱（房改于近几年逐渐推开后，情况略有变化）；农村农业劳动者不享受廉价住房福利，而必须将其收入中的相当一部分用于住房储蓄。再如，城镇非农业劳动者由于享受公费医疗和劳保待遇，不必为意外的伤病担心，为预防意外支出进行储蓄的动机较弱；农村农业劳动者则由于不享受这些待遇，为预防动机进行的储蓄相对较多。

总之，城乡分隔，使中国居民分成两部分：享受高福利待遇的城镇非农业居民和福利甚少的农村农业居民。城乡分隔要求作中国消费函数研究时，必须把城镇和农村分开，考虑到各种非收入因素的差异，并在分别建立的城镇和农村消费函数模型中充分体现出来。

# 4 假设和模型的实证检验（一）：
   1978 年以前

以上几章，着重从理论上分析消费者行为假定和以此为基础的消费函数，提出和建立了消费函数的假说和理论模型。

从这一章始，对以上理论分析中所提出的种种假说和模型进行实证检验。根据本书的观点，实证检验分成两个时期分别做，一个是 1952—1978 年，另一个是 1978—1991 年。这一章为前一个时期的实证检验，下面四章为后一个时期的实证检验。

## 4.0  引言

依据前几章的分析，1978 年以前，中国的消费函数较接近凯恩斯的绝对收入假定，居民的现期消费主要取决于现期收入。这个观点得以成立的基本前提在于，从居民消费行为的基本约束条件看，是非跨时的、现期一时预算约束。

制约居民现期消费主要取决于现期收入的除现期一时预算约束外，还有一些其他因素。在传统体制下，城镇居民的消费行为受到消费品定量配给和短缺的制约，所以，定量配给和短缺应纳入影响城镇居民消费的主要变量之中。另一方面，农村居民的消费行为则因农村商品经济很不发展，整个农村经济处于半自然经济状态，而受实物收入和自给性消费的影响很大。此外，工农业产品比价也影响着农村居民的消费行为。因此，实物收入、自给性消费和工农业产品比价是除现期货币收入外，解释农村居民消费的主要变量。

以下分六节论述、验证上述观点。

## 4.1 收入和消费的估算方法

依据可采用的中国的统计数据和国民经济核算体系的特点，主要有三种衡量收入和消费的方法：

第一种，货币收入和货币支出。这种方法仅考虑居民收入和消费中的货币收支部分，而把居民的实物性收入和自给性消费排除在外，因之又可称之为部分收入和部分消费方法。货币收入和货币消费支出的统计数据主要来源于两张表：《社会商品购买力来源和分配表》《居民货币收支平衡表》。用这种方法估算收入和消费，进而作消费函数研究的如厉以宁等（1991）和蒋学模等（1989）。但在具体估算方法上又有所不同。

按蒋学模等人的方法[1]，

居民可支配货币收入＝城乡居民当年全部货币收入

---

[1] 参见蒋学模主编：《社会主义宏观经济学》，浙江人民出版社1990年版，第291页。

　　　　　　　　—居民私人经营的生产性货币支出

　　　　　　　　—农民家庭向集体缴纳的提留基金

　　　　　　　　—城乡个体户缴纳的管理费

　　　　　　　　—居民个人缴纳的税金

　　　　　　　　—居民的借贷性货币收入，

居民消费支出＝居民购买商品支出

　　　　　　　　＋居民文化生活服务支出；

按厉以宁等人的方法[①]，

居民可支配收入＝当年居民货币收入

　　　　　　　　—外宾购买

　　　　　　　　—社会集团购买

　　　　　　　　—居民向国家缴纳税金

　　　　　　　　—居民其他货币支出

　　　　　　　　—（银行和信用社农贷、预定金净增加额—

　　　　　　　　　净减少额），

居民消费支出＝购买商品支出

　　　　　　　　＋居民文化生活服务支出

　　　　　　　　＋居民其他支出

　　　　　　　　—外宾购买消费品货币。

　　第二种，全部收入和全部消费。依这种方法估算的收入除货币收入外，还包括实物收入；估算的消费除货币消费支出外，还包括

---

　　① 参见厉以宁主编：《中国宏观经济的实证分析》，北京大学出版社1992年版，第148—149页。

自给性消费（主要是农村居民的）。用这种方法估算收入和消费，尤其是农村居民的收入和消费，虽然能较全面地反映消费同收入之间的关系，但在实物收入部分的估算上有一定的困难。

第三种，国民收入使用额和其中的消费额。即以国民收入使用额作为收入，以其中的消费额作为消费。这种方法与前面两种方法差异较大，对此稍后再作分析。

本书分别采用这三种方法估算收入和消费，然后加以比较。除第三种方法的数据直接取自《中国统计年鉴》上的相应数字外，这里采用前两种方法的具体估算方法为：

第一种方法，

居民可支配收入＝居民货币收入总额

　　　　　　　　－外宾购买消费品货币

　　　　　　　　－社会集团购买消费品货币

　　　　　　　　－居民向国家缴纳的税金

　　　　　　　　－居民其他货币支出

　　　　　　　　－（银行和信用社农贷、预购定金净增加

　　　　　　　　　额－净减少额），

居民消费支出＝居民购买商品支出

　　　　　　　＋居民文化生活服务支出

　　　　　　　－外宾购买消费品支出

　　　　　　　－社会集团购买消费品支出。

本书的方法同厉以宁等人的方法仅有一点差别：厉以宁等的"居民消费支出"中包括"居民其他支出"项，本书的则不包括。剔除这一项的根据在于，在我们国家的统计体系中，"居民其

他支出"项包括的内容很杂，包括"其他生产费用""上缴集体
（村、组）的货币"等显然不能归类到"居民消费支出"项下的
内容。

第二种方法，

居民收入＝居民货币收入总额

　　　　　　＋农民自给性消费

　　　　　　－居民其他货币支出

居民消费＝居民购买消费品支出

　　　　　　＋居民文化生活服务支出

　　　　　　＋农民自给性消费。

对于居民收入的估算，由于缺乏居民实物收入的数据，以农民
自给性消费替代。一般而言，农民自给性消费小于或等于实物收
入，当小于实物收入时，这种方法低估了居民的收入。另一方面，
对于居民消费的估算，由于缺乏居民（主要指农村居民）住房支
出数据，没能从消费支出中减去应作为实物储蓄的城乡购买建房
材料支出，从这一因素看，高估了居民消费。高估消费和低估收
入导致依此得出的居民平均消费倾向略高，相应的居民平均储蓄
倾向略低。

但是，1978 年以前，农村居民的实物消费大体上相当于其实
物收入，同时，城乡购买建房材料支出很少。因此，忽略这两个因
素对平均消费倾向（APC）和平均储蓄倾向（APS）的影响很小。
以 1978 年为例，按忽略居民实物收入同农民自给性消费之间的差
别和城乡居民购买建房材料支出计算的 APC、APS 与不忽略两者
计算的 APC、APS 的误差仅为正负 0.007，见表 4-1。

表 4-1　忽略实物收入和实物储蓄对 APC 和 APS 的影响

| 年份 | APC | | | APS | | |
|---|---|---|---|---|---|---|
| | 不包括 | 包括 | 误差 | 不包括 | 包括 | 误差 |
| 1978 | 0.977 | 0.970 | +0.007 | 0.023 | 0.030 | −0.007 |
| 1979 | 0.948 | 0.935 | +0.013 | 0.052 | 0.065 | −0.013 |
| 1980 | 0.930 | 0.894 | +0.036 | 0.070 | 0.106 | −0.036 |
| 1981 | 0.937 | 0.902 | +0.035 | 0.063 | 0.098 | −0.035 |
| 1982 | 0.936 | 0.889 | +0.047 | 0.064 | 0.111 | −0.047 |
| 1983 | 0.912 | 0.856 | +0.056 | 0.088 | 0.144 | −0.056 |
| 1984 | 0.862 | 0.810 | +0.052 | 0.138 | 0.190 | −0.052 |
| 1985 | 0.878 | 0.849 | +0.029 | 0.122 | 0.151 | −0.029 |
| 1986 | 0.853 | 0.822 | +0.031 | 0.147 | 0.178 | −0.031 |

资料来源：根据《中国统计年鉴》1981—1992 年各卷和《中国贸易物价统计资料（1952—1983）》中有关数据整理计算。表中分界线为 1984 年城市全面开展经济体制改革。

这说明，作 1978 年以前分析时，忽略两者还是可以允许的。但 1978 年以后情况有所不同，这留待下几章分析。

## 4.2　时间序列数据分析：现期消费主要取决于现期收入

### 一、现期收入、现期消费和平均消费倾向、平均储蓄倾向

按三种不同方法估算得到的消费、收入，以及相应得到的 APC 和 APS 如表 4-2 所列示。1952 年至 1978 年，居民平均消费倾向相当高，按第一种方法计算时，在 0.94—1.09，按第二种方法计算时，在 0.956—1.036，其平均值分别为 0.985 和 0.987。与

表 4-2 按三种不同方法估算的收入、消费和平均消费倾向、平均储蓄倾向

| 年份 | 收入（亿元） | | | 消费（亿元） | | | 平均消费倾向 | | | 平均储蓄倾向 | | |
| --- | --- | --- | --- | --- | --- | --- | --- | --- | --- | --- | --- | --- |
| | $Y_1$ | $Y_2$ | $Y_3$ | $C_1$ | $C_2$ | $C_3$ | $APC_1$ | $APC_2$ | $APC_3$ | $APS_1$ | $APS_2$ | $APS_3$ |
| 1952 | 299.6 | 262.9 | 607 | 290.1 | 451.7 | 477 | 0.97 | 0.98 | 0.79 | 0.03 | 0.02 | 0.21 |
| 1953 | 343.4 | 534.8 | 727 | 331.8 | 521.6 | 559 | 0.97 | 0.98 | 0.77 | 0.03 | 0.02 | 0.23 |
| 1954 | 368.7 | 552.7 | 765 | 362.8 | 547.5 | 570 | 0.98 | 0.99 | 0.75 | 0.02 | 0.01 | 0.25 |
| 1955 | 377.8 | 587.1 | 807 | 376.4 | 584.1 | 622 | 1.00 | 0.99 | 0.77 | 0.00 | 0.01 | 0.23 |
| 1956 | 437.8 | 651.2 | 888 | 437.9 | 633.7 | 671 | 1.00 | 0.97 | 0.76 | 0.00 | 0.03 | 0.24 |
| 1957 | 480.5 | 674.8 | 935 | 461.1 | 668.9 | 702 | 0.96 | 0.99 | 0.75 | 0.04 | 0.01 | 0.25 |
| 1958 | 558.7 | 720.1 | 1117 | 539.1 | 688.2 | 738 | 0.96 | 0.96 | 0.66 | 0.04 | 0.04 | 0.34 |
| 1959 | 653.6 | 665.1 | 1274 | 614.2 | 649.2 | 716 | 0.94 | 0.98 | 0.56 | 0.06 | 0.02 | 0.44 |
| 1960 | 669.4 | 706.1 | 1264 | 667.1 | 694.1 | 783 | 1.00 | 0.98 | 0.60 | 0.00 | 0.02 | 0.40 |
| 1961 | 639.1 | 789.6 | 1013 | 612.3 | 770.7 | 818 | 0.96 | 0.98 | 0.81 | 0.04 | 0.02 | 0.19 |
| 1962 | 565.0 | 779.8 | 948 | 615.9 | 808.1 | 849 | 1.09 | 1.04 | 0.90 | −0.09 | −0.04 | 0.10 |
| 1963 | 591.0 | 792.9 | 1047 | 610.0 | 803.8 | 864 | 1.03 | 1.01 | 0.83 | −0.03 | −0.01 | 0.17 |
| 1964 | 643.2 | 848.6 | 1184 | 636.7 | 848.4 | 921 | 0.99 | 1.00 | 0.78 | 0.01 | 0.00 | 0.22 |
| 1965 | 684.6 | 925.1 | 1347 | 669.8 | 906.6 | 982 | 0.98 | 0.98 | 0.73 | 0.02 | 0.02 | 0.27 |
| 1966 | 754.5 | 1001.5 | 1535 | 722.3 | 975.8 | 1065 | 0.96 | 0.97 | 0.69 | 0.04 | 0.03 | 0.31 |
| 1967 | 769.3 | 1043.2 | 1428 | 753.5 | 1030.6 | 1124 | 0.98 | 0.99 | 0.79 | 0.02 | 0.01 | 0.21 |
| 1968 | 754.4 | 1032.4 | 1409 | 727.1 | 1020.0 | 1111 | 0.96 | 0.99 | 0.79 | 0.04 | 0.01 | 0.21 |

续表

| 年份 | 收入（亿元） | | | 消费（亿元） | | | 平均消费倾向 | | | 平均储蓄倾向 | | |
|---|---|---|---|---|---|---|---|---|---|---|---|---|
| | $Y_1$ | $Y_2$ | $Y_3$ | $C_1$ | $C_2$ | $C_3$ | $APC_1$ | $APC_2$ | $APC_3$ | $APS_1$ | $APS_2$ | $APS_3$ |
| 1969 | 780.2 | 1068.8 | 1537 | 784.5 | 1068.2 | 1180 | 1.01 | 1.00 | 0.77 | -0.01 | 0.00 | 0.23 |
| 1970 | 840.9 | 1137.1 | 1876 | 848.1 | 1144.9 | 1258 | 1.01 | 1.01 | 0.67 | -0.01 | -0.01 | 0.33 |
| 1971 | 923.4 | 1216.3 | 2008 | 901.5 | 1197.7 | 1324 | 0.98 | 0.98 | 0.66 | 0.02 | 0.02 | 0.34 |
| 1972 | 1001.2 | 1292.2 | 2052 | 985.9 | 1266.1 | 1404 | 0.98 | 0.98 | 0.68 | 0.02 | 0.02 | 0.32 |
| 1973 | 1100.0 | 1390.6 | 2252 | 1063.4 | 1362.8 | 1511 | 0.97 | 0.98 | 0.67 | 0.03 | 0.02 | 0.33 |
| 1974 | 1153.5 | 1427.3 | 2291 | 1122.6 | 1404.4 | 1550 | 0.97 | 0.98 | 0.68 | 0.03 | 0.02 | 0.32 |
| 1975 | 1238.3 | 1497.1 | 2451 | 1220.6 | 1479.5 | 1621 | 0.99 | 0.99 | 0.66 | 0.01 | 0.01 | 0.34 |
| 1976 | 1295.0 | 1552.7 | 2424 | 1287.4 | 1534.1 | 1676 | 0.99 | 0.99 | 0.69 | 0.01 | 0.01 | 0.31 |
| 1977 | 1391.2 | 1606.7 | 1573 | 1387.1 | 1590.4 | 1741 | 1.00 | 0.99 | 0.68 | 0.00 | 0.01 | 0.32 |
| 1978 | 1544.0 | 1761.8 | 2975 | 1515.4 | 1720.7 | 1888 | 0.98 | 0.98 | 0.63 | 0.02 | 0.02 | 0.37 |

说明：

1. $Y_1$、$Y_2$ 和 $Y_3$ 分别是按一、二、三种方法计算的收入；$C_1$、$C_2$ 和 $C_3$ 分别是按一、二、三种方法计算的消费；均按亿元计量。

2. $APC_1$、$APC_2$ 和 $APC_3$ 分别是按一、二、三种方法计算的平均消费倾向；$APS_1$、$APS_2$ 和 $APS_3$ 分别是按一、二、三种方法计算的平均储蓄倾向。

资料来源：根据《中国统计年鉴》1981—1992 年各卷和《中国贸易物价统计资料（1952—1983）》中有关数据整理计算。

此相应，平均储蓄倾向，即储蓄率很低，分别在 −0.09—0.06
和 −0.036—0.044，其平均值分别为 0.015 和 0.013。其中，按前
一种方法计算的储蓄率大部分年份不到 3.5%，而按后一种方法则
不到 2.5%。

显然，现期收入基本上用于现期消费。在低收入水平下，居民
在现期消费和未来消费之间的选择余地极小。以此来看，居民的现
期消费主要取决于现期收入。

## 二、居民跨时预算的不可行性

第 3 章提出的假说 I 和假说 II 建立在一个重要的前提之上：居
民预算约束是现期一时的，而不是跨时的。因此，要证实假说 I 和
假说 II，必须论证居民跨时预算的不可行性。

居民跨时预算要具备以下两个条件中的至少一个：

I. 存在消费信贷等金融机制[①]；

II. 居民有一定的资产存量。

这两个条件在 1978 年以前基本上不存在。先看第一个条件，
存在消费信贷等金融机制。在这个时期[②]，除有一定的国家赈灾救
济、困难补助、银行和信用社农贷、预购定金，以及民间（亲朋邻
里之间）信贷外，从严格意义上讲，不存在支持居民跨时预算的消
费信贷等金融机制。退一步说，即使把国家赈灾救济、民间信贷等

---

① 这里且不论有些学者提出的应有 "一个理想的资本市场"。参见第 1 章第 1.2 节。
② 至少绝大部分年份，如果考虑到 1952—1955 年的特殊情况。

考虑在内，借贷收入的数额也不大，其在居民总收入中占的比重有限。以1963年农民家庭收支抽样调查和1964年城市职工家庭收支抽样调查数据为例（见表4-3），农民借贷收入（向银行、信用社借款和其他借款）年人均6.48元，占其货币收入的9.6%，其中向金融机构借款0.53元，仅占其货币收入的0.8%；城市职工借贷收入年人均19.91元，占其货币收入的7%。农民和城市职工家庭借贷支出及其占货币支出总额的比重，从另一个方面证明不存在居民跨时预算的金融机制条件。

**表4-3　1978年以前居民借贷收支情况（年人均，元）**

| 项目 | 类别 | |
|---|---|---|
| | 农民 | 非农民 |
| 一．货币收入总额 | 67.96 | 274.09 |
| 　借贷收入 | 6.48 | 19.91 |
| 　占货币收入的% | 9.6 | 7.0 |
| 　其中：从金融机构借入 | 0.53 | NA |
| 　　占货币收入的% | 0.8 | NA |
| 二．货币支出总额 | 69.49 | 274.45 |
| 　借贷支出 | 5.29 | 20.75 |
| 　占货币支出的% | 7.6 | 7.6 |
| 　其中：归还金融机构借款 | 0.64 | NA |
| 　　占货币收入的% | 0.7 | NA |

资料来源：国家统计局农业司：《1963年农民家庭收支调查资料》，第12页；国家统计局：《1963—1964年职工生活调查资料汇编》，第44页。

再分析第二个条件：居民有一定的资产存量。假如居民依靠借贷实行跨时预算的条件不存在，居民仍然可以依靠其拥有的资产做

表4-4 1952—1978年人均各种资产占有量及其同货币收入的比值

| 年份 | 金融资产（元） | | | 实物资产 (元) | 全部资产 (元) | 货币收入 (元) | 同货币收入的比值 | | |
|---|---|---|---|---|---|---|---|---|---|
| | 合计 $1=2+3$ | 储蓄存款 2 | 手持现金 3 | 4 | $5=1+4$ | 6 | 金融资产 $7=1÷6$ | 实物资产 $8=4÷6$ | 全部资产 $9=5÷6$ |
| 1952 | 5.32 | 1.50 | 3.83 | 0.35 | 5.67 | 52.12 | 0.10 | 0.01 | 0.11 |
| 1953 | 7.62 | 2.26 | 5.36 | 0.69 | 8.31 | 58.41 | 0.13 | 0.01 | 0.14 |
| 1954 | 8.60 | 3.09 | 5.51 | 1.35 | 9.95 | 61.18 | 0.14 | 0.02 | 0.16 |
| 1955 | 9.03 | 3.74 | 5.29 | 1.68 | 10.71 | 61.47 | 0.15 | 0.03 | 0.17 |
| 1956 | 11.89 | 4.84 | 7.05 | 2.32 | 14.21 | 69.68 | 0.17 | 0.03 | 0.20 |
| 1957 | 13.72 | 7.08 | 6.64 | 2.63 | 16.35 | 74.32 | 0.18 | 0.04 | 0.22 |
| 1958 | 18.11 | 9.53 | 8.58 | 3.24 | 21.35 | 84.66 | 0.21 | 0.04 | 0.25 |
| 1959 | 23.30 | 14.21 | 9.09 | 3.69 | 26.99 | 97.25 | 0.24 | 0.04 | 0.28 |
| 1960 | 26.64 | 15.26 | 11.39 | 3.99 | 30.63 | 101.11 | 0.26 | 0.04 | 0.30 |
| 1961 | 30.61 | 14.49 | 16.13 | 4.29 | 34.90 | 97.04 | 0.32 | 0.04 | 0.36 |
| 1962 | 22.93 | 9.36 | 13.57 | 4.88 | 27.81 | 83.96 | 0.27 | 0.06 | 0.33 |
| 1963 | 21.02 | 10.15 | 10.87 | 5.75 | 26.77 | 85.44 | 0.25 | 0.07 | 0.31 |
| 1964 | 22.10 | 12.82 | 9.28 | 7.17 | 29.27 | 91.24 | 0.24 | 0.08 | 0.32 |
| 1965 | 24.41 | 14.12 | 10.30 | 8.82 | 33.23 | 94.38 | 0.28 | 0.09 | 0.35 |
| 1966 | 28.79 | 16.18 | 12.61 | 10.83 | 39.62 | 101.22 | 0.28 | 0.11 | 0.39 |

续表

| 年份 | 金融资产（元） | | | 实物资产（元） | 全部资产（元） | 货币收入（元） | 同货币收入的比值 | | |
|---|---|---|---|---|---|---|---|---|---|
| | 合计 1=2+3 | 储蓄存款 2 | 手持现金 3 | 4 | 5=1+4 | 6 | 金融资产 7=1÷6 | 实物资产 8=4÷6 | 全部资产 9=5÷6 |
| 1967 | 30.65 | 16.90 | 13.75 | 12.79 | 43.44 | 100.74 | 0.30 | 0.13 | 0.43 |
| 1968 | 33.06 | 18.54 | 14.52 | 14.70 | 47.76 | 96.06 | 0.34 | 0.15 | 0.50 |
| 1969 | 31.78 | 17.28 | 14.50 | 16.56 | 48.34 | 96.71 | 0.33 | 0.17 | 0.50 |
| 1970 | 30.18 | 17.81 | 12.37 | 18.73 | 48.91 | 101.32 | 0.30 | 0.18 | 0.48 |
| 1971 | 32.58 | 19.57 | 13.01 | 21.08 | 53.66 | 108.34 | 0.30 | 0.19 | 0.50 |
| 1972 | 34.33 | 20.25 | 14.09 | 23.60 | 57.93 | 114.85 | 0.30 | 0.21 | 0.50 |
| 1973 | 37.73 | 22.58 | 15.16 | 26.18 | 63.91 | 123.30 | 0.31 | 0.21 | 0.52 |
| 1974 | 40.99 | 25.23 | 15.76 | 29.26 | 70.25 | 126.95 | 0.32 | 0.23 | 0.55 |
| 1975 | 43.22 | 27.21 | 16.00 | 32.61 | 75.83 | 133.99 | 0.32 | 0.24 | 0.57 |
| 1976 | 45.22 | 27.63 | 17.60 | 35.92 | 81.14 | 138.18 | 0.33 | 0.26 | 0.59 |
| 1977 | 45.95 | 29.30 | 16.65 | 39.29 | 85.24 | 146.48 | 0.31 | 0.27 | 0.58 |
| 1978 | 49.94 | 32.13 | 17.81 | 43.93 | 92.87 | 160.40 | 0.31 | 0.27 | 0.58 |

说明：实物资产因得不到相应的数据，以城乡个人固定资产投资累积额代替。城乡个人固定资产包括城市、县城、镇和工矿区的个人建房投资和农村个人建房及购买生产资料的投资。

资料来源：根据《中国统计年鉴》1981—1992年各卷《中国贸易物价统计资料（1952—1983）》《1950—1985年中国固定资产投资资料》中的数据整理计算。

到跨时规划其消费。这一点早已由摩迪里安尼等指出[1]。但是，这要求居民有一定数量的资产存量，并依此获得资产收入。1978 年以前，中国城乡居民可用于跨时预算的各种资产数量极少（见表 4-4）。在低收入水平下，居民人均拥有的各种资产在 50 年代中期不到 20 元（1957 年为 16.35 元），60 年代中期不到 35 元（1965 年为 33.23 元），70 年代初不足 50 元（1970 年为 48.91 元），到 1978 年仅为 92.87 元。与其低水平的货币收入相比，上述四个年份前者分别为后者的 22%、35%、48% 和 58%。

在资产总额中，实物资产主要为农村居民的建房投资的累积额。就这部分资产的性质而言，基本上是为了满足其最基本的居住需要，很难用于跨时预算[2]。剔除这一部分后，居民拥有的金融资产的相应年份数字为 13.72、24.41、30.18 和 49.94 元，分别为其货币收入的 18%、28%、30% 和 31%。这种极低水平的金融资产拥有量限制了居民的跨时预算。

以上分析证明，1978 年以前，跨时预算的两个条件均难以成立。证明假说 I 和假说 II 的重要前提——预算约束为现期一时成立。由此得出的推论是：现期消费主要取决于现期收入。这个推论实际上已暗含在两个假说之中。

--------

① 参见〔意〕摩迪里安尼等：《效用分析与消费函数：对横断面资料的一个解释》，载于〔美〕肯尼斯·栗原编：《凯恩斯学派经济学》，蔡受百译，商务印书馆 1964 年版，第 392 页。

② 建房投资形成的实物资产——房屋，能够成为留给后代的遗产，就此而言，已具有跨时预算特征。但是，1978 年以前中国农村个人的建房水平很低，大部分是土坯、木构造的，一般使用寿命较短。

### 三、现期消费对现期收入的回归

以现期收入作为解释 1978 年以前居民消费的主要变量，建立消费函数计量模型：

$$C_t = \alpha + \beta Y_t \qquad\qquad 4.1$$

代入按上述前两种方法估算的收入和消费数据，得到下列回归结果：

$$C_1 = 0.8085 + 0.9839 Y_1$$
$$(0.0895)\;(91.465)$$
$$R^2 = 0.997 \qquad D.W. = 1.6747$$

$$C_2 = 3.2984 + 0.9837 Y_2$$
$$(0.4495)\;(141.247)$$
$$R^2 = 0.9987 \qquad D.W. = 1.3853$$

括号中数为 T 检验值，$R^2$ 为判定系数，$D.W.$ 为德宾–沃森检验值。下文除特别说明外，相同。回归结果也证明了现期消费主要取决于现期收入。相关系数相当高，分别为 0.997 和 0.9987，说明

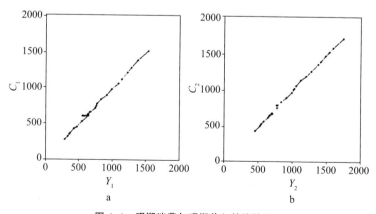

图 4-1　现期消费与现期收入的线性关系

现期消费与现期收入高度相关，这与图 4-1a 和 4-1b 中 $C_1$ 与 $Y_1$、$C_2$ 与 $Y_2$ 散点图示分布的两者线性关系相吻合。现期收入的边际消费倾向也相当高，几近于 0.984（0.9839 和 0.9837），说明居民增加的收入几乎全部用于消费，这与收入水平较低，消费处于满足基本生存需要阶段相关。

## 4.3 制约现期消费与现期收入的其他因素

4.2 从整体上分析了现期消费与现期收入之间的关系，主要从预算约束和流动约束的因素分析入手论证现期消费取决于现期收入。在第 2 章中，曾详细分析过制约消费者行为的外部环境设定的几个主要因素，其中，除预算约束和流动约束外，还有消费选择自由和风险预期等方面的因素。以下，分析这些因素，进一步论证现期消费主要取决于现期收入。由于这些因素对城镇居民和乡村居民的影响不同，以下把城镇和农村分开分析。

### 一、城镇

影响城镇居民消费行为的几个重要因素为：无风险预期、消费品定量配给和短缺。

#### 1. 无风险预期

不确定性及与此相联的风险预期，这是新古典理论框架对于消费者行为的外部环境的一个重要设定。与此不同，认为消费主要取决于现期收入的凯恩斯框架忽略掉这个因素。而在传统社会

主义经济体制中，则不存在风险预期。与此相反的是无风险预期，
这与中国实行的劳动就业制度、住房制度和公费医疗制度等相关。
从1950年起，中国在拥有职工100人以上的企业中实行了劳动保
险制度，在公教人员中实行了公费医疗制度。到1952年，享受劳
动保险或公费医疗的职工达730万人[1]，约占当时职工总数的46%。
此后，很快普及到大部分职工。劳动保险或公费医疗制度的实行，
使职工的生、老、病、残、死等均由国家或企业包下来，使职工为
发生意外储蓄的动机大大削弱。加上在城镇实行的保证就业政策和
低房租住房政策，致使城镇消费者形成无风险预期。

### 2. 消费品定量配给和短缺

现代经济学对定量配给（rationing）对消费行为的效应研究已
有大量文献[2]，这些文献大多是把消费品分成若干大类，分析其中
实行配给的消费品与不实行配给的消费品的相互作用，尤其是配给
的溢出效应（the spillover effects of rationing）等。这里不同，主
要分析配给对现期消费与现期收入之间关系的效应。这是基于两点

　　① 参见柳随年等主编：《中国社会主义经济简史》，黑龙江人民出版社1985年版，第78页。

　　② 如 James Tobin, *A Survey of the Theory of Rationing, Econometrica*, 1952, pp. 521-533; J. Tobie, H. S. Houthakker. (1951), "The Effects of Rationing on Demand Elasticities, Review of Economic Studies", vol. 18, no. 3, 1950—1951, pp. 140-153; A. Deaton, *Essays in the Theory and Measurement of Consumer Behaviour: in Honor of Sir Richard Stone*, Cambridge University Press, 1981；〔美〕邹至庄：《中国经济》，南开大学出版社1984年版；Zhi Wang, Wen S. Chern., "Effects of Rationing on the Consumption Behavior of Chinese Urban Households during 1981—1987", *Journal of Comparative Economics*, vol. 16, no. 1, 1992, pp. 1-26；〔匈〕科尔内：《短缺经济学》，高鸿业校，经济科学出版社1986年版。

考虑，一是此处是从制约现期消费主要取决于现期收入的因素的角
度分析问题；二是事实上，1978 年以前，中国城镇大部分主要消
费品实行的是定量配给[①]，这些消费品的非定量配给部分所占比重
很小。虽然找不到主要消费品行政配给和非行政配给（在自由市场
上以市场价格购买）各占多大比重的资料，但可以这些消费品的
自由市场销售额（价值额或数量）占居民购买总量的比重作为非
行政配给比重的近似数，以此间接判断行政配给的分量[②]。依此方
法，直到 1978 年，主要消费品自由市场购买额所占份额，粮食、
食用植物油、猪肉、水产品、茶叶、燃料等在 0.46%—6.85%，鲜
蛋、牛肉、羊肉、水果在 10% 上下，蔬菜为 14.67%，家禽最高为
28.56%[③]。此外，住房实行完全的行政配给。在这种情况下，配给
和非配给消费品之间的相互作用及其对消费者行为的影响微不足道
（这同 1978 年以后的情况不同），城镇居民的消费行为就此而言基
本上是建立在消费品，定量配给这一外部环境之上。

　　消费品定量配给是限定消费主要取决于现期收入的重要因素
之一。城镇居民所购买的消费品不仅基本上实行定量配给，而且

---

　　①　邹至庄归纳指出了定量配给的三种方式：直接定量配给制（Straight
Rationing）、计分定量配给制（Point Rationing）和计值配给制（Value Rationing）。中
国实行的基本上属于直接定量配给制，即允许每个消费者购买定量限额以下的某种商
品，这类商品一般是质量划一的。参见〔美〕邹至庄：《中国经济》，南开大学出版社
1984 年版，第 241—243 页。

　　②　Zhi Wang 和 Wen S. Chern 曾用这种方法分析过中国 1978—1987 年定量配给
对城镇居民消费行为的影响，参见 Zhi Wang, Wen S. Chen, "Effects of Rationing on the
Consumption Behavior of Chinese Urban Households during 1981—1987", *Journal of
Comparative Economics*, vol. 16, no. 1, 1992, pp. 1-26。

　　③　同上。

还有时间限制，一般为按月定量配给，有些是按季度或按年度配给，过期作废。这是促使居民把现期收入主要用于现期消费的一个重要原因。

消费品短缺有相同的效应。消费品短缺及其伴随的排队现象等，促使城镇居民用现期收入购买可买到的所需消费品。

### 3. 回归分析

1952—1978年城镇居民货币收入、消费支出及其平均消费倾向和平均储蓄倾向情况列于表4-5。需要说明一点，囿于资料所限，这里的货币收入、消费支出与上述第一种方法略有不同。货币收入为城镇职工工资、其他职业者收入、城镇居民从财政得到的收入和其他收入之和；消费支出为城镇居民购买消费品支出、购买文化生活服务支出和其他支出之和。

用表4-5中数据，作现期消费对现期收入回归，结果为：

$$C_t = 0.9552 + 0.9801 Y_t$$
$$(0.2375)(101.964)$$
$$R^2 = 0.9976 \quad D.W. = 1.2529$$

$C_t$ 为现期消费，$Y_t$ 为现期收入。常数项的 T 统计量很小，说明其没有统计意义，$Y_t$ 的系数，即边际消费倾向为 0.9801，再考虑到在此期间的平均消费倾向的均值为 0.9818，证明在收入水平较低，消费品行政配给和短缺等因素制约下，城镇居民的消费主要取决于现期收入。

## 二、农村的自给性消费和工农业产品比价

如不考虑农村居民的自给性消费和工农业产品比价等因素的影

表4-5  1952—1978 年城镇居民货币收入、消费支出及
平均消费倾向、平均储蓄倾向

| 年份 | 货币收入<br>（亿元）<br>1 | 货币消费支出<br>（亿元）<br>2 | 货币储蓄<br>（亿元）<br>3 = 1 − 2 | 平均消费倾向<br>4 = 2 ÷ 1 | 平均储蓄倾向<br>5 = 3 ÷ 1 |
|---|---|---|---|---|---|
| 1952 | 127.20 | 121.20 | 6.00 | 0.953 | 0.047 |
| 1953 | 161.50 | 157.00 | 4.50 | 0.972 | 0.028 |
| 1954 | 172.70 | 169.50 | 3.20 | 0.981 | 0.019 |
| 1955 | 177.80 | 175.50 | 2.30 | 0.987 | 0.013 |
| 1956 | 220.70 | 214.00 | 6.70 | 0.970 | 0.030 |
| 1957 | 242.20 | 236.10 | 6.10 | 0.975 | 0.025 |
| 1958 | 269.80 | 255.20 | 14.60 | 0.946 | 0.054 |
| 1959 | 325.90 | 311.20 | 14.70 | 0.955 | 0.045 |
| 1960 | 367.40 | 353.20 | 14.20 | 0.961 | 0.039 |
| 1961 | 351.10 | 369.20 | −18.10 | 1.052 | −0.052 |
| 1962 | 331.30 | 342.60 | −11.30 | 1.034 | −0.034 |
| 1963 | 324.00 | 321.00 | 3.00 | 0.991 | 0.009 |
| 1964 | 340.20 | 332.90 | 7.30 | 0.979 | 0.021 |
| 1965 | 357.70 | 347.60 | 10.10 | 0.972 | 0.028 |
| 1966 | 372.20 | 362.50 | 9.70 | 0.974 | 0.026 |
| 1967 | 385.60 | 380.10 | 5.50 | 0.986 | 0.014 |
| 1968 | 384.70 | 379.90 | 4.80 | 0.988 | 0.012 |
| 1969 | 410.70 | 411.20 | −0.50 | 1.001 | −0.001 |
| 1970 | 419.90 | 424.00 | −4.10 | 1.010 | −0.010 |
| 1971 | 458.00 | 447.30 | 10.70 | 0.977 | 0.023 |
| 1972 | 510.40 | 495.70 | 14.70 | 0.971 | 0.029 |
| 1973 | 539.10 | 525.70 | 13.40 | 0.975 | 0.025 |
| 1974 | 566.00 | 552.40 | 13.60 | 0.976 | 0.024 |
| 1975 | 590.70 | 581.70 | 9.00 | 0.985 | 0.015 |
| 1976 | 621.60 | 609.20 | 12.40 | 0.980 | 0.020 |

| 年份 | 货币收入<br>（亿元） | 货币消费支出<br>（亿元） | 货币储蓄<br>（亿元） | 平均消费倾向 | 平均储蓄倾向 |
|------|------|------|------|------|------|
|  | 1 | 2 | 3 = 1 - 2 | 4 = 2 ÷ 1 | 5 = 3 ÷ 1 |
| 1977 | 677.00 | 670.30 | 6.70 | 0.990 | 0.010 |
| 1978 | 751.60 | 729.00 | 22.60 | 0.970 | 0.030 |

资料来源：根据《中国贸易物价统计资料（1952—1983年）》中有关数据整理计算。

响，仅以货币性（商品性）消费对货币收入作回归（数据见表4-6），结果为，

$$C_m = 2.4344 + 0.9721Y_m$$

$$(0.407)\ (52.807)$$

$$R^2 = 0.9911 \qquad D.W. = 2.2242$$

这里，$C_m$ 为货币消费支出（商品性消费），$Y_m$ 为货币收入。这与城镇居民现期消费对现期收入的回归结果没有太大的差别。现期消费主要取决于现期收入的立论仍成立。

但是，与城镇居民不同，首先农村居民在商品经济不发达的半自给经济状况下，自给性消费在其消费总额中占较大的份额，按当年价格计算，1952—1978年，除个别年份外，一般在50%以上，多数年份在55%左右。在这期间，自给性消费、商品性消费的数额，两者分别在消费总额中占的份额及两者之比的详细数据列于表4-7。这还没有考虑工农业产品比价的变动。在此期间，与农村居民商品性消费相关的农村工业品零售价格变化不大（略有降低），但与自给性消费相关的农副产品收购价格有较大幅度提高。如加上这一因素，自给性消费占的比重更大一些（一般在55%以

上，多数年份在 60% 以上），详见表 4-8。因此，在分析农村居民现期消费与现期收入之间关系时，还必须把自给性消费变量纳入。回归结果为，

$$C_t = 2.2568 + 0.9627Y_m + 1.0092C_n$$
$$（0.367）（21.532）（25.485）$$
$$R^2 = 0.9980 \quad D.W. = 2.2460$$

式中，$C_t = C_m + C_s$，$C_s$ 为自给性消费。可见，纳入自给性消费变量后，现期消费（现在包括自给性消费）仍同货币收入密切相关，边际消费倾向为 0.963，虽比不纳入自给性消费时略有下降，但仍很高。此外，本书曾指出，在 1978 年以前，农村居民的实物收入基本上用于自给性消费，两者在数量上的差额微小，大体上可以自给性消费近似表示实物收入。就此而言，上面回归式中的 $C_s$ 可以看作为实物收入 $Y_s$，其系数为 1 略多一点，大体上说明实物收入每人增加 1 元，消费总数也增加 1 元。

表 4-6　1952—1978 年农村居民货币收入，消费支出、储蓄和平均消费倾向、平均储蓄倾向

| 年份 | 货币收入（亿元） | 货币消费支出（亿元） | 货币储蓄（亿元） | 平均消费倾向 | 平均储蓄倾向 |
|---|---|---|---|---|---|
| | 1 | 2 | 3 = 1−2 | 4 = 2÷1 | 5 = 3÷1 |
| 1952 | 149.50 | 144.30 | 5.20 | 0.965 | 0.035 |
| 1953 | 176.80 | 168.10 | 8.70 | 0.951 | 0.049 |
| 1954 | 189.00 | 187.00 | 2.00 | 0.989 | 0.011 |
| 1955 | 190.90 | 190.20 | 0.70 | 0.996 | 0.004 |
| 1956 | 216.90 | 206.10 | 10.80 | 0.950 | 0.050 |
| 1957 | 212.80 | 213.00 | −0.20 | 1.001 | −0.001 |

续表

| 年份 | 货币收入<br>（亿元） | 货币消费支出<br>（亿元） | 货币储蓄<br>（亿元） | 平均消费倾向 | 平均储蓄倾向 |
|---|---|---|---|---|---|
| | 1 | 2 | 3 = 1 − 2 | 4 = 2 ÷ 1 | 5 = 3 ÷ 1 |
| 1958 | 250.50 | 233.20 | 17.30 | 0.931 | 0.069 |
| 1959 | 243.50 | 242.30 | 1.20 | 0.995 | 0.005 |
| 1960 | 232.50 | 234.70 | −2.20 | 1.009 | −0.009 |
| 1961 | 236.00 | 199.00 | 37.00 | 0.843 | 0.157 |
| 1962 | 222.60 | 239.60 | −17.00 | 1.076 | −0.076 |
| 1963 | 238.90 | 252.80 | −13.90 | 1.058 | −0.058 |
| 1964 | 255.40 | 262.50 | −7.10 | 1.028 | −0.028 |
| 1965 | 275.70 | 267.30 | 8.40 | 0.970 | 0.030 |
| 1966 | 302.60 | 286.60 | 16.00 | 0.947 | 0.053 |
| 1967 | 317.20 | 310.10 | 7.10 | 0.978 | 0.022 |
| 1968 | 297.50 | 289.90 | 7.60 | 0.974 | 0.026 |
| 1969 | 318.30 | 317.20 | 1.10 | 0.997 | 0.003 |
| 1970 | 335.10 | 338.80 | −3.70 | 1.011 | −0.011 |
| 1971 | 364.40 | 356.50 | 7.90 | 0.978 | 0.022 |
| 1972 | 386.80 | 375.40 | 11.40 | 0.971 | 0.029 |
| 1973 | 418.60 | 404.20 | 14.40 | 0.966 | 0.034 |
| 1974 | 435.40 | 426.10 | 9.30 | 0.979 | 0.021 |
| 1975 | 462.50 | 453.90 | 8.60 | 0.981 | 0.019 |
| 1976 | 477.20 | 471.00 | 6.20 | 0.987 | 0.013 |
| 1977 | 510.30 | 500.70 | 9.60 | 0.981 | 0.019 |
| 1978 | 553.30 | 534.80 | 18.50 | 0.967 | 0.003 |

资料来源：根据《中国贸易物价统计资料（1952—1983 年）》中有关数据整理计算。

表 4-7  1952—1978 年农村居民自给性消费与商品性消费（按当年价格）

| 年份 | 消费总额（亿元） | 自给性消费（亿元） | 商品性消费（亿元） | 自给性消费占消费总额（%） | 商品性消费占消费总额（%） | 自给性与商品性消费之比 | |
|------|------|------|------|------|------|------|------|
| | | | | | | 以自给性为1 | 以商品性为1 |
| | 1=2+3 | 2 | 3 | 4 | 5 | 6=3÷2 | 7=2÷3 |
| 1952 | 342.3 | 198 | 144.3 | 58 | 42 | 1.37 | 0.73 |
| 1953 | 377.1 | 209 | 168.1 | 55 | 45 | 1.24 | 0.80 |
| 1954 | 397.0 | 210 | 187.0 | 53 | 47 | 1.12 | 0.89 |
| 1955 | 427.2 | 237 | 190.2 | 55 | 45 | 1.25 | 0.80 |
| 1956 | 442.1 | 236 | 206.1 | 53 | 47 | 1.15 | 0.87 |
| 1957 | 457.0 | 244 | 213.0 | 53 | 47 | 1.15 | 0.87 |
| 1958 | 465.2 | 232 | 233.2 | 50 | 50 | 0.99 | 1.01 |
| 1959 | 365.3 | 123 | 242.3 | 34 | 66 | 0.51 | 1.97 |
| 1960 | 369.7 | 135 | 234.7 | 37 | 63 | 0.58 | 1.74 |
| 1961 | 432.0 | 233 | 199.0 | 54 | 46 | 1.17 | 0.85 |
| 1962 | 495.6 | 256 | 239.6 | 52 | 48 | 1.07 | 0.94 |
| 1963 | 509.8 | 257 | 252.8 | 50 | 50 | 1.02 | 0.98 |
| 1964 | 543.5 | 281 | 262.5 | 52 | 48 | 1.07 | 0.93 |
| 1965 | 588.3 | 321 | 267.3 | 55 | 45 | 1.20 | 0.83 |
| 1966 | 642.6 | 356 | 286.6 | 55 | 45 | 1.24 | 0.81 |
| 1967 | 684.1 | 374 | 310.1 | 55 | 45 | 1.21 | 0.83 |
| 1968 | 674.9 | 385 | 289.9 | 57 | 43 | 1.33 | 0.75 |
| 1969 | 710.2 | 393 | 317.2 | 55 | 45 | 1.24 | 0.81 |
| 1970 | 770.8 | 432 | 338.8 | 56 | 44 | 1.28 | 0.78 |
| 1971 | 811.5 | 455 | 356.5 | 56 | 44 | 1.28 | 0.78 |
| 1972 | 832.4 | 457 | 375.4 | 55 | 45 | 1.22 | 0.82 |
| 1973 | 900.2 | 496 | 404.2 | 55 | 45 | 1.23 | 0.81 |
| 1974 | 912.1 | 486 | 426.1 | 53 | 47 | 1.14 | 0.88 |
| 1975 | 948.9 | 495 | 453.9 | 52 | 48 | 1.09 | 0.92 |

续表

| 年份 | 消费总额（亿元） | 自给性消费（亿元） | 商品性消费（亿元） | 自给性消费占消费总额（%） | 商品性消费占消费总额（%） | 自给性与商品性消费之比 | |
|---|---|---|---|---|---|---|---|
| | | | | | | 以自给性为1 | 以商品性为1 |
| | 1=2+3 | 2 | 3 | 4 | 5 | 6=3÷2 | 7=2÷3 |
| 1976 | 971.0 | 500 | 471.0 | 51 | 49 | 1.06 | 0.94 |
| 1977 | 978.7 | 478 | 500.0 | 49 | 51 | 0.95 | 1.05 |
| 1978 | 1050.8 | 516 | 534.8 | 49 | 51 | 0.96 | 1.04 |

资料来源：同表4-2。另可参见：《国民收入统计资料汇编（1949—1985）》。

**表4-8　1952—1978年农村居民自给性消费与商品性消费**
**（加入工农业产品比价变动因素）**

| 年份 | 消费总额（亿元） | 自给性消费（亿元） | 商品性消费（亿元） | 自给性消费占消费总额（%） | 商品性消费占消费总额（%） | 自给性与商品性消费之比 | |
|---|---|---|---|---|---|---|---|
| | | | | | | 以自给性为1 | 以商品性为1 |
| | 1=2+3 | 2 | 3 | 4 | 5 | 6=3÷2 | 7=2÷3 |
| 1952 | 342.3 | 198.0 | 144.3 | 57.8 | 42.2 | 1.37 | 0.73 |
| 1953 | 393.5 | 227.7 | 165.8 | 57.9 | 42.1 | 1.37 | 0.73 |
| 1954 | 424.1 | 236.1 | 188.0 | 55.7 | 44.3 | 1.26 | 0.80 |
| 1955 | 457.3 | 263.3 | 194.0 | 57.6 | 42.4 | 1.36 | 0.74 |
| 1956 | 478.3 | 270.2 | 208.2 | 56.5 | 43.5 | 1.30 | 0.77 |
| 1957 | 511.0 | 293.4 | 217.7 | 57.4 | 42.6 | 1.35 | 0.74 |
| 1958 | 521.9 | 285.0 | 236.8 | 54.6 | 45.4 | 1.20 | 0.83 |
| 1959 | 402.1 | 153.9 | 248.3 | 38.3 | 61.7 | 0.62 | 1.61 |
| 1960 | 421.9 | 174.8 | 247.1 | 41.4 | 58.6 | 0.71 | 1.41 |
| 1961 | 605.8 | 385.9 | 219.9 | 63.7 | 36.3 | 1.76 | 0.57 |
| 1962 | 697.8 | 421.3 | 276.5 | 60.4 | 39.6 | 1.52 | 0.66 |
| 1963 | 699.6 | 410.9 | 288.8 | 58.7 | 41.3 | 1.42 | 0.70 |
| 1964 | 732.0 | 437.9 | 294.1 | 59.8 | 40.2 | 1.49 | 0.67 |

续表

| 年份 | 消费总额（亿元） | 自给性消费（亿元） | 商品性消费（亿元） | 自给性消费占消费总额（%） | 商品性消费占消费总额（%） | 自给性与商品性消费之比 | |
|---|---|---|---|---|---|---|---|
| | | | | | | 以自给性为1 | 以商品性为1 |
| | 1=2+3 | 2 | 3 | 4 | 5 | 6=3÷2 | 7=2÷3 |
| 1965 | 784.5 | 496.0 | 288.5 | 63.2 | 36.8 | 1.72 | 0.58 |
| 1966 | 873.7 | 573.2 | 300.5 | 65.6 | 34.4 | 1.91 | 0.52 |
| 1967 | 923.8 | 601.3 | 322.5 | 65.1 | 34.9 | 1.86 | 0.54 |
| 1968 | 918.8 | 618.3 | 300.7 | 67.3 | 32.7 | 2.06 | 0.49 |
| 1969 | 954.0 | 630.0 | 324.1 | 66.0 | 34.0 | 1.94 | 0.52 |
| 1970 | 1038.7 | 693.1 | 345.6 | 66.7 | 33.3 | 2.01 | 0.50 |
| 1971 | 1100.1 | 472.0 | 358.1 | 67.4 | 32.6 | 2.07 | 0.48 |
| 1972 | 1130.8 | 755.8 | 375.1 | 66.8 | 33.2 | 2.02 | 0.50 |
| 1973 | 1231.0 | 827.2 | 403.8 | 67.2 | 32.8 | 2.05 | 0.49 |
| 1974 | 1243.0 | 817.3 | 425.7 | 65.8 | 34.2 | 1.92 | 0.52 |
| 1975 | 1303.1 | 849.6 | 453.5 | 65.2 | 34.8 | 1.87 | 0.53 |
| 1976 | 1333.3 | 862.3 | 471.0 | 64.7 | 35.3 | 1.83 | 0.55 |
| 1977 | 1323.5 | 822.4 | 501.2 | 62.1 | 37.9 | 1.64 | 0.61 |
| 1978 | 1457.8 | 922.5 | 535.3 | 63.3 | 36.7 | 1.72 | 0.58 |

说明：

1. 自给性消费＝按当年价格计算的自给性消费 × 农副产品收购价格总指数 ÷100。

2. 商品性消费＝按当年价格计算的商品性消费 × 农村工业品零售价格总指数 ÷100。

资料来源：同表4-7。

其次，工农业产品比价也是影响农村居民消费同收入关系的重要变量。加上这一变量，较完整的农村居民消费函数计量模型为，

$$C_t = \alpha_0 + \beta_1 Y_m + \beta_2 C_s + \beta_3 RP \qquad 4.2$$

以 $C_s$ 近似替代 $Y_s$，式 4.2 即为在第 3 章中确立的农村消费函数理论模型 3.3 的展开式 3.5。在对式 4.2 回归前，由于引进的工农业产品比价指数 $RP$ 是以 1952 年为 100，应消除其他变量的价格因素和其中可能存在的变量间的非线性关系。首先，以农副产品收购价格指数消除农村居民货币收入和自给性消费的价格因素，以农村工业品零售价格指数消除商品性消费的价格因素。其次，在式 4.2 等号左边变量同等号右端三个变量的相关分析中，$C_t$ 与 $RP$ 呈非线性关系，对两者取对数后呈线性相关。为满足这两个变量呈线性相关的要求，对式 4.2 做对数变换，

$$\mathrm{Ln}C_t = \alpha_0 + \beta_1 \mathrm{Ln}(Y_m) + \beta_2 \mathrm{Ln}(C_s) - \beta_3 \mathrm{Ln}(RP) \qquad 4.3$$

式 4.3 为 1978 年以前农村居民双对数消费函数模型。估计模型参数，得

$$\mathrm{Ln}C_t = 0.6423 + 0.6111\,\mathrm{Ln}(Y_m) + 0.8835\,\mathrm{Ln}(C_s) - 0.8375\,\mathrm{Ln}(RP)$$
$$(5.039)(6.017) \qquad (12.563) \qquad\qquad (4.411)$$
$$R^2 = 0.9846 \qquad D.W. = 1.6657 \qquad F = 491.10$$

从变量的估计参数及各项统计检验值分析，回归结果令人十分满意。得到：

$$\beta_1 = 0.6111$$
$$\beta_2 = 0.8835$$
$$\beta_3 = -0.8375$$

其中：$\beta_1$ 为消费的货币收入弹性，$\beta_2$ 为消费的自给性消费弹性（可近似看作为实物收入弹性），$\beta_3$ 为消费的工农业产品比价指数弹性。

以上分析证明，农村居民的现期消费与现期收入、自给性消费和工农业产品比价指数相关。在自给性消费近似替代实物收入成立

的前提下，农村居民的现期消费主要取决于现期货币收入和现期实物收入。

## 4.4　时间序列数据分析小结

以上时间序列数据分析从不同的方面检验了本书在上一章提出的假说Ⅰ、假说Ⅱ和城镇、农村消费函数理论模型。基本上证明，两个假说和消费函数理论模型成立。

### 一、关于两个假说

1952—1978 年时间序列数据分析证明，新古典理论框架内发展起来的消费函数所暗含的消费者行为外部环境的几个关键设定，没有消费限量、配额和短缺，跨时预算约束，没有流动约束以及风险预期等，在此期间均不成立；而凯恩斯框架内的消费函数除在消费选择自由设定上不成立外，其他设定一般说成立。时间序列总量回归和分城镇、农村的回归验证了这一点。这也证明，在此期间，中国的消费者——无论是城镇居民还是农村居民，是属于近视的、原始的消费者类型，其消费行为呈现明显的短期性，或者说，主要依据其现期收入作出消费决策。与凯恩斯的近视的、原始的消费者的不同在于，中国的消费者受到更多的约束，主要是消费品定量配给和短缺。因之，是一种被束缚的、近视的、原始的消费者。

### 二、关于消费函数理论模型

在第 3 章中分别提出的城镇模型和农村模型为，

城镇：　　　$C = \alpha_0 + \beta_1 Y + \beta_2 Z + \beta_3 R$　　　　3.2

农村：　　　$C = \alpha_0 + \beta_1 Y + \beta_2 RP$　　　　3.3

　　　　　　$C = C_m + C_s$　　　　3.4

　　　　　　$Y = Y_m + Y_s$　　　　3.5

在这一章实证分析中，囿于可利用的数据，城镇实际回归计量模型与理论模型有所不同。在理论模型中，自变量有三个：收入、短缺和配给。计量模型中只有收入一个。原因在于短缺和配给的数量估计上有困难。解决的方法是，以经验观察为依据，推断短缺、配给对于消费同收入关系的效应。由于存在消费品短缺、配给是关于消费者行为外部环境的设定之一，在计量模型中忽略这两个变量，并不损害模型验证两个假说的有效力。农村计量模型仅对理论模型做了对数转换。城镇和农村模型除做这些变动外，能较理想地说明消费同收入之间的关系，证明了模型的解释力。

### 三、基本结论

　　除现期收入这一主要变量外，纳入消费品短缺、定量配给和农民自给性消费、工农业产品比价等变量后，得出的基本结论仍然是：现期消费主要取决于现期收入。

## 4.5　横截面数据分析

　　在 4.2 节中，利用时间序列总量数据验证了第 3 章提出的两个假说的基本论点：现期消费主要取决于现期收入。这一节将再利用城乡居民家庭收支调查的有关数据验证这个基本论点。

1978 年以前，不同年份、不同消费者单位的家庭预算抽样调查数据分析所显示的消费与收入之间的关系，如表 4-9 所示。

平均消费倾向。如同时间序列总量数据分析所显示的，不同年份、不同消费者单位的平均消费倾向相当高，除 1963、1964 年 31 个城市和 40 个城市职工家庭以外[①]，均在 0.91 以上。说明现期收入主要用于现期消费。

表 4-9　1978 年以前消费同收入之间的关系（依据居民收支抽样调查资料）

| 时期 | 消费者单位 | 平均收入<br>（元）（AI） | 平均消费倾向[a]<br>（APC=C/Y） | 边际消费倾向[b]<br>（MPC） | 消费的收入弹性[c]<br>（IEC） |
|------|-----------|-----------|-----------|-----------|-----------|
| 1954 | 农民家庭 | 64.14 | 0.929 | – | – |
| 1956 | 农民家庭 | 72.92 | 0.914 | – | – |
| 1956 | 大中城市工业职工家庭 | 242.88 | 0.94 | 0.84 | 0.89 |
| 1957 | 大中城市工业职工家庭 | 253.57 | 0.95 | 0.79 | 0.83 |
| 1957 | 农民家庭 | 72.95 | 0.97 | – | – |
| 1958 | 32 个城市职工家庭 | 252.57 | 0.94 | 0.94 | 0.87 |
| 1962 | 农民家庭 | 124.5 | 0.96 | 0.81 | 0.84 |
| 1963 | 农民家庭 | 108.07 | 0.93 | 0.75 | 0.81 |
| 1963 | 31 个城市职工家庭 | 264.66 | 0.81 | 0.65 | 0.80 |
| 1964 | 40 个城市职工家庭 | 274.09 | 0.81 | 0.69 | 0.85 |

① 这两个年份城市职工家庭的平均消费倾向较低，可能与 1963 年中央政府拿出近 9 亿元，给部分职工增加工资，从而增加了他们的收入有关。这次大多数职工增加了收入。因为增加工资包括：提升 40% 职工的工资级别；提高部分地区的工资类别；适当调整过于偏低的工人工资标准；适当扩大计件工资范围等（参见柳随年等：《中国社会主义经济简史》，黑龙江人民出版社 1985 年版，第 308—309 页）。增加工资额相当于上年工资总额的 3.5%。这是自 1957 年后第一次普遍提高职工工资。由此增加的收入跨年度得到，职工家庭在这两个年份中把其看作为临时性收入，一般不把其列入现期的收支计划。由此致使平均消费倾向较低。

续表

| 时期 | 消费者单位 | 平均收入（元）(AI) | 平均消费倾向 [a]（APC=C/Y） | 边际消费倾向 [b]（MPC） | 消费的收入弹性 [c]（IEC） |
|------|-----------|------------------|--------------------------|----------------------|-----------------------|
| 1964 | 广州市职工家庭 | 283.80 | 0.92 | 0.72 | 0.78 |
| 1965 | 广州市职工家庭 | 322.08 | 0.91 | 0.74 | 0.81 |
| 1966 | 广州市职工家庭 | 327.36 | 0.92 | 0.72 | 0.78 |
| 1967 | 广州市职工家庭 | 325.32 | 0.95 | 0.89 | 0.94 |

a）APC = 平均消费 / 平均收入；

b）MPC 为消费对收入回归 C = a + bY 中的 b；

c）消费的收入弹性 = MPC / APC。

资料来源：根据国家统计局有关年份的《农民家庭收支调查资料》《全国职工家庭生活调查资料》和《广州市职工、居民家庭生活调查专辑（1936—1985年）》中的数据整理计算。

边际消费倾向。边际消费倾向是一定时点上，以不同收入水平组的消费和收入作为样本点，进行回归 C = a + bY 所得到的估计参数 b。它反映着所观察的同一消费者单位内，不同收入水平组的消费者的消费随其收入变化而变化的程度。b 除少数例外，一般在 0.72—0.89，说明较高收入组所获得的较多收入大部分也用于现期消费。

消费的收入弹性。弹性是以边际消费倾向除以平均消费倾向得到的，它反映着同一消费者单位整体上消费随收入变化所做的变化。表 4-9 数字说明，收入每增加一单位，消费增加 0.78—0.94。

以上平均消费倾向、边际消费倾向和消费的收入弹性所反映的消费与收入之间的关系，同在时间序列总量数据分析中所得到的结论相吻合，即现期消费基本上取决于现期收入。

## 4.6 传统体制下居民个人消费行为与国民收入消费同积累比例关系的差异

从表 4-2 可以看出，按第三种方法估算的平均消费倾向或平均储蓄倾向与按第一、二种方法估算的结果很不相同，绝对误差在 0.18 到 0.40 之间。按第三种方法估算的平均消费倾向较低，相应的平均储蓄倾向较高。这种不同反映着前两种方法和第三种方法所体现的消费与收入之间关系的性质上的差异。

### 一、居民个人消费行为与消费基金形成机制

不同方法在消费与收入关系性质上的差异，首先反映在居民个人消费行为与消费基金形成机制的不同上。前两种方法反映的是，在居民可支配收入既定的前提下，居民在消费和储蓄，或者说在现期消费与未来消费之间的选择。由于居民选择的余地较小（收入水平低、有流动约束、已积累资产存量极小等）、动机较弱（无风险预期）、选择的空间窄（消费品定量配给、短缺等），居民更偏好现期消费，储蓄率相当低。

第三种方法不同，它反映的是国民收入使用额中消费基金（或积累基金）的形成机制。居民可支配收入在消费与储蓄之间的划分是由居民个人的选择所决定的。由此形成的居民消费总量和储蓄总量及其两者与居民收入总量的函数关系，建立在居民个人消费行为基础之上。与此不同，国民收入在消费基金和积累基金之间的划分，在传统体制下是由政府计划决定的，它仅仅反映着政府的"积

累偏好"强度，或者说其计划分配国民收入于消费或积累的"决策倾向"[①]，与居民个人消费行为、消费倾向没有直接的联系。

## 二、消费与积累角色的分离与分担

不同方法在消费与收入关系性质上的差异，还反映着传统体制下消费与积累主体的分离和分担。前两种方法衡量的居民收入几近全部用于现期消费（平均消费倾向 0.99），平均储蓄倾向仅略高于 0.01，说明传统体制下的居民个人主要扮演消费者的角色。第三种方法估算出的平均储蓄倾向大大高于前两种方法的，除个别年份外，一般在 0.21 以上，其中一半以上的年份达 0.31 以上。在居民积累极小的情况下，积累功能主要是由政府承担的。居民游离于积累过程之外，加上政府的"积累偏好"，使传统体制下消费与积累角色的分离主体化——居民个人主要是消费者，政府主要是积累者。经济发展过程中消费与积累的矛盾外化为居民消费偏好与政府积累偏好的矛盾。这正是卡莱茨基所分析的政府"为了将来而愿意牺牲现在"的意向和居民对此的"抵制系数"矛盾的体制根源。

## 三、不同方法对比分析的意义

关于衡量消费与收入的不同方法之间差异的对比分析，其意义还在于：

---

① 有些专著已仔细分析过这一点，如符钢战等的《社会主义宏观经济分析》第 3 章、蒋学模等的《社会主义宏观经济学》第 13 章第 3 节。更早些，波兰著名经济学家米哈尔·卡莱茨基分析过的消费基金和积累基金的形成机制，推导出一条"政府抉择曲线"。参见其《社会主义经济增长理论导论》第 4 章。

1. 为分析 1978 年经济体制改革前后两个时期的积累机制的转变提供了数据。对此，在下几章再作分析。

2. 验证了分析居民个人消费行为所要求的衡量消费与收入的方法。正如以上所分析的，与居民个人消费行为、消费倾向相关的是前面两种方法。有一些学术专著用第三种方法衡量的消费和收入分析居民消费行为和消费倾向，这似乎是不妥当的。

3. 此外，第一和第二种方法的差异，对于分析居民，尤其是农村居民的收入构成（货币收入和实物收入）、消费构成（商品性消费和自给性消费）及其构成要素间的相关关系，这些关系对于消费、收入函数关系的效应，有显著的作用。有的学术专著把分析消费、收入关系的范围仅仅囿于货币收入、货币消费支出之内，在作 1978 年以前时期分析时，把占农村居民消费 50% 以上的自给性消费和大体相应分量的实物收入置之不顾，其缺陷不说自明。

另外，1978 年前后农村自给性消费所占份额发生显著变化，为分析这个变量对农村居民消费、收入关系的影响提供了难得的实证检验数据。

# 5 假设和模型的实证检验（二）：1978 年以后时间序列数据分析

## 5.0 引言

1978 年以后消费同收入的关系，是本书研究的重点。因此，本章将作为更为细致的、多视角的分析研究。当然，许多情况下的研究是与 1978 年以前的对比分析中进行的。

1978 年以前，APC 和 APS 虽然在年度间有一定波动，但基本上是一个常数，即没有上升（或下降）的趋势，也没有下降（或上升）的趋势。1978 年以后，情况明显不同，APC 呈下降趋势，相应地 APS 呈上升趋势。显然，由此提出一个问题：是什么因素（一个或一组）决定着 1978 年以后 APC 和 APS 的变化？

APC 是消费与收入之比，即

$$APC = C/Y,$$

APC 的变动取决于 C 和 Y 的相对变化，这就是说，凡是能影响 C 或 Y 的因素，均影响到 C 和 Y 的比例 APC。由于这里的 C 和 Y 是指居民消费和居民收入，而居民一般被看作为消费者①，其获取收入的动机和活动主要是为了消费，所以，APC 的变化实际上反映着居民消费行为的变化。相对应地，由于 APS = 1 − APC，APS 的变化也反映着居民消费行为（储蓄行为）的变化。

在第 2 章已经分析了 1978 年经济体制改革前后的两个时期中，消费者行为的外在环境发生的变化，以及由此导致的消费者行为发生的变化，其主要之点总结在表 2-4 中。在第 3 章还依据这种分析作出消费者行为假设，提出消费函数假说Ⅲ和Ⅳ，并分别提出了城镇和农村消费函数的基本理论模型（式 3.10 和式 3.11）。在本章和以下几章里，将实证检验这些理论分析、假说和模型。

## 5.1 双重体制下消费者行为外部
环境的实证分析

在第 2 章 2.2 节中，从以下几个方面分析过 1978 年以后消费者行为外部环境的变化：（1）两种平行的消费品分配方式，（2）消费品补贴，（3）收入分配上的差距扩大，（4）消费品价格逐渐放开，（5）流动约束和预算约束的时间跨度，（6）不确定性。在此，将利用实际数据，检验并进一步分析第一点和第五点的变化，其他方面留待后面再分析。

---

① 这样看居民似有偏颇（对此的详细分析见〔美〕加里·S.贝克尔：《家庭经济分析》，彭松建译，华夏出版社 1987 年版），但从本书分析的目的看，假定居民主要是消费者是必要的，也是能成立的。

## 一、居民资产的积累和流动约束

在外部环境的各种变化之中，对于消费者行为及消费函数分析具有特殊意义的变化是居民资产的积累已达到相当数量，以及与此相关的流动约束的放松。这是使消费者预算约束从现期一时向跨时转变的最重要的因素。

在上一章 4.2 节曾指出，居民跨时预算要具备以下两个条件中的至少一个:(1) 存在消费信贷等金融机制，(2) 居民有一定的资产存量。实证分析证明，1978 年以前，跨时预算的这两个条件难以成立，并由此验证了假说Ⅰ和假说Ⅱ的重要前提——预算约束为现期一时成立。这里，要通过实证分析，证明 1978 年以后，以上两个条件中至少有一个条件——居民有一定的资产存量已能成立。

1. 居民资产的估计。1978 年以后，随着经济体制改革的进程，居民资产的多样化，对其进行估计的难度加大。1978 年以前，居民资产比较单一，全部资产由金融资产和实物资产构成，其中，金融资产主要是储蓄存款和手持现金，实物资产主要是农村居民的建房投资累积。1978 年以后不同，居民资产仍由两大部分构成，但每一部分的构成已多样化:金融资产除储蓄存款和手持现金外，还有各种有价证券;实物资产除农村居民建房外，还有城镇居民建房和耐用消费品的累积。其中，较难估计的是居民（主要是城镇居民）拥有的耐用消费品存量的价值。这里，限于可利用的数字，以城镇居民 1980 年底耐用消费品存量价值为基数，估算 1980—1991 年的耐用消费品存量，具体估算方法为

$$K_d = K_{d, t-1} \times 0.90 + K_{di, t}$$

式中，$K_d$ 为当年耐用消费品存量，$K_{d, t-1}$ 为上一年耐用消费品存量，

0.90表示其按10%的年折旧率折旧，$K_{di,t}$为当年耐用消费品增量。即上一年耐用消费品存量按10%折旧率折旧后，再加上当年耐用消费品增量，为当年耐用消费品存量。另一个是金融资产中的各种有价证券。这里除利用别人研究成果中的有关数字外，近几年的数据是根据城镇居民家庭收支调查资料中兑换和购买有价证券的数字推算的。

估计的各种资产及其与收入的比例关系见表5-1。表5-1有两个低估居民资产的因素，一是在居民金融资产中没有包括农村居民购买的各种有价证券，同时在居民实物资产中没有包括农村居民拥有的耐用消费品存量；另一方面，也有一个高估居民资产的因素，估计的居民实物固定资产存量为城乡个人固定资产投资的累积额，按2.5%的年折旧率对其进行折旧处理，也许略微高估了固定资产的使用寿命（40年）。但这两个方面的因素（低估和高估）对居民资产总量的估计影响很小，根据在于，农村居民各种有价证券和耐用消费品的人均存量很小，固定资产存量按2.5%年折旧率估算也不会出入太大；而且，这两方面的因素在一定程度上互相抵消。退一步说，表5-1中数字估算上的略微偏差并不影响这里的分析。从表中数字看，1978年以后，居民拥有的各种资产量迅速增大，到80年代初，人均各种资产存量数已远远超过人均收入数，1980、1985、1987、1990年分别为人均收入的136%、173%、201%和237%。其中，金融资产到1982年已接近相当于人均收入的一半，1980、1985、1987和1990年人均金融资产分别为人均收入的35%、58%、77%和107%。居民资产存量的绝对数量也已可观，在80年代初人均300多元，80年代中760多元，1986年接

表 5-1 1978—1991 年居民人均资产存量情况

| 年份 | 居民资产存量（元） | | | 同全部资产的比值 | | | 货币收入（元） | 同货币收入的比值 | | |
|---|---|---|---|---|---|---|---|---|---|---|
| | 金融资产 | 实物资产 | 全部资产 | 金融资产 | 实物资产 | | | 金融资产 | 实物资产 | 全部资产 |
| | 1 | 2 | 3=1+2 | 4=1÷3 | 5=2÷3 | 6 | 7=1÷6 | 8=2÷6 | 9=3÷6 |
| 1978 | 49.94 | 41.94 | 91.88 | 0.54 | 0.46 | 160.40 | 0.31 | 0.26 | 0.57 |
| 1979 | 59.99 | 47.97 | 107.96 | 0.56 | 0.44 | 188.79 | 0.32 | 0.25 | 0.57 |
| 1980 | 80.09 | 228.74 | 308.82 | 0.26 | 0.74 | 227.61 | 0.35 | 1.00 | 1.36 |
| 1981 | 98.03 | 269.61 | 367.64 | 0.27 | 0.73 | 245.70 | 0.40 | 1.10 | 1.50 |
| 1982 | 125.15 | 306.57 | 431.72 | 0.29 | 0.71 | 262.50 | 0.48 | 1.17 | 1.64 |
| 1983 | 150.06 | 350.66 | 500.72 | 0.30 | 0.70 | 291.12 | 0.52 | 1.20 | 1.72 |
| 1984 | 198.39 | 405.39 | 603.78 | 0.33 | 0.67 | 349.46 | 0.57 | 1.16 | 1.73 |
| 1985 | 255.93 | 506.70 | 762.63 | 0.34 | 0.66 | 441.64 | 0.58 | 1.15 | 1.73 |
| 1986 | 360.98 | 620.22 | 981.19 | 0.37 | 0.63 | 504.66 | 0.72 | 1.23 | 1.94 |
| 1987 | 457.28 | 736.75 | 1194.03 | 0.38 | 0.62 | 593.14 | 0.77 | 1.24 | 2.01 |
| 1988 | 582.10 | 902.84 | 1484.94 | 0.39 | 0.61 | 754.46 | 0.77 | 1.20 | 1.97 |
| 1989 | 762.88 | 1057.09 | 1819.97 | 0.42 | 0.58 | 829.84 | 0.92 | 1.27 | 2.19 |

| 年份 | 居民资产存量（元） | | | 同全部资产的比值 | | 货币收入（元） | 同货币收入的比值 | | |
|---|---|---|---|---|---|---|---|---|---|
| | 金融资产 1 | 实物资产 2 | 全部资产 3=1+2 | 金融资产 4=1÷3 | 实物资产 5=2÷3 | 6 | 金融资产 7=1÷6 | 实物资产 8=2÷6 | 全部资产 9=3÷6 |
| 1990 | 950.29 | 1161.96 | 2112.25 | 0.45 | 0.55 | 890.11 | 1.07 | 1.31 | 2.37 |
| 1991 | 1158.63 | 1264.99 | 2423.62 | 0.48 | 0.52 | 1000.67 | 1.16 | 1.26 | 2.42 |

说明：

1. 金融资产包括城乡居民的储蓄存款、手持现金和城镇居民的各种证券存量，其中前两项根据《中国统计年鉴》1981—1992年各卷有关数据整理计算，各种证券1981—1988年数字根据以宁：《中国宏观经济的实证分析》（北京大学出版社1992年版）第116页表3.9中的有关数据计算，1989—1991年数字根据《中国城镇居民家庭收支调查资料》1989—1991年各卷中有关数字估算。

2. 实物资产包括城乡居民固定资产存量和居民耐用消费品存量，其中固定资产量以1977年固定资产投资历年累积额为基数，按年2.5%的折旧率和1978—1991年的各年度增量估算，"六五"期间我国城镇居民固定资产投资历年累积额为基数，城镇居民耐用消费品存量数字根据《中国统计年鉴》1981—1992年各卷；城镇居民耐用消费品存量数字根据《1987年全国城镇居民家庭收支调查资料》（国家统计局城市抽样调查总队，中国统计出版社1988年版）、《1987年全国城镇居民家庭收支调查资料》（国家统计局城市抽样调查总队，中国统计出版社1988年版）、《中国城镇居民家庭收支调查资料》1988—1991年各卷（国家统计局城市社会经济调查总队，中国统计出版社1989、1990、1991、1992年版）中有关数据整理估算，其中1981—1984年为城市居民人均数，1985年为城市居民中等收入户人均数，1986年为城镇居民估计数，1987—1991年为城镇居民人均数。

3. 货币收入是按第一种方法估算的居民收入的人均数。

近 1000 元，1987 年超过 1000 元，1989 年 1800 多元，1990 年突
破 2000 元。如果考虑到居民预算约束一般以户为单位，平均每户
资产存量在 1982 年为 1900 多元，1990 年为 8500 多元，其中金融
资产分别为 560 多元和 3800 多元①。从居民资产数量，尤其是金融
资产数量看，居民已开始具有跨时预算的资产基础。

　　需要顺便提及的一点是，表 5-1 数据分析已初步揭示出一个
也许与人们依据日常经验和直觉观察而一般持有的认识截然不同的
事实：1978 年以后，居民实物资产拥有量已占其全部资产的相当
大份额，除个别年份略低于 45% 外，均在 45% 以上，尤其进入 80
年代以后的十二年中，有三年在 52%—58%，五年在 61%—67%，
四年在 70%—74%。由此看来，"我国的个人储蓄大部分是金融资
产储蓄"② 的观点不能成立。另据调查，1988 年底农户金融资产近
420 元，而生产性固定资产为 1082 元③。

表 5-2　1981—1991 年城镇居民借贷收支情况（抽样调查数据，年人均，元）

| 年份 | 货币收入 | 其中：借贷收入 | 借贷收入占货币收入（％） | 货币支出 | 其中：借贷支出 | 借贷支出占货币支出（％） |
|---|---|---|---|---|---|---|
| 1981 | 573.72 | 73.32 | 13 | 569.88 | 77.88 | 14 |
| 1982 | 601.20 | 65.88 | 11 | 597.00 | 90.48 | 15 |
| 1983 | 644.52 | 71.64 | 11 | 640.20 | 97.20 | 15 |
| 1984 | 735.00 | 74.88 | 10 | 719.16 | 117.12 | 16 |

　　① 按 1982 年第三次人口普查全国平均每户 4.5 人和 1990 年第四次人口普查全
国平均每户 4.06 人推算。

　　② 参见厉以宁等：《中国宏观经济的实证分析》，北京大学出版社 1992 年版，第
105 页。

　　③ 参见中国社会科学院经济研究所中国城乡居民收入分配研究课题组："中国城
乡居民的收入分配统计报告"，《经济工作者学习资料》1991 年第 1 期。

续表

| 年份 | 货币收入 | 其中：借贷收入 | 借贷收入占货币收入（%） | 货币支出 | 其中：借贷支出 | 借贷支出占货币支出（%） |
|------|---------|--------------|----------------------|---------|--------------|----------------------|
| 1985 | 945.36  | 123.96 | 13 | 924.00  | 137.76 | 15 |
| 1986 | 1059.24 | 149.28 | 14 | 1046.16 | 180.60 | 17 |
| 1987 | 1178.88 | 166.68 | 14 | 1164.12 | 199.68 | 17 |
| 1988 | 1455.45 | 263.33 | 18 | 1423.76 | 214.07 | 15 |
| 1989 | 1643.21 | 255.40 | 16 | 1618.21 | 283.10 | 17 |
| 1990 | 1748.99 | 226.20 | 13 | 1712.64 | 298.70 | 17 |
| 1991 | 1995.87 | 282.77 | 14 | 1946.77 | 321.08 | 16 |

资料来源：根据《"六五"期间我国城镇居民家庭收支调查资料》（国家统计局城市抽样调查总队编，中国统计出版社1988年版）、《1987年全国城镇居民家庭收支调查资料》、《中国城镇居民家庭收支调查资料》1988—1991年卷（国家统计局城市社会经济调查总队编，中国统计出版社1988、1989、1990、1991、1992年版）中有关数据整理计算。

表5-3　1980—1991年农村居民借贷收支情况 *（抽样调查数据，年人均）

单位：元

| 年份 | 货币收入 | 其中：借贷收入 | 借贷收入占货币收入（%） | 货币支出 | 其中：借贷支出 | 借贷支出占货币支出（%） |
|------|---------|--------------|----------------------|---------|--------------|----------------------|
| 1980 | 128.76  | 15.64  | 12 | 122.93  | 15.91  | 13 |
| 1981 | 179.55  | 26.34  | 15 | 172.78  | 22.86  | 13 |
| 1982 | 218.12  | 33.64  | 15 | 208.12  | 35.47  | 17 |
| 1983 | 265.89  | 51.17  | 19 | 256.62  | 47.73  | 19 |
| 1984 | 351.55  | 55.60  | 16 | 328.45  | 56.32  | 17 |
| 1985 | 429.49  | 72.10  | 17 | 331.23  | 57.96  | 17 |
| 1986 | 472.04  | 70.22  | 15 | 444.01  | 68.40  | 15 |
| 1988 | 690.41  | 103.80 | 15 | 646.42  | 91.00  | 14 |
| 1989 | 769.27  | 111.59 | 15 | 736.74  | 99.48  | 14 |

续表

| 年份 | 货币收入 | 其中：借贷收入 | 借贷收入占货币收入（％） | 货币支出 | 其中：借贷支出 | 借贷支出占货币支出（％） |
|------|---------|--------------|---------------------|---------|--------------|---------------------|
| 1990 | 796.11 | 119.44 | 15 | 741.17 | 102.11 | 14 |
| 1991 | 895.29 | 158.45 | 18 | 830.19 | 116.79 | 14 |

* 缺 1987 年数。

资料来源：根据国家统计局各年度《农村住户调查资料》中有关数据整理计算。

2. 流动约束的放松。尽管到 80 年代中后期中国的资金市场尚处于初始阶段，但是随着金融体制的改革，各种有价证券的发行和商品销售方式的多样化，居民借贷收支在其货币总收支中所占比重已不容忽视（详见表 5-2 和表 5-3），流动约束较之 1978 年以前有一定程度的放松。

即使不考虑流动约束的放松（因放松的程度有限），居民资产（尤其是金融资产）的情况，已使居民初步具有了跨时预算所要求的两个条件中的一个。表 5-4 中居民资产与居民年消费规模的比例关系从另一个侧面也说明了这一点。

表 5-4　居民消费支出与居民资产

| 年份 | 居民消费支出 *（元） | 同居民消费支出的比值 | | |
|------|-------------------|------|------|------|
| | | 金融资产 | 实物资产 | 全部资产 |
| 1978 | 157.43 | 0.32 | 0.27 | 0.58 |
| 1979 | 178.82 | 0.34 | 0.27 | 0.60 |
| 1980 | 210.51 | 0.38 | 1.09 | 1.47 |
| 1981 | 227.76 | 0.43 | 1.18 | 1.61 |
| 1982 | 245.02 | 0.51 | 1.25 | 1.76 |
| 1983 | 267.17 | 0.56 | 1.31 | 1.87 |

续表

| 年份 | 居民消费支出 | 同居民消费支出的比值 | | |
|------|------|------|------|------|
| | *（元） | 金融资产 | 实物资产 | 全部资产 |
| 1984 | 311.46 | 0.64 | 1.30 | 1.94 |
| 1985 | 391.29 | 0.65 | 1.29 | 1.95 |
| 1986 | 438.58 | 0.82 | 1.41 | 2.24 |
| 1987 | 508.21 | 0.90 | 1.45 | 2.35 |
| 1988 | 644.69 | 0.90 | 1.40 | 2.30 |
| 1989 | 701.46 | 1.09 | 1.51 | 2.59 |
| 1990 | 712.96 | 1.33 | 1.63 | 2.96 |
| 1991 | 796.21 | 1.46 | 1.59 | 3.04 |

\* 居民消费支出为按第一种方法估算的居民消费支出的人均数。

## 二、居民消费选择自由

1978 年以前，主要消费品的定量配额制度和短缺限制着居民的消费选择自由。1978 年以后，消费品上的限量、配额逐渐取消，加上消费品短缺的缓和，虽然从整体上讲，消费品的两种分配方式——市场和非市场（行政）分配平行存在并相互影响，但对居民消费选择自由的限制在相当大的程度上取消了。一些基本消费品 1978—1987 年自由市场销售额所占比重的变化就是证明，见表 5-5。表 5-5 中所选的这些消费品类别在 1978 以前，基本上实行定量配给，直到 1978 年，这些消费品自由市场销售份额很小的事实也说明了这一点。1978 年以后，这些消费品的自由市场零售份额迅速上升，到 1985 年，除粮食、食用植物油、猪肉、茶叶和燃料外，其自由市场份额均已超过三分之一，个别的超过三分之二，一般在 45%—50%。与此同时，绝大部分工业消费品实行了市

表 5-5 自由市场零售消费品数量或金额所占份额（%）

| 年份 | 粮食 | 食用植物油 | 猪肉 | 鲜蛋 | 牛肉 | 羊肉 | 家禽 | 水产品 | 蔬菜 | 水果 | 茶叶 | 燃料 |
|---|---|---|---|---|---|---|---|---|---|---|---|---|
| 1978 | 2.53 | 2.29 | 1.43 | 9.80 | 10.11 | 10.31 | 28.56 | 6.85 | 14.67 | 11.56 | 0.46 | 3.8 |
| 1979 | 4.08 | 2.39 | 3.46 | 14.62 | 12.76 | 13.48 | 38.20 | 9.92 | 19.41 | 14.97 | 0.57 | 4.4 |
| 1980 | 5.64 | 3.97 | 5.04 | 21.62 | 26.19 | 27.88 | 52.90 | 13.31 | 22.22 | 20.88 | 1.51 | 5.88 |
| 1981 | 5.89 | 4.06 | 7.52 | 27.27 | 36.87 | 28.08 | 54.82 | 22.33 | 31.5 | 30.73 | 1.85 | 6.29 |
| 1982 | 6.31 | 4.51 | 8.97 | 9.38 | 34.54 | 26.24 | 52.49 | 20.06 | 32.89 | 31.48 | 2.12 | 7.4 |
| 1983 | 6.34 | 4.42 | 10.16 | 29.38 | 37.11 | 30.06 | 57.96 | 26.35 | 32.98 | 31.94 | 2.64 | 7.1 |
| 1984 | 5.50 | 4.75 | 12.52 | 28.67 | 36.29 | 35.36 | 61.66 | 32.94 | 39.47 | 37.88 | — | — |
| 1985 | 6.10 | 6.45 | 23.69 | 46.70 | 46.52 | 48.03 | 67.27 | 44.34 | 42.5 | 37.04 | 3.95 | 6.93 |
| 1986 | 6.67 | 9.32 | 27.18 | 54.39 | 48.30 | 52.13 | 67.93 | 47.59 | 50.93 | 46.44 | 5.45 | 6.76 |
| 1987 | 7.08 | 9.40 | 27.96 | 53.30 | 47.88 | 49.81 | 70.35 | 46.89 | 45.79 | 43.26 | 5.54 | 5.54 |

资料来源：Zhi Wang, Wen S. Chern, *Effects of Rationing on the Consumption Behavior of Chinese Urban Households during 1981—1987, Journal of Comparative Economics*, vol. 16, no. 1, 1992, p.11。

场分配方式（同时放开了价格）。可以说，到 80 年代中期，除城镇居民住宅、粮食等少数几种消费品仍基本上是行政分配、定量配给外，绝大多数消费品基本上已转变为市场分配。

另一方面，农村商品经济的发展，使农村居民消费中的自给性部分相对减少，商品性部分相对增加，农村居民消费中的商品性部分完全是市场分配的。

与居民消费选择自由相关的除体制方面的因素外，还有社会舆论环境因素，前一方面的因素是有形限制，后一方面的因素是无形限制。1978 年以前，消费上的社会舆论环境很紧，消费者连穿衣戴帽都要考虑到社会舆论环境的默许程度，1978 年以后消费上的社会舆论环境逐渐放松。

## 5.2　假说Ⅲ的验证

居民资产的膨大，流动约束的放松，居民消费选择自由的确立，加上经济生活中的不确定性因素增加，使我们有理由推断，中国居民正从 1978 年以前被束缚的、近视的或原始的消费者向新古典理论框架的消费者转化，其消费行为从被动的短期行为向攀附的过渡性前瞻行为转变。这就是提出假说Ⅲ的基本依据。

假说Ⅲ中所指的新古典消费函数主要是弗里德曼的持久收入假定和摩迪里安尼的生命周期假定。这两种消费函数如前面分析过的，有很大的不同，但在模型系数的估计上，两者的相似之处是均利用了库约克（Koyck）几何递减滞后模型[1]，

---

① 关于这个模型的简要说明，参见 Damodar Gujarati, *Basic Econometrics*, pp. 261–263, McGraw-Hill Book Company, 1978。

$$K_t = \alpha (1 - \lambda) + \beta_0 X_t + \lambda Y_{t-1} + V_t \qquad 5.1$$

库约克模型成立的基本前提是，$X$ 的较近期值对 $Y$ 的影响大于 $X$ 的较远期值，其影响呈几何级数递减。这是以下用中国居民收入对居民消费的相关分析检验新古典消费函数是否适用的依据之一。

根据库约克模型，弗里德曼和摩迪里安尼的消费函数可以近似表达为一个相同的计量模型[①]，

$$C_t = \beta_0 Y_t + \beta_1 C_{t-1} + V_t \qquad 5.2$$

当然，这仅是形式上的近似，不同在于，对于弗里德曼持久收入假定，式 5.2，即

$$C_t^p = k Y_t^p$$

$$C_t = C_t^p + C_t^t$$

$$Y_t = Y_t^p + Y_t^t$$

如将 $C_t = C_t^p + C_t^t$ 中的 $C_t^t$ 归入随机项，然后利用

$$Y_t^p = \lambda Y_t + (1 - \lambda) Y_{t-1}^p \qquad 5.3$$

得到

$$C_t = k\lambda Y_t + k(1 - \lambda) Y_{t-1}^p + V_t \qquad 5.4$$

$$= k\lambda Y_t + (1 - \lambda) C_{t-1} + V_t$$

对于摩迪里安尼生命周期假定，式 5.2，即

$$C_t = \alpha Y_t + \beta A_t + \varepsilon_t$$

式中的 $A_t$ 可描述为

---

① Damodar Gujarati, *Basic Econometrics*, pp. 263-264；另参见王于渐："中国消费函数的估计与阐释"，载于景元等主编：《中国经济改革与发展之研究》，商务印书馆 1990 年版，第 324—325 页；李子奈：《计量经济学：方法和应用》，清华大学出版社 1992 年版，第 274—275 页。

$$A_t = Y_{t-1} ( \alpha Y_{t-1} + \beta A_{t-1} ) + A_{t-1} \qquad 5.5$$

$$\beta A_t = \beta ( 1 - \alpha ) Y_{t-1} + \beta ( 1 - \beta ) A_{t-1} \qquad 5.6$$

由于

$$C_{t-1} = \alpha Y_{t-1} + \beta A_{t-1} \qquad 5.7$$

得到

$$C_t = \alpha Y_t + \beta ( 1 - \alpha ) Y_{t-1} + ( 1 - \beta ) ( C_{t-1} - \alpha Y_{t-1} ) + \varepsilon_t \qquad 5.8$$

对式 5.8 加以整理[①]，得

$$C_t = \alpha Y_t + ( 1 - \beta ) C_{t-1} + ( \beta - \alpha ) Y_{t-1} + \varepsilon_t \qquad 5.9$$

让，

$$\beta_0 = \alpha , \quad \beta_1 = 1 - \beta , \quad Vt = ( \beta - \alpha ) Y_{t-1} + \varepsilon_t$$

即得到式 5.2。

比较上面两种不同假定消费函数模型的推导过程，可以看出，式 5.2 中的系数 $\beta_0$、$\beta_1$ 和误差项 $V_t$，对于两种消费函数来说，有完全不同的含义。注意到这一点后，仍可用式 5.2 检验两种消费函数是否适用于中国情况分析。[②]

下面，分别用 1978—1991 年中国居民整体、城镇居民和农村居民消费与收入的数据（见表 5-6）加以验证。

首先，利用变量间相关分析技术，证实中国居民、城镇居民和

---

① 式 5.8 整理过程，

$$C_t = \alpha Y_t + [ \beta ( 1 - \alpha ) Y_{t-1} - \alpha ( 1 - \beta ) Y_{t-1} ] + ( 1 - \beta ) C_{t-1} + \varepsilon_t$$
$$= \alpha Y_t + ( 1 - \beta ) C_{t-1} + [ ( \beta - \beta \alpha ) - ( \alpha + \beta \alpha ) ] Y_{t-1} + \varepsilon_t$$
$$= 式 5.9。$$

② 有人曾利用相同公式 5.9 拟合过 1952—1985 年中国数据，其不妥之处，在第 3 章已分析过。参见王于渐："中国消费函数的估计与阐释"，载于景元等主编：《中国经济改革与发展之研究》，商务印书馆 1990 年版，第 323—327 页。

农村居民的收入对消费的影响均呈几何级数递减，即较近期的居民收入对居民消费的影响大于较远期的居民收入。然后，带入数字估计式 5.2 的系数。为了解决式 5.2 中的序列相关可能和随机解释变量的存在，以便能用普通最小二乘法估计式中系数，对式 5.2 做双对数变换，

$$\text{Ln}C_t = \beta_0 \text{Ln}(Y_t) + \beta_1 \text{Ln}(C_{t-1}) + \text{Ln}(V_t) \qquad 5.10$$

式 5.10 中系数的估计结果如表 5-7。

值得注意的是，加入滞后消费作为解释变量后，收入变量统计的显著性虽然有所下降（其他国家的研究结果都显示收入变量的显著性会因为加入滞后消费变量而下降），但并没有变得全然不具统计上的显著性。这说明，收入变量度量的误差是小的。也说明，新古典理论消费函数对于中国 1978—1991 年消费者的行为有一定的解释力。从而，基本上验证了假说Ⅲ。

**表 5-6  1978—1991 年全国居民、城镇居民和农村居民的收入与消费**

单位：亿元

| 年份 | 全国居民 | | 城镇居民 | | 农村居民 | |
|------|--------|--------|--------|--------|--------|--------|
|      | 收入 | 消费 | 收入 | 消费 | 收入 | 消费 |
| 1978 | 1544.0 | 1515.4 | 751.6 | 729.0 | 553.3 | 534.8 |
| 1979 | 1841.5 | 1744.2 | 853.4 | 798.1 | 732.2 | 676.4 |
| 1980 | 2246.6 | 2077.8 | 1028.4 | 935.5 | 948.3 | 863.3 |
| 1981 | 2458.8 | 2279.2 | 1083.6 | 1000.1 | 1089.7 | 995.0 |
| 1982 | 2668.4 | 2490.7 | 1158.6 | 1057.5 | 1221.9 | 1124.3 |
| 1983 | 2998.8 | 2752.1 | 1236.8 | 1093.0 | 1446.6 | 1286.7 |
| 1984 | 3646.9 | 3250.3 | 1517.9 | 1268.5 | 1848.0 | 1575.2 |

续表

| 年份 | 全国居民 | | 城镇居民 | | 农村居民 | |
|---|---|---|---|---|---|---|
| | 收入 | 消费 | 收入 | 消费 | 收入 | 消费 |
| 1985 | 4674.8 | 4141.8 | 1984.6 | 1647.3 | 2321.3 | 2091.9 |
| 1986 | 5425.5 | 4715.0 | 2457.5 | 1974.1 | 1682.3 | 1380.7 |
| 1987 | 6483.0 | 5554.7 | 2876.0 | 2230.6 | 3170.7 | 2791.1 |
| 1988 | 8376.5 | 7157.7 | 3657.0 | 2919.6 | 4046.3 | 3523.7 |
| 1989 | 9352.6 | 7905.7 | 4267.7 | 3394.2 | 4455.3 | 3838.2 |
| 1990 | 10176.9 | 8151.5 | 4900.7 | 3599.7 | 4757.9 | 3920.9 |
| 1991 | 11590.1 | 9222.0 | 5682.6 | 4217.3 | 5356.4 | 4324.0 |

说明：

1. 表中全国居民的数字是根据第 4 章描述的第一种方法估算；

2. 城镇居民和农村居民的数字由于得不到相同口径的资料，是按第 4 章表 4-5 和表 4-6 的方法估算的，所以城镇和农村数字相加后并不等于全国数字；

3. 资料来源：同表 4-2。

**表 5-7　全国居民、城镇居民和农村居民消费函数方程**
**（5.10）系数，1978—1991 年**

| | $\beta_0$ | $\beta_1$ | $R^2$ | S.E. | D.W. |
|---|---|---|---|---|---|
| 全国居民 | 0.596 <br>（3.574） | 0.401 <br>（2.331） | 0.995 | 0.045 | 0.641 |
| 城镇居民 | 0.469 <br>（4.215） | 0.530 <br>（4.572） | 0.994 | 0.047 | 1.396 |
| 农村居民 | 0.944 <br>（6.813） | 0.041 <br>（0.285） | 0.997 | 0.039 | 0.535 |

值得注意的另一点是，表 5-7 中系数表明，农村居民的消费行为与城镇居民有所不同。农村居民的滞后消费变量几乎不具有统计

上的显著性，对此，稍后再作分析。

# 5.3　假说Ⅳ的验证

在较复杂的消费函数中，影响较大的是罗伯特·霍尔提出的"随机游走"（random walk）模型[①]，和戴卫森等人（J.E.H. Davidson et al.）提出的"错误矫正"（error correction mechanisms）模型[②]。这里，仅以霍尔模型验证假说Ⅳ。

弗里德曼持久收入假定和摩迪里安尼等人的生命周期假定的消费函数有一个内在矛盾，按他们的理论分析看，两种消费函数本质上说是前瞻的（forward-looking），但其模型设立和变量计算的方法却是后顾的（backward-looking）。霍尔为了克服这种矛盾，采用理性预期假说，用随机方法修订持久收入和生命周期假定。根据理性预期假说，霍尔认为，消费者追求预期的未来效用最大化时，未来边际效用的条件预期仅仅是现时的消费水平的函数，所有其他信息（前期消费、收入、资产、通货膨胀率、利率等）均不相关。换句话说，除了一个趋势因子外，边际效用服从"随机游走"规则。当边际效用为消费的线性函数时，消费的随机

---

[①]　参见 Robert E. Hall, "Stochastic Implications of the Life Cycle—Permanent Income Hypothesis: Theory and Evidence", *Journal of Political Economics*, vol. 86, no. 6, 1978, pp. 971-987。

[②]　参见 J. E. H. Davidson et al., "Econometric Modelling of the Aggregate Time-Series Relationship between Consumers Expenditure and Income in the United Kingdom", *Economic Journal*, vol. 88, no. 352, 1978, pp. 661-692。

性质使其也服从"随机游走"规则。[①]据此，霍尔推断，在有关线性消费函数的回归中，上述生命周期——持久收入假定的随机含义在于，在这样的回归中，仅有滞后一期的消费具有不为零的系数。[②]这种含义可用以下几点检验：（a）滞后一期以上的消费不具有对现时消费的预测力（predictive）——这是"随机游走"假定的最简单的（simplest），或者说较宽松的含义；（b）"随机游走"假定的一个可检验的、更严格的含义是，消费同任何在较早时期观察到的其他经济变量无关，尤其是，滞后的收入对消费不具有解释力。[③]

　　根据以上分析，可以构造以下几个模型，检验"随机游走"假定：

$$C_t = \alpha + \beta_1 C_{t-1} + \beta_2 C_{t-2} \qquad\qquad 5.11$$

$$C_t = \alpha + \beta_1 C_{t-1} + \sum \beta_i C_{t-i}\ (i = 2,\ 3,\ 4) \qquad 5.12$$

$$C_t = \alpha + \beta_1 C_{t-1} + \beta_2 X_{t-1} \qquad\qquad 5.13$$

$$C_t = \alpha + \beta_1 C_{t-1} + \sum \beta_i X_{t-j}\ (i = 2,\ \cdots,\ 5;\ j = 1,\ \cdots,\ 4) \qquad 5.14$$

式中，$C_t$ 为现期消费，$C_{t-1}$ 为前期消费，$C_{t-i}$（$i = 2, 3, 4$）为滞后 2 到 4 期的消费，$X_{t-j}$（$j = 1, \cdots, 4$）分别为滞后 1 到 4 期的收入、资产、通货膨胀（物价指数）等。分别代入中国 1978—1991 年全国居民、城镇居民和农村居民消费、收入、资产、物价指数等

---

　　① 参见 J. E. H. Davidson et al., "Econometric Modelling of the Aggregate Time-Series Relationship between Consumers Expenditure and Income in the United Kingdom", *Economic Journal*, vol. 88, no. 352, 1978, p. 502。

　　② 同上书，pp. 502-503。

　　③ 同上。

数据，做现期消费对这些经济变量的滞后一期、二期至四期的普通最小二乘法回归（其中做对物价指数的回归时，先做了双对数变换），估计出的系数见表5-8a至5-8d。

回归结果表明：

1. 有关全国居民和城镇居民的系数基本上拒绝了"随机游走"假说。在所有系数中，仅有城镇居民现期消费对其滞后一期和二期消费的回归系数符合"随机游走"假定的含义，但城镇居民包含滞后一期收入变量的回归和包含滞后一至四期收入变量的回归均显著地拒绝了这一假说。在这两个回归中，滞后一期收入和滞后一至四期收入对现期消费的解释力远大于滞后一期消费的。

表 5-8a　全国居民、城镇居民和农村居民现期消费对滞后消费回归的系数

| | $\alpha$ | $\beta_1$ | $\beta_{2,c}$ | $\sum\beta_{i,c}$ <br> $(i=2,3,4)$ | $R^2$ | $S.E.$ | $D.W.$ |
|---|---|---|---|---|---|---|---|
| 全国居民 | 163.29 | 1.228 | −0.145 | — | 0.982 | 382.55 | 1.90 |
| | (0.804) | (4.138) | (−0.441) | | | | |
| | 435.80 | 1.764 | — | −1.049 | 0.991 | 297.36 | 1.553 |
| | (1.645) | (5.728) | | | | | |
| 城镇居民 | −0.92 | 1.139 | 0.016 | — | 0.983 | 165.59 | 1.998 |
| | (−0.01) | (3.739) | (0.045) | | | | |
| | 59.76 | 1.425 | — | −0.405 | 0.990 | 143.67 | 1.699 |
| | (0.421) | (4.657) | | | | | |
| 农村居民 | 129.39 | 1.29 | −0.245 | — | 0.984 | 183.21 | 1.898 |
| | (1.377) | (4.499) | (−0.784) | | | | |
| | 170.81 | 1.662 | — | −0.915 | 0.993 | 137.29 | 1.861 |
| | (2.315) | (6.815) | | | | | |

表 5-8b　全国居民、城镇居民和农村居民现期消费对滞后收入回归的系数

| | $\alpha$ | $\beta_1$ | $\beta_{2,y}$ | $\sum \beta_{i,y}$<br>$(i = 2, 3, 4, 5)$ | $R^2$ | S.E. | D.W. |
|---|---|---|---|---|---|---|---|
| 全国<br>居民 | 269.53<br>（0.709） | 0.794<br>（0.794） | 0.243<br>（0.304） | — | 0.982 | 384.30 | 1.614 |
| | −76.65<br>（−0.123） | 2.497<br>（1.428） | — | −1.366 | 0.991 | 313.43 | 1.792 |
| 城镇<br>居民 | 293.63<br>（2.012） | −0.364<br>（−0.556） | 1.098<br>（2.319） | — | 0.989 | 135.72 | 1.324 |
| | 394.18<br>（2.187） | −0.598<br>（−0.714） | — | 1.09 | 0.993 | 128.89 | 2.165 |
| 农村<br>居民 | 141.14<br>（1.149） | 1.146<br>（1.197） | −0.066<br>（−0.082） | — | 0.983 | 188.19 | 1.636 |
| | 170.43<br>（1.175） | 0.806<br>（0.55） | — | −0.08 | 0.991 | 160.88 | 2.212 |

表 5-8c　全国居民、城镇居民和农村居民现期消费对滞后资产回归的系数

| | $\alpha$ | $\beta_1$ | $\beta_{2,a}$ | $\sum \beta_{i,a}$<br>$(i = 2, 3, 4, 5)$ | $R^2$ | S.E. | D.W. |
|---|---|---|---|---|---|---|---|
| 全国<br>居民 | 335.21<br>（0.719） | 0.982<br>（2.610） | 0.402<br>（0.293） | — | 0.981 | 398.25 | 1.680 |
| | 178.17<br>（0.116） | 1.30<br>（1.072） | — | −0.104 | 0.974 | 592.60 | 1.782 |
| 城镇<br>居民 | 492.80<br>（1.73） | 0.32<br>（0.745） | 0.643<br>（2.155） | — | 0.988 | 105.57 | 1.849 |
| | 553.34<br>（1.941） | 0.022<br>（0.054） | — | 2.22 | 0.997 | 75.68 | 2.807 |
| 农村<br>居民 | 305.40<br>（1.946） | 0.475<br>（1.436） | 0.778<br>（2.272） | — | 0.992 | 92.16 | 1.884 |
| | 309.80<br>（2.665） | 0.563<br>（2.804） | — | 1.622 | 0.999 | 40.39 | 3.436 |

**表 5-8d　全国居民、城镇居民和农村居民现期消费对滞后物价指数回归的系数**

| | $\alpha$ | $\beta_1$ | $\beta_{2,p}$ | $\sum\beta_{i,p}$ | $R^2$ | $S.E.$ | $D.W.$ |
|---|---|---|---|---|---|---|---|
| | | | | $(i=2,3,4,5)$ | | | |
| 全国居民 | 0.984 (2.575) | 1.199 (12.776) | -0.517 (-2.367) | — | 0.993 | 0.054 | 2.101 |
| | -0.187 (-0.102) | 1.363 (8.66) | — | -0.537 | 0.996 | 0.047 | 2.743 |
| 城镇居民 | 0.842 (1.625) | 1.391 (8.007) | -0.740 (-2.080) | — | 0.990 | 0.065 | 1.999 |
| | -1.387 (-0.882) | 1.412 (6.380) | — | -0.272 | 0.993 | 0.062 | 2.352 |
| 农村居民 | 1.406 (2.80) | 1.039 (16.316) | -0.321 (-1.714) | — | 0.993 | 0.060 | 1.932 |
| | -2.282 (-0.659) | 1.09 (7.819) | — | 0.412 | 0.994 | 0.055 | 3.028 |

2. 有关农村居民的系数则呈现一幅较复杂的图像。包含滞后一期和滞后一至四期收入变量的两个回归完全拟合了"随机游走"假说，回归系数表明滞后的收入对消费不具有解释力。而这一点是霍尔特别强调的。包含滞后二期消费变量的回归也还勉强能通过"随机游走"假说。但是包含滞后二至四期消费变量的回归则显著地拒绝了假说。包含除消费和收入外其他经济变量滞后值的回归也不太符合霍尔的要求。

3. 如果考虑到这些回归包含的几种经济变量中，消费与收入变量的度量较其他变量更可靠的话，那么，回归结果表明，全国和城镇居民的数据否定了霍尔的假说，而农村居民的数字对于"随机游走"假说的验证结论不太明确。

值得指出的是，农村居民包含滞后一期收入和滞后一至四期收入变量的回归十分显明地证实了霍尔的观点：在包含消费作为因变量，滞后消费作为自变量的回归中，滞后收入变量有一个微小的、负的系数。[①]

这一节的分析一方面证明假说Ⅳ成立；另一方面揭示出 1978—1991 年，城镇居民和农村居民的消费行为有一定差别，仅就此节分析看，农村居民的消费更多地受到滞后消费的影响，而城镇居民的消费更多地受到滞后收入的影响。这种差别也许在于，或者说反映了农村居民收入的不稳定性和由此导致农村居民对未来消费的预期更多地建立在现期消费信息之上，另一方面反映了城镇居民收入的相对稳定性和由此导致其对未来消费的预期更多地建立在现期收入信息之上。

## 5.4　消费与现行收入和过去收入

实际上，不论哪一种消费函数，均不能完全摆脱开现期收入的影响。尽管各种消费函数中的主要变量不同（凯恩斯的绝对收入，杜森贝里等人的相对收入，弗里德曼的持久收入和暂时收入，摩迪里安尼等人的劳动收入和财产收入，理性预期的预期收入等），但都是对可度量的现期收入作某种加工处理后得出的。霍尔在提出

---

① Robert E. Hall, "Stochastic Implications of the Life Cycle—Permanent Income Hypothesis: Theory and Evidence", *Journal of Political Economics*, vol. 86, no. 6, 1978, pp. 971-987.

"随机游走"模型的著名论文中也承认，现期收入有很高的解释价值，并认为这同生命周期——持久收入假定的主要的随机含义并不矛盾。[①]

　　在第4章，已验证过1978年以前居民现期消费主要取决于现期收入。1978年以后，由于居民消费行为的外部环境条件的变迁，居民现期消费与现期收入之间的关系有所变化，但现期收入对现期消费仍有很大的解释力。表5-9中所列两个不同时期全国居民、城镇居民和农村居民的现期消费对现期收入的回归系数充分说明了这一点。首先，边际消费倾向和消费的收入弹性有了显著下降。1978—1991年与1952—1977年相比，边际消费倾向分别由0.986、0.986和0.978下降为0.782、0.713和0.815，消费的收入弹性由近于单位弹性分别下降为0.911、0.874和0.944。

表5-9　现期消费与现期收入分析

| | 1952—1977年 | | | 1978—1991年 | | |
|---|---|---|---|---|---|---|
| | 全国 | 城镇 | 农村 | 全国 | 城镇 | 农村 |
| 边际消费倾向 | 0.986 | 0.986 | 0.978 | 0.782 | 0.713 | 0.815 |
| 消费的收入弹性 | 1.001 | 1.011 | 1.000 | 0.911 | 0.874 | 0.944 |

说明：

　　1. 边际消费倾向为 $C_t = \alpha + \beta Y_t$ 回归方程中的 $\beta$；

　　2. 消费的收入弹性为 $Ln(C_t) = \alpha + \beta Ln(Y_t)$ 双对数回归方程中的 $\beta$；

　　3. 回归的各项具体指标见表5-10。

---

　　① Robert E. Hall, "Stochastic Implications of the Life Cycle—Permanent Income Hypothesis: Theory and Evidence", *Journal of Political Economics*, vol. 86, no. 6, 1978, pp. 971-987.

表 5-10　现期消费对现期收入回归系数

| 回归方程 | $C_t = \alpha + \beta Y_t$ | | | | |
|---|---|---|---|---|---|
| | $\alpha$ | $\beta$ | $R^2$ | S.E. | D.W. |
| 1952—1977 年 | | | | | |
| 全国居民 | −0.201 | 0.986 | 0.996 | 18.71 | 1.626 |
| | （−0.02） | （79.805） | | | |
| 城镇居民 | −0.975 | 0.986 | 0.997 | 7.82 | 1.119 |
| | （−0.229） | （92.62） | | | |
| 农村居民 | 0.976 | 0.978 | 0.989 | 10.45 | 2.246 |
| | （0.150） | （46.847） | | | |
| 1978—1991 年 | | | | | |
| 全国居民 | 393.90 | 0.782 | 0.998 | 137.17 | 0.830 |
| | （5.678） | （69.66） | | | |
| 城镇居民 | 214.79 | 0.713 | 0.997 | 62.30 | 1.908 |
| | （7.11） | （67.611） | | | |
| 农村居民 | 121.67 | 0.815 | 0.997 | 80.15 | 0.712 |
| | （3.042） | （59.687） | | | |

　　1952—1977 年，消费的变化完全可以由现期收入的变化说明，没有给其他经济变量（包括滞后收入）留下解释消费的任何位置。1978—1991 年则不同，现期收入的解释力相对下降，其他经济变量有了一定的解释力。这种变化中所包含的消费者行为外部环境变迁，以及由此导致的消费者行为改变的含义已经分析过。但是，从另一方面看，现期收入解释力的相对下降并没有影响其仍具有很高的解释力，这从消费的现期收入弹性仍相当高中表现得尤为明显。

# 5.5　消费与过去收入

在"随机游走"模型含义的检验上，霍尔特别强调了滞后收入，即过去收入的地位，指出在包含消费作为因变量，滞后消费作为自变量的回归中，过去收入仅有一个较不显著的负系数。实际上，不仅仅是霍尔重视过去收入在消费与收入关系上的作用，在几种有影响的消费函数中，均给予过去收入以重要地位。

杜森贝里和摩迪里安尼分别独立提出相对收入假定的消费函数，其基本模型为，

$$C_t / Y_t = \alpha + Y_t / Y_t^*　　　　　　5.15$$

式 5.15 中，$C_t$ 和 $Y_t$ 分别表示现期消费和收入，$Y_t^*$ 则表示现期以前时期中最高的收入，或者说最高的过去收入，如果在以前时期中，

$$Y_{t-i}^* > Y_{t-j}^*　　i = 0, 1, 2, 3, \cdots, j = 1, 2, 3, \cdots　　5.16$$

则 $Y_t^*$ 即为前期收入，或滞后一期的过去收入。[①] 杜森贝里是从"消费不可逆性"解释过去收入对现期消费的影响，摩迪里安尼则是从经济周期波动导致的收入波动的角度，解释过去收入对现期消费的影响。杜森贝里之后，布朗进一步发挥了"消费不可逆性"的观点，他从习惯坚持同消费者行为的滞后性角度，把过去收入纳入其

---

① 参见 J. S. Duesenberry, *Income, Saving and The Theory of Consumer Behavior*, Havard University Press, 1949; Franco Modigliani, "Fluctuations in the Saving-Income Ratio: A Problem in Economic Forecasting", *Studies in Income and Weath*, vol. 11, NBER, 1949, pp. 369-444。

消费函数模型加以研究。[①] 而在弗里德曼的持久收入假定消费函数中，过去收入则是形成持久收入的基础。[②]

以上种种分析中利用过去收入变量的方法均有可借鉴之处，在本书有关部分分析中均加以考虑。这里，仅借鉴霍尔的方法，再仔细分析一下过去收入对居民消费的影响。根据消费与收入的相关分析，滞后一期到滞后四期的收入对现期消费有一定影响，这种影响随着滞后期的推后，呈几何递减态势。利用式5.13和式5.14，用全国居民、城镇居民和农村居民现期消费对其滞后一期消费并分别对其滞后一期收入、滞后一到二期收入、滞后一到三期收入、滞后一到四期收入作回归，用普通最小二乘法估计的系数见表5-11，其中，城镇居民滞后收入的系数均为大于1的正数，同时，滞后一期的消费均为绝对值小于1的负数；与城镇居民不同，农村居民滞后收入除滞后一至二期的外，均为负数，而且数值较小，同时，滞后一期消费均为正数，且数值较大（除包含一至二期滞后收入回归中的），这就再一次印证了表5-7分析的相关结论，即城镇居民的消费受到过去收入的较大影响，而农村居民消费似乎更多地受到过去消费的影响，与过去收入相关不大。

但是，这种城乡差别的原因也许在于以上做的仅是居民货币消费对货币收入的回归，而没有考虑到农村自给性消费及实物收入的影响。1978年以后，农村居民自给性消费在其消费中所占的比重

---

① 参见 T. M. Brown, "Habit Persistence and Lags in Consumer Behaviour", *Econmetrica*, vol. 20, no. 3, July, 1952, pp. 355-371。

② 参见 Milton Friedman, *A Theory of the Consumption Function*, Princeton University Press, 1957。

表 5-11 全国居民、城镇居民和农村居民现期消费对滞后消费和滞后收入回归的系数

| | $\alpha$ | $\beta_1$ | $\beta_2$ | $\sum\beta_i$ ($i=2,3$) | $\sum\beta_i$ ($i=2,3,4$) | $\sum\beta_i$ ($i=2,3,4,5$) | $R^2$ | S.E. | D.W. |
|---|---|---|---|---|---|---|---|---|---|
| 全国居民 | 269.53 | 0.794 | 0.243 | — | — | — | 0.982 | 384.3 | 1.614 |
| | (0.709) | (0.794) | (0.304) | | | | | | |
| | 606.09 | -0.307 | — | 1.047 | — | — | 0.985 | 372.8 | 1.772 |
| | (1.344) | (-0.239) | | | | | | | |
| | -211.56 | 1.918 | — | — | -0.516 | — | 0.988 | 352.3 | 1.775 |
| | (-0.304) | (0.992) | | | | | | | |
| | -76.65 | 2.497 | — | — | — | -1.367 | 0.991 | 313.4 | 1.792 |
| | (-0.123) | (1.428) | | | | | | | |
| 城镇居民 | 293.63 | -0.364 | 1.098 | — | — | — | 0.989 | 135.72 | 1.324 |
| | (2.012) | (-0.556) | (2.319) | | | | | | |
| | 414.87 | -0.854 | — | 1.33 | — | — | 0.992 | 117.53 | 2.044 |
| | (3.001) | (-1.398) | | | | | | | |
| | 401.65 | -0.812 | — | — | 1.311 | — | 0.992 | 123.74 | 2.069 |
| | (2.328) | (-1.145) | | | | | | | |
| | 394.18 | -0.598 | — | — | — | 1.09 | 0.992 | 128.89 | 2.165 |
| | (2.187) | (-0.714) | | | | | | | |

| | $\alpha$ | $\beta_1$ | $\beta_2$ | $\sum\beta_i$ ($i=2,3$) | $\sum\beta_i$ ($i=2,3,4$) | $\sum\beta_i$ ($i=2,3,4,5$) | $R^2$ | S.E. | D.W. |
|---|---|---|---|---|---|---|---|---|---|
| 农村居民 | 141.14 | 1.146 | -0.066 | — | — | — | 0.983 | 188.19 | 1.636 |
| | ( 1.149 ) | ( 1.197 ) | ( -0.082 ) | | | | | | |
| | 175.47 | 0.306 | — | 0.58 | — | — | 0.981 | 183.31 | 1.815 |
| | ( 1.43 ) | ( 0.267 ) | — | | | | | | |
| | 64.67 | 1.71 | — | — | -0.456 | — | 0.988 | 174.29 | 1.88 |
| | ( 0.462 ) | ( 1.168 ) | — | | | | | | |
| | 170.43 | 0.806 | — | — | — | -0.08 | 0.991 | 160.88 | 2.212 |
| | ( 1.175 ) | ( 0.55 ) | — | | | | | | |

尽管有较大幅度的下降，但仍占一定比重，尤其是在某些基本生活消费支出项目上，如食品支出，1991年占农民家庭生活消费品支出的 61.68%，而食品支出中自给性的占 54.69%，再如燃料支出的相应数字为 4.69% 和 72.36%。与这部分自给性消费相对应的是实物收入。如果把自给性消费和实物收入分别与农村居民的货币消费和货币收入合计，用得到的这一组新的消费与收入数据做回归，也许结果完全不同。实际回归结果证明了上面的分析。用自给性消费和实物收入（这里是以自给性消费近似代替）修正后的消费与过去收入呈现出与城镇居民的基本相同的相关关系。

农村居民包括与不包括自给性消费和实物收入的消费和收入，在过去收入的影响上表现出截然不同的图象：前者拒绝了"随机游走"假说，表明过去收入有很大的解释力；后者基本上接受了"随机游走"假说，表明过去收入有很小的解释力。

## 5.6 现期消费、过去消费和预期消费

在霍尔的"随机游走"假定模型中，滞后一期消费是解释现期消费的唯一变量，其他滞后变量（包括滞后一期以上的消费和滞后的收入）均不具有解释力。5.3 节分析拒绝了霍尔假定，这并不表明滞后消费与现期消费无关。"随机游走"假说的核心，是从合理预期方法着眼，推论居民的预期消费（消费计划）是建立在现期消费之上的。按其本意，

$$C^* = \alpha + \beta C_t \qquad\qquad 5.17$$

这里 $C^*$ 为预期消费，$C_t$ 如前为现期消费。霍尔为了用有关消费的实际数据验证这个观点，用 $C_t$ 和 $C_{t-1}$ 分别代替式 5.17 中的 $C^*$ 和 $C_t$ 使式 5.17 变为，

$$C_t = \alpha + \beta C_{t-1} \qquad\qquad 5.18$$

可见，霍尔假说的真实含义在于现期消费是解释未来消费的唯一变量，而不是分析现期消费与过去消费之间的关系。这是拒绝"随机游走"假说并不表明过去消费与现期消费无关的根据之一。

另一根据是，即使抽去式 5.17 的本质内容，仅从形式上看，它可用于分析现期消费与过去消费的关系。利用表 5-7 中的回归结果，可以看到，在式 5.17 中加入其他一些具有不同长度滞后期的变量后，滞后一期消费除在个别回归中不具有统计显著性外，均有很高的显著性，表明过去消费与现期消费相关，具有一定的解释力。

加入现期收入变量后，上述结论仍然成立。表 5-7 所列式 5.10 的回归结果就是证明。式 5.10 是弗里德曼和摩迪里安尼的消费函数的近似表达式，即式 5.2 的双对数变换式，如仅从公式的本身形式看，用此式所做的线性回归系数 $\beta_0$ 和 $\beta_1$ 分别表明现期收入和滞后一期消费对现期消费的解释力。滞后一期消费的系数 $\beta_1$ 除农村居民数据回归中的较不显著外，全国居民和城镇居民的均十分显著。

按照"习惯坚持"效应说，过去消费的作用在于，同其相联系的消费习惯、风俗、标准和水平印证在消费者的生理和心理系统上，并由此导致消费者行为的"惯性"或者说"惰性"

（inertia）。由于这个惯性，消费者需求对于消费者收入变化的反应放慢。[①] 因此，过去消费对于现期消费具有一种"稳定效应"。这即为习惯坚持效应。用式 5.10 检验表明，这种效应存在。

---

① 参见 T. M. Brown, "Habit Persistence and Lags in Consumer Behaviour", *Econometrica*, vol. 20, no. 3, July, 1952, p. 359。

# 6 假设和模型的实证检验（三）：1978 年以后居民家庭预算数据分析

上一章用时间序列数据验证关于 1978 年以后中国消费函数的假说和模型，这一章将用城镇和农村家庭预算抽样调查数据，从不同的角度补充验证这些假说和模型。

## 6.1 家庭预算研究的意义

在用时间序列数据验证了第 3 章提出的假说和模型以后，再用家庭预算抽样调查数据作进一步的分析验证，因为家庭预算研究对于消费函数的分析有特殊意义。对此，主要可以从消费者行为研究的特殊要求和消费函数研究某些方面的特点说明。

### 一、个量同总量的关系与消费者行为

凯恩斯最初提出消费函数，是从总供给与总需求决定的角度，因之研究的是总收入与总消费之间的关系[①]。此后，人们用两类不

---

[①] 参见〔英〕凯恩斯：《就业利息和货币通论》第 3 编，徐毓枬译，商务印书馆 1963 年版。

同的数据验证、修订凯恩斯的消费函数，一类是时间序列总量数据，另一类即为家庭预算研究数据。

家庭预算研究已有一个世纪以上的历史。"在过去 100 多年的各个不同时期和各个不同国家中，人们曾经对家庭预算进行了比较研究。对一特定期间的一批家庭或各个家庭的'横截面'搜集了有关收入数额及其支配的资料。"[1] 最初，家庭预算研究主要用于验证"恩格尔定律"（Engel's Law）[2]。后来，凯恩斯提出消费函数后，这些数据成为验证各种消费函数理论的主要依据之一。用家庭预算研究数据验证消费函数假定，起初遇到的是"加总"问题。正如有人指出的，当总收入改变时，为了应用预算研究的资料，首先要知道什么人的收入发生了变化，获得收入增加量较多的是高收入家庭还是低收入家庭[3]。当然，在研究的一定限度内可以忽略加总问题，或者可以假定总收入的变动大体上是按比例在各个不同收入水平组的家庭中间分布的。这也是本书运用的方法之一。

但是，消费函数研究的基础是消费者行为。本书已一再指出，正是由对消费者行为假定的差别，导致产生出不同的消费函数假说。家庭预算研究资料恰在消费者行为研究上有总量数据资料所不能起的重要作用，这一点已越来越引起人们的重视，预算研究的资料对于探讨消费者行为是极端重要的。[4] 相比之下，正如霍尔等人

---

[1] 〔美〕加德纳·阿克利：《宏观经济理论》，陈彪如译，上海译文出版社 1981 年版，第 243 页。

[2] 关于恩格尔定律参见 Douglas Greenwald et al., *The McGraw-Hill Dictionary of Modern Economics*, 3th ed., McGraw-Hill Book Company, 1983, p161。

[3] 同上书，第 245、247 页。

[4] 同上。

曾指出的，总量数据对于解决消费者行为的一些重要问题显得苍白无力[1]。家庭预算研究资料则有力得多。基于此，他们曾根据密西根典型抽样调查中大约 2000 个家庭预算研究的、七年的数据所反映的消费者行为特征，得出关于消费函数的若干重要结论[2]。也许是基于这项重要研究成果，在霍尔与泰勒合著的《宏观经济学》一书中，"对大量单个家庭的历史数据进行分析"，并列为消费函数 3 个新的研究方向之一[3]。

基于本书的基本思路是从消费者行为的外部环境变迁出发，研究消费者行为并在此基础上提出消费函数假说和模型，家庭预算研究资料的分析具有尤为特殊的意义。

## 二、数据的多样性

与总量数据相比，由于家庭预算研究数据更丰富、更具体，可采用的变量更多，从而为消费函数研究提供了较宽的空间。如城镇居民家庭收支调查资料一般按家庭的人均收入水平划分为五等份，即低收入户、中等偏下户、中等收入户、中等偏上户和高收入户，加上低收入户中单独列出的最低收入户和平均数，可得截面上的 7 个样本点和 6 个不同收入水平组家庭户的组平均值；1985 年以后，五等份分组中再单独列出困难户、最低收入户和最高收入户，截面

---

① 参见 Robert E. Hall, Frederic S. Mishkin, "The Sensitivity of Consumption to Transitory Income: Estimates from Panel Data on Households", *Econometrica*, vol. 50, no. 2, Mar. 1982, pp. 462-463。

② 同上。

③ 参见〔美〕罗伯特·E.霍尔、〔美〕约翰·B.泰勒：《宏观经济学》，陈勇民等译，中国经济出版社 1988 年版，第 204 页。

　　样本点增至 9 个，组平均值点增至 8 个，其中，1987—1989 年还有按收入水平划分为 12 个家庭组的数据，1990 年划分为 18 个家庭组的数据。

　　城镇居民家庭收支调查资料中还有按家庭人口数分组的数据，按职业分组的数据和按城市规模分组的数据等。在收入和消费支出构成的项目设置上较总量时间序列数据更为细致，并将耐用消费品购买数量金额和存量分品种列出。

　　农村居民家庭收支抽样调查资料提供了与城镇的大体相同的数据。

　　这些数据能够满足消费函数研究的某些特殊要求。如按收入水平分组和按城市规模分组的数据，可用于检验杜森贝里的相对收入假定，检验"消费示范效应"的存在与否和强度。按家庭人口数分组的数据能用于研究家庭人口对收入—消费关系的影响。耐用消费品购买金额、存量以及有价证券的兑换、购买数额，则为估计居民资产存量以及其对于消费的影响，为分析耐用消费品存量及其更新对于消费—收入关系的影响提供了可能性。

### 三、数据的可靠性

　　尽管家庭预算研究资料由于种种原因存在某种程度上的"失真"，如收入数据一般被低估[1]。但是正如有人曾指出的，在消费函数研究上，家庭抽样调查数据比总量数据要好一些[2]。自 1953 年中

---

[1]　按国家统计局城市社会经济调查总队的估算，收入低估了 5%—10%。
[2]　参见王于渐:《中国消费函数的估计与阐释》，载于景元等主编:《中国经济改革与发展之研究》，商务印书馆 1990 年版，第 319—347 页。

国开始大规模的农民家庭收支情况调查和其后不久开始大规模的城市职工家庭收支情况调查以来，其间虽几经波折，但总的看，调查分析的方法逐步改进，调查户数不断增加，截面越来越宽，使调查资料的代表性较高。尤其是自 1977 年全国陆续恢复农村居民和城镇居民家庭收支调查以后，到 1982 年，农村居民家庭收支抽样调查户覆盖了全国 500 个左右的县，3000 个左右的乡村，形成 3 万户左右的调查网；[①] 城镇则形成了覆盖大、中、小城市的 9000 多户家庭收支抽样调查网，对这些户的收入和支出情况进行常年的持续观察统计，产生了相当可观的统计数据。

　　家庭收支抽样调查的主要统计数据已公开发表，可以利用。唯一令人遗憾的是，公开发表的均为样本总体或不同类型组的平均数，具体大量单个家庭的数据尚不能利用。这种情况虽然使利用家庭预算研究资料分析消费者行为时受到某些限制，但总比时间序列总量数据进了一大步。

### 四、数据来源说明

　　这一章的数据除另加注明的外，均为引用国家统计局城市社会经济调查总队和农村社会经济调查总队汇总的城镇居民和农村居民家庭收支抽样调查数据，或根据这些数据整理估算。原始数据主要来源是：《中国统计年鉴》1981—1992 年各卷，《"六五"期间我国城镇居民家庭收支调查资料》，《中国城镇居民家庭收支调查资

---

　　① 参见陈继信、叶长林："农民家庭收支调查"，载中国农业年鉴编辑委员会：《中国农业年鉴（1983）》，农业出版社 1984 年版，第 381—382 页。

料》1987—1991 年各卷 ①，《中国农村统计年鉴》1985—1991 年各卷，《中国农业统计年鉴》1985—1991 年各卷，《中国农业年鉴》1980—1990 各卷。在文中不再一一注明。

# 6.2　消费—收入关系（家庭预算数据分析）

在这一节先简要分析 1978 年以后家庭预算数据所反映出来的消费—收入间的一般关系。

## 一、分城镇居民和农村居民的消费对收入回归

表 6-1 列出了按城镇和农村居民家庭收支抽样调查数字计算的平均收入、平均消费倾向、边际消费倾向和消费的收入弹性。其中城镇 1981—1984 各年份按月人均生活费收入水平划分为 6 个组：20 元以下，20—25 元，25—35 元，35—50 元，50—60 元，60 元以上；加上平均数，共为 7 个样本点。1985 年按同样方法划分为 10 个组，30 元及以下，30—40 元，40—50 元，50—60 元，60—70 元，70—80 元，80—90 元，90—100 元，100—110 元，110 元以上；加上平均数，共 11 个样本点。1986 年按同样方法划分为 8 个组：最低收入户，其中的困难户，低收入户，中等偏下户，中等收入户，中等偏上户，高收入户和最高收入户；加上平均数共为 9 个样本点。1987—1989 年按年人均生活费收入水平划分为 12 个组，其中 1987 年分为 1000 元以下组，以下每隔 500 元

表 6-1　消费—收入关系（家庭预算数据）

| 年份 | 平均收入 | | 平均消费倾向 | | 边际消费倾向 | | 消费的收入弹性 | |
|---|---|---|---|---|---|---|---|---|
| | 城镇 | 农村 | 城镇 | 农村 | 城镇 | 农村 | 城镇 | 农村 |
| 1981 | 500.40 | 223.44 | 0.91 | 0.85 | 0.84 | 0.92 | 0.92 | – |
| | | | | | | | （0.92） | （1.08） |
| 1982 | 535.32 | 270.11 | 0.88 | 0.82 | 0.81 | 0.86 | 0.91 | – |
| | | | | | | | （0.92） | （1.05） |
| 1983 | 572.88 | 309.77 | 0.88 | 0.80 | 0.81 | 0.72 | 0.92 | – |
| | | | | | | | （0.92） | （0.90） |
| 1984 | 660.12 | 355.33 | 0.85 | 0.77 | 0.79 | 0.67 | 0.90 | – |
| | | | | | | | （0.93） | （0.87） |
| 1985 | 748.92 | 397.60 | 0.90 | 0.80 | 0.86 | 0.82 | 0.95 | – |
| | | | | | | | （0.96） | （1.03） |
| 1986 | 909.96 | 423.76 | 0.88 | 0.84 | 0.80 | 0.87 | 0.89 | – |
| | | | | | | | （0.91） | （1.04） |
| 1987 | 1012.20 | 462.55 | 0.87 | 0.86 | 0.79 | 0.84 | 0.89 | – |
| | | | | | | | （0.91） | （0.98） |
| 1988 | 1192.12 | 544.94 | 0.93 | 0.87 | 0.79 | 0.86 | 0.90 | – |
| | | | | | | | （0.85） | （0.99） |
| 1989 | 1387.81 | 601.51 | 0.87 | 0.89 | 0.78 | 0.84 | 0.90 | – |
| | | | | | | | （0.90） | （0.94） |
| 1990 | 1522.79 | 686.31 | 0.84 | 0.85 | 0.73 | 0.67 | 0.88 | – |
| | | | | | | | （0.87） | （0.79） |
| 1991 | 1713.10 | 708.55 | 0.85 | 0.87 | 0.73 | 0.71 | 0.86 | – |
| | | | | | | | （0.82） | （0.82） |

说明：

1. 平均收入为按当年价格计算的年人均值（元）；

2. 平均消费倾向＝平均消费／平均收入；

3. 边际消费倾向为回归方程 $C = a + bY$ 中 $Y$ 的系数 $b$；

4. 消费的收入弹性通过两种方法取得：

（1）回归方程 $Ln(C) = a + bLn(Y)$ 中的系数 $b$；

（2）边际消费倾向除以平均消费倾向的商数（括号中的数）；

5. 城镇以按人均生活费收入水平分组的组平均值为样本点；农村以省际平均数为样本点。

为一组，最后为 6000 元以上组；1988 和 1989 年分为 2000 元及以下组，以下每隔 500 元为一组，最后为 7000 元以上组。再加上平均数共 13 个样本点。1990 和 1991 年按此方法分为 18 个组：2000元以下，以下每隔 500 元为一组，最高为 10000 元以上组；加上平均数共 19 个样本点。农村 1981—1991 年由于缺乏可利用的按收入水平分组的数据，是以省际数字作为样本点。表中的边际消费倾向和消费的收入弹性均为通过对分年度的样本点做回归获得（回归方程见表 6-1 的说明），平均消费倾向为各年样本整体的。

## 二、平均消费倾向分析

从表 6-1 中数字看，1981—1991 年期间，城镇居民的平均消费倾向略呈下降趋势，这与时间序列总量数据分析所揭示的相吻合，但前者的下降趋势不像后者的那样明显。这种差异的一种解释是，在家庭收支调查当中，居民一般具有低估和隐瞒收入的倾向，而随着经济体制改革的进行，居民收入多渠道、多样化，其中一些收入具有隐蔽性，这就意味着，在 1981—1991 年，随着时间的推移，家庭收支调查当中居民收入低估的程度逐渐增加。如果这一解释成立，家庭预算数据所反映的平均消费倾向下降趋向应比表 6-1数据所反映的更显著一些。与 1978 年以前相比，城镇居民的平均消费倾向有所下降。1978 年以前，城市居民家庭的平均消费倾向一般在 0.91 以上，1981—1991 年，除少数特殊年份外，一般在0.84—0.88。

农村居民的平均消费倾向虽然不像城镇居民和时间序列总量数据那样，有下降趋势，但与 1978 年以前相比，有较大幅度下降。

1978 年以前，据有关年份的农民家庭收支抽样调查数据，平均消费倾向在 0.91—0.97，几个年份的均值为 0.94；1981—1991 年，相应数字为 0.77—0.89 和 0.84。

平均消费倾向下降表明：a）居民消费与现期收入的关系相对弱化；b）居民收入中用于储蓄的份额增加。这均符合本书所做的 1978 年以后消费预算向跨时方向过渡的推论。

### 三、边际消费倾向和消费的收入弹性

1978—1991 年，城镇居民的边际消费倾向和消费的收入弹性均呈下降趋势，表明随着时间的推移，消费随收入变动而变动的程度减小。

农村居民的边际消费倾向在不同年份间有较大波动，消费的收入弹性也较大，这与样本点本身的性质有关。由于没有按收入水平分组的数据，回归中的样本点是省际数字，由此获得的与消费收入弹性相关的边际消费倾向存在一定问题，主要在于按收入水平分组的组平均数据与省际平均数据之间有性质上的差异。以省为单位的平均数据突出反映着区域因素对消费、收入关系的影响，这些区域因素如气候、风俗习惯等；而按收入水平分组的组平均数则不同，因每个收入水平组的平均数均为包括各个省同一收入水平组抽样调查户的汇总数，所以组平均数抵消了区域因素，这样就更突出地反映出收入水平变化与消费的关系，这是省际数字所不能的。考虑到这种差异，现在以山东省 1981—1990 年农村居民按收入水平分组的组平均数据（原始数据见附表 6-1）再做消费对收入回归，结果列表于 6-2。

　　山东省农村居民的收入和消费水平均居全国的中等水平，具有一定的代表性。从表 6-2 中数据看，山东平均收入略高于全国平均数，平均消费倾向略低于全国平均数，但边际消费倾向和消费的收入弹性远小于按省际数据求出的全国数，也小于按收入水平分组数据求出的全国城镇居民数。以山东数据推算，农村居民的平均消费倾向、边际消费倾向和消费的收入弹性均小于城镇居民的。

表 6-2　消费—收入关系（山东省农村居民家庭预算数据）

| 年份 | 平均收入（元） | APC | MPC | I |
|------|------|------|------|------|
| 1981 | 231.56 | 0.87 | 0.63 | 0.84 |
|      |        |      |      | （0.72） |
| 1982 | 304.08 | 0.76 | 0.70 | 0.85 |
|      |        |      |      | （0.92） |
| 1983 | 367.74 | 0.72 | 0.53 | 0.71 |
|      |        |      |      | （0.73） |
| 1984 | 404.20 | 0.71 | 0.45 | 0.65 |
|      |        |      |      | （0.63） |
| 1985 | 408.12 | 0.79 | 0.46 | 0.61 |
|      |        |      |      | （0.58） |
| 1986 | 449.27 | 0.81 | 0.57 | 0.65 |
|      |        |      |      | （0.70） |
| 1987 | 517.69 | 0.78 | 0.53 | 0.60 |
|      |        |      |      | （0.68） |
| 1988 | 583.74 | 0.83 | 0.50 | 0.52 |
|      |        |      |      | （0.60） |
| 1989 | 630.56 | 0.81 | 0.52 | 0.52 |
|      |        |      |      | （0.64） |
| 1990 | 680.18 | 0.80 | 0.48 | 0.41 |
|      |        |      |      | （0.60） |

注：各项目数据的计算方法同表 6-1。

# 6.3　相对收入假定和"示范效应"

## 一、基本模型

在第 3 章关于中国消费函数模型构造中，曾指出：1978 年改革以来，收入分配差距拉大，消费的示范效应增强，因此，相对收入假定的消费函数分析中国消费者行为及消费—收入关系的效力增加。这里主要是指杜森贝里明确表达的相对收入假定的第一个命题，对此再次复述如下：在既定的相对收入分配之下，一个家庭从收入中储蓄的百分比与其在收入分配中所占的百分位，趋向于一个单一的、不变的和递增的函数关系；被储蓄的百分比不受收入绝对水平的影响[①]。实际上，相对收入假定的横截面函数关系形式是首先由布雷迪和罗斯·弗里德曼提出的[②]，他们提出：个人储蓄率不仅与其收入水平相关，而且与其在收入分配中的相对位置相关，即

$$S/Y = a + b\,(Y/\bar{Y}) \qquad\qquad 6.1$$

式中 $S$ 和 $Y$ 表示个人储蓄和收入，$\bar{Y}$ 表示平均收入。摩迪里安尼和杜森贝里进一步论证了相对收入假定，在横截面函数形式基础上，

---

　　[①]　参见〔美〕杜森贝里（Duesenberry, James S.）：《所得、储蓄与消费者行为之理论》，侯家驹译，台湾银行经济研究室 1968 年版，第 3 页。另参见本书第 3 章 3.2 节。

　　[②]　参见 D. S. Brady and R. Friedman, "Savings and the Income Distribution", *Studiesin Income and Wealth*, vol. 10, NBER, 1947, pp. 247–265, 见 Robert Ferber, *Consumer Economics, a Survey, Journal of Economic Literature*, vol. 11, no. 4, December, 1973, pp. 1303–1342, p. 1305。

提出了相对收入假定的时间序列总量数据函数形式[①]，即

$$S/Y = a + b(Y/Y_0) \qquad 6.2$$

式中 $Y_0$ 表示用价格和人口指数消胀过的、先前曾达到的最高收入水平。

这一节主要是用横截面数据验证相对收入假定的第一个命题，因之利用的是布雷迪等人提出的横截面函数公式 6.1。式 6.1 为储蓄函数，与其相对应的消费函数形式为，

$$C_i/Y_i = (1-a) + b(\bar{Y}/Y_i) \qquad 6.3$$

或
$$C_i = (1-a)Y_i + b\bar{Y} \qquad 6.4$$

其中
$$\bar{Y} = \sum Y_i/n$$

$$1-a > 0$$

$$b > 0$$

在式 6.1 储蓄函数中，变量 $Y/\bar{Y}$ 为个别消费者（或个别消费者群体）收入与全体消费者平均收入之比，在其系数 $b$ 既定时，个别消费者单位的收入越低，$Y/\bar{Y}$ 值越小，表明由其相对收入位置所决定的储蓄倾向越低；反之亦然。而在式 6.3 消费函数中，$\bar{Y}/Y$ 为 $Y/\bar{Y}$ 的倒数，在其系数 $b$ 既定时，个别消费者单位的收入越低，$\bar{Y}/Y$ 值越大，表明由其相对收入位置所决定的消费倾向越高；进一步说，当 $(1-a)$，$b$ 和 $\bar{Y}$ 一定时，较低的 $Y_i$ 有较高的 $C_i/Y_i$；反之亦然。

① 参见 Franco Modigliani, "Fluctuations in the Saving-Income Ratio: A Problem in Economic Forecasting", *Studies in Income and Wealth*, vol. 11, NBER, 1949, pp. 369–444; J. S. Duesenberry, *Income, Savings and the Theory of Consumer Behavior*, Harvard University Press, 1949。

## 二、收入分配格局的变化

相对收入假定的消费—收入关系成立的基本前提是收入分配中平均主义的格局被打破，居民收入水平拉开一定的距离。这种差距包括城镇居民和农村居民的收入差距，城镇居民内部和农村居民内部的收入差距，地区差距，大、中、小城市居民收入差距，以及不同职业劳动者的收入差距。本书的基本假设是：1978 年以前收入分配呈平均主义格局，收入水平差距很小，并随时间推移呈缩小趋势；1978 年以后随时间推移，收入水平档次拉开。为此，在用具体数字拟合验证式 6.3 和式 6.4 前，先分析 1978 年前后收入分配格局的变化。需要特别说明的是，本书不讨论收入水平档次拉开中的一些问题，虽然有些是相当严重的（如脑体收入倒挂，收入分配不公等），也不讨论收入分配中的体制因素以及与此相关的在城市经济中两种收入分配机制并存问题[①]，仅从本书主题——消费与收入关系研究着眼，讨论居民收入分配的相对变动。

关于收入分配不均等，这是经济发展过程中的一个引人注目的问题，也是有关经济发展理论关注的焦点之一。由于本书并非专门分析这一问题，仅利用近几年来有关中国居民收入分配研究的几项较重要的成果，证明 1978 年以来，居民收入分配的不均等程度有不断扩大的趋势。一项成果是中国社会科学院经济研究所收入分配课题组和美国加利福尼亚大学、美国哥伦比亚大学、英国牛津大学

---

[①]　参见中国城镇居民收入分配课题组："我国经济改革进程中个人收入分配的特点"，《改革》1991 年第 5 期；赵人伟、李实："中国居民收入分配：城市、农村和区域"，《改革》1992 年第 2 期。两文对这些问题作了较详尽的分析。

的学者共同承担的中国收入分配研究课题成果[①]（以下简称中科所成果），另一项是南开大学经济研究所陈宗胜博士的研究成果[②]。以下分析主要依据这两项成果，有关收入不均等的数据，除另作注明外也均引自这两项成果。两项研究成果得出大体相同的几个结论：

1.1978 年以来，我国居民收入分配的不均等程度有不断扩大的趋势。据世界银行估计，中国在开始进行改革时的基尼系数在 0.26—0.28[③]，1980 年达到 0.33[④]，到 1988 年，中科所成果估计基尼系数达到 0.382。另据陈宗胜估计，中国居民家户—收入基尼系数由 1981 年的 0.2239 上升为 1988 年的 0.2614，人口—收入基尼系数由 1981 年的 0.2635 上升为 1988 年的 0.2961，年上升率分别为 2.24% 和 1.68%。

2. 城市居民内部收入分配不均等程度有不断扩大的趋势。据世界银行估计，1980 年中国城市居民收入的基尼系数为 0.16[⑤]，到 1988 年，中科所成果估计这一系数为 0.233，比 1980 年上升了约 46%。陈宗胜按户数生活费收入不等分分组数据估计的城市居民收入基尼系数则由 1981 年的 0.0848 上升到 1988 年的 0.1176。

3. 农村居民内部收入差距先缩小后扩大。据世界银行估计，中

---

① 该课题的成果有文见于《经济工作者学习资料》1991 年第 1 期和第 2 期，《改革》1991 年第 5 期和 1992 年第 2 期等刊物上。

② 陈宗胜：《经济发展中的收入分配》，上海三联书店 1991 年版。

③ 分别参见世界银行经济考察团：《中国：计划与市场》，中国财政经济出版社 1991 年版，第 50 页；《中国：社会主义经济的发展》财政部外事财务司组织译校，中国财政经济出版社 1983 年版，第 59 页和 61 页。

④ 同上。

⑤ 同上。

国农村居民收入的基尼系数 1979 年为 0.26[①]，到 1982 年略有下降，为 0.22；从 1983 年开始农村居民内部收入差距逐年扩大，1986 年基尼系数上升到 0.310，到 1988 年，按中科所成果估计这一系数上升到 0.338[②]。陈宗胜估算的农村居民家户—收入基尼系数由 1981 年的 0.1778 上升到 1988 年的 0.2463。

4. 城乡居民之间的收入差距像农村居民内部收入差距一样，先缩小后扩大。在 1978—1990 年，前 6 年差距缩小，后 6 年又逐步扩大，到 1990 年差距超过了改革前夕的 1978 年[③]。

此外，区域（省份）之间的收入差距也有不断扩大的趋势。

笔者利用 1978—1991 年期间城镇居民和农村居民家庭收支调查数据重新估算了各项基尼系数，结果也证实了上述结论。

### 三、式 6.3 和式 6.4 回归结果及分析

#### 1. 城镇

在式 6.3 中，$C/Y$ 表示各个不同收入水平组居民的平均消费倾向，或者说消费率；$a$ 为式 6.1 中平均储蓄倾向的常数项，即储蓄率中不依相对收入状况变动而变化的那一部分，因此，$1-a$ 为平均消费倾向中不依相对收入状况变动而变化的部分；$\bar{Y}/Y$ 为总平均收入与各个不同收入水平组居民的收入之比，表明各个不同收入水平

---

①　参见世界银行经济考察团：《中国：长期发展的问题和方案（主报告）》，中国财政经济出版社 1985 年版，第 42 页。

②　参见赵人伟、李实："中国居民收入分配：城市、农村和区域"，《改革》1992 年第 2 期。

③　同上。

组居民的相对收入状况；系数 $b$ 表示平均消费倾向依相对收入状况而变化的程度，按相对收入假定，当收入差距扩大时，$b$ 值应相应上升，表示消费示范效应加强。

代入城镇 1981—1991 年各年份按收入水平分组的数字（原始数字见附表 6-2a 和 6-2b），式 6.3 的回归结果见表 6-3。

从表 6-3 可以看出，代入 1981—1991 年的相应数字后，除个别年份外均获得期望的回归结果。T 统计检验量和 D.W.（德宾-沃森）统计检验量证明回归结果成立，相关系数（$R^2$）比较高。系数 $b$ 值在 1986—1991 年明显高于 1981—1985 年，证明城市全面经济体制改革在 80 年代中期全面展开后，收入差距开始拉开，消费的示范效应加强。与此相对应，不依相对收入位置变动的平均消费倾向部分（$1-a$）的数值下降。

式 6.4 为式 6.3 的变形，在式 6.3 中是平均消费倾向对平均收入与个别消费者单位收入之比回归，式 6.4 则是消费对收入和平均收入回归，系数（$1-a$）表示收入对消费的解释力，系数 $b$ 表示平均收入对消费的解释力。按照相对收入假定，当消费示范效应加强时，系数（$1-a$）的值应有所下降，$b$ 的值应有所上升。

表 6-3　式 6.3 回归结果（城镇居民）

| 回归方程：$C/Y = (1-a) + b(\bar{Y}/Y)$ | | | | | |
|---|---|---|---|---|---|
| 年份 | $1-a$ | $b$ | $R^2$ | S.E. | D.E. |
| 1981 | 0.843 （50.122） | 0.064 （5.156） | 0.869 | 0.017 | 2.438 |
| 1982 | 0.815 （143.534） | 0.060 （15.126） | 0.983 | 0.006 | 1.545 |

续表

| 回归方程: $C/Y = (1-a) + b(\bar{Y}/Y)$ | | | | | |
|---|---|---|---|---|---|
| 年份 | $1-a$ | $b$ | $R^2$ | S.E. | D.E. |
| 1983 | 0.824 | 0.035 | 0.958 | 0.009 | 1.174 |
| | (95.828) | (9.582) | | | |
| 1984 | 0.789 | 0.058 | 0.9918 | 0.004 | 2.261 |
| | (218.010) | (22.044) | | | |
| 1985 | 0.850 | 0.045 | 0.965 | 0.005 | 1.886 |
| | (246.302) | (14.870) | | | |
| 1986 | 0.788 | 0.086 | 0.973 | 0.008 | 1.529 |
| | (101.477) | (14.613) | | | |
| 1987 | 0.788 | 0.075 | 0.935 | 0.012 | 1.837 |
| | (95.729) | (11.955) | | | |
| 1988 | 0.841 | 0.077 | 0.609 | 0.024 | 0.948 |
| | (40.043) | (3.945) | | | |
| 1989 | 0.795 | 0.076 | 0.921 | 0.009 | 1.044 |
| | (95.757) | (10.778) | | | |
| 1990 | 0.744 | 0.090 | 0.857 | 0.016 | 0.864 |
| | (75.486) | (9.799) | | | |
| 1991 | 0.737 | 0.109 | 0.956 | 0.011 | 1.528 |
| | (107.224) | (18.601) | | | |

式 6.4 的回归结果见表 6-4。

表 6-4 中的数字说明，式 6.4 比式 6.3 得到更好的回归结果，相关系数 $R^2$ 相当高，D.W. 统计量也好于式 6.3 的，并且基本上证明了相对收入假定，$1-a$ 值由 1981 年的 0.839 下降为 1991 年的 0.731，$b$ 值由 1981 年的 0.067 上升为 1991 年的 0.116。

表 6-4　式 6.4 回归结果（城镇居民）

回归方程：$C = (1-a)Y + b/\bar{Y}$

| 年份 | （1−a） | b | $R^2$ | S.E. | D.W. |
|---|---|---|---|---|---|
| 1981 | 0.839 | 0.067 | 0.999 | 6.955 | 1.962 |
|  | （67.045） | （4.850） |  |  |  |
| 1982 | 0.808 | 0.065 | 0.9998 | 2.799 | 1.279 |
|  | （159.772） | （12.442） |  |  |  |
| 1983 | 0.813 | 0.041 | 0.9996 | 4.653 | 1.213 |
|  | （97.639） | （7.848） |  |  |  |
| 1984 | 0.786 | 0.0611 | 0.9998 | 3.301 | 2.176 |
|  | （155.298） | （11.380） |  |  |  |
| 1985 | 0.856 | 0.038 | 0.9999 | 2.891 | 1.736 |
|  | （400.314） | （12.935） |  |  |  |
| 1986 | 0.780 | 0.075 | 0.9993 | 8.054 | 1.544 |
|  | （91.698） | （8.634） |  |  |  |
| 1987 | 0.790 | 0.073 | 0.9978 | 15.068 | 1.928 |
|  | （67.102） | （5.902） |  |  |  |
| 1988 | 0.795 | 0.126 | 0.9882 | 39.568 | 1.020 |
|  | （28.947） | （3.960） |  |  |  |
| 1989 | 0.779 | 0.092 | 0.9987 | 13.798 | 1.225 |
|  | （86.953） | （9.708） |  |  |  |
| 1990 | 0.728 | 0.107 | 0.9970 | 26.117 | 1.040 |
|  | （72.775） | （8.770） |  |  |  |
| 1991 | 0.731 | 0.116 | 0.9984 | 21.162 | 1.702 |
|  | （98.672） | （13.639） |  |  |  |

## 2. 农村

首先需要说明的是，由于得不到全国农村居民按收入水平分组的消费、收入数据，这里的分析是以山东省的数据为依据（原始数据见附表 6-1）。

表 6-5 中列出了式 6.3 代入相应的农村居民数据后获得的回归结果，与表 6-3 相比，得到完全相同的结论，只不过表 6-5 中各项数据更强烈地支持相对收入假定。表 6-5 中的 $b$ 值均远远高于表 6-3 中的 $b$ 值，城镇居民的 $b$ 值剔除个别偏低年份外，在 0.058—0.109，而农村居民的 $b$ 值在 0.148—0.426；相应地（$1-a$）值远远低于表 6-3 中的。这说明农村居民中的消费示范效应比城镇居民强得多。

## 四、相对收入假定和"示范效应"分析的几点结论

1. 相对收入假定的第一个命题能被我国 1981—1991 年城镇居民和农村居民按收入水平分组的截面数据证实成立。

2.1981—1991 年，无论是城镇居民还是农村居民，消费的示范效应随着收入分配差距的扩大而强化。

3. 农村居民间的示范效应比城镇居民间的示范效应强得多。

**表 6-5　式 6.3 回归结果（农村居民）**

| 回归方程：$C/Y = (1-a) + b(\bar{Y}/Y)$ | | | | | |
|---|---|---|---|---|---|
| 年份 | $1-a$ | $b$ | $R^2$ | S.E. | D.W. |
| 1981 | 0.652 (8.680) | 0.148 (2.005) | 0.668 | 0.060 | 1.449 |
| 1982 | 0.591 (8.657) | 0.187 (2.989) | 0.749 | 0.080 | 2.272 |
| 1983 | 0.489 (17.587) | 0.240 (10.758) | 0.975 | 0.033 | 2.489 |
| 1984 | 0.455 (63.376) | 0.257 (47.677) | 0.999 | 0.009 | 3.334 |

回归方程：$C/Y = (1 - a) + b(\overline{Y}/Y)$

| 年份 | $1-a$ | $b$ | $R^2$ | S.E. | D.W. |
|---|---|---|---|---|---|
| 1985 | 0.460 (46.806) | 0.332 (45.036) | 0.999 | 0.012 | 3.349 |
| 1986 | 0.524 (22.277) | 0.302 (19.126) | 0.992 | 0.030 | 2.170 |
| 1987 | 0.494 (21.280) | 0.298 (21.317) | 0.993 | 0.030 | 2.541 |
| 1988 | 0.475 (17.362) | 0.351 (25.278) | 0.995 | 0.038 | 2.720 |
| 1989 | 0.487 (20.673) | 0.327 (28.594) | 0.996 | 0.032 | 2.466 |
| 1990 | 0.376 (6.441) | 0.426 (17.117) | 0.990 | 0.084 | 2.117 |

## 6.4　假说Ⅲ和假说Ⅳ的再检验

在第 5 章已用时间序列总量数据和式 5.10 检验过假说Ⅲ，用时间序列总量数据和式 5.11—5.14 检验过假说Ⅳ。时间序列总量数据式 5.10—5.14 的拟合结果基本上检验了假说Ⅲ和假说Ⅳ。这里，再用家庭预算抽样调查数据检验假说Ⅲ和假说Ⅳ。

首先，利用式 5.10 检验假说Ⅲ。代入家庭预算数据的回归结果列在表 6-6 中（原始数据见附表 6-2）。回归系数再次支持假说Ⅳ。

第二，利用式 5.11—5.14 检验假说Ⅳ。代入家庭预算数据的回归结果见附表 6-3a、附表 6-3b、附表 6-3c 和附表 6-3d。像时

间序列总量数据回归的结果一样，家庭预算数据回归的结果也基本
上否定了霍尔的假说，从而再次印证了假说Ⅳ。

**表6-6 城镇住户和农村住户消费函数方程（式5.10）回归结果**

回归方程：$LnC_t = \beta_0 Ln(Y_t) + \beta_1 Ln(C_{t-1}) + Ln(V_t)$

|  | $\beta_0$ | $\beta_1$ | $R^2$ | S.E. | D.W. |
|---|---|---|---|---|---|
| 城镇住户 | 1.002 | − 0.023 | 0.994 | 0.031 | 1.586 |
| （1981—1991 年） | （18.48） | （− 0.402） |  |  |  |
| 农村住户 | 0.460 | 0.537 | 0.997 | 0.029 | 0.983 |
| （1978—1991 年） | （4.343） | （4.813） |  |  |  |

**附表6-1 1981—1990 年山东省农村居民分组纯收入、消费支出（按现行价格）**

单位：元

|  | 纯收入 | | | | | 消费支出 | | | | |
|---|---|---|---|---|---|---|---|---|---|---|
|  | 一 | 二 | 三 | 四 | 五 | 一 | 二 | 三 | 四 | 五 |
| 1981 | 231.56 | 152.94 | 279.30 | 594.60 | — | 202.12 | 129.77 | 208.56 | 412.78 | — |
| 1982 | 304.08 | 158.64 | 312.08 | 599.63 | 1181.00 | 230.02 | 156.11 | 233.22 | 361.37 | 871.25 |
| 1983 | 367.74 | 163.50 | 328.64 | 628.50 | 1097.14 | 264.38 | 169.54 | 249.08 | 371.25 | 668.29 |
| 1984 | 404.20 | 165.52 | 349.55 | 622.46 | 1222.00 | 287.24 | 179.52 | 260.10 | 394.32 | 654.10 |
| 1985 | 408.12 | 167.00 | 343.58 | 633.19 | 1270.37 | 321.98 | 213.12 | 288.68 | 435.63 | 718.87 |
| 1986 | 449.27 | 160.09 | 355.04 | 646.01 | 1310.71 | 364.56 | 222.21 | 309.19 | 474.57 | 863.36 |
| 1987 | 517.69 | 163.71 | 366.57 | 664.57 | 1283.64 | 406.34 | 237.70 | 319.79 | 490.42 | 816.56 |
| 1988 | 583.74 | 150.89 | 370.28 | 671.46 | 1343.82 | 482.11 | 278.84 | 359.59 | 537.87 | 867.75 |
| 1989 | 630.56 | 156.61 | 372.80 | 691.36 | 1310.85 | 513.10 | 285.00 | 370.00 | 550.00 | 874.00 |
| 1990 | 680.18 | 144.55 | 382.93 | 702.96 | 1342.91 | 547.05 | 349.04 | 388.12 | 556.33 | 897.73 |

说明：按人均年纯收入水平分成4组：200 元以下，200—500 元，500—1000
元，1000 元以上；加上平均数，共5 个样本点。一为平均数，其他为按收入水平
分组数。

单位：元

附表 6-2a 城镇居民家庭按收入水平分组的人均消费（抽样调查数据）

| | 1981 | 1982 | 1983 | 1984 | 1985 | 1986 | 1987 | 1988 | 1989 | 1990 | 1991 |
|---|---|---|---|---|---|---|---|---|---|---|---|
| 平均 | 456.84 | 471.00 | 505.92 | 559.44 | 673.20 | 798.96 | 884.40 | 1103.98 | 1210.95 | 1278.89 | 1472.79 |
| 1 | 226.20 | 220.14 | 230.16 | 263.52 | 310.59 | 469.80 | 385.20 | 641.39 | 670.03 | 712.84 | 767.32 |
| 2 | 276.24 | 272.35 | 282.00 | 361.56 | 433.42 | 573.96 | 503.04 | 735.58 | 782.27 | 787.23 | 870.27 |
| 3 | 369.60 | 362.05 | 371.76 | 479.76 | 539.89 | 650.88 | 580.08 | 872.12 | 867.74 | 853.48 | 942.12 |
| 4 | 491.04 | 473.53 | 487.08 | 601.80 | 646.94 | 747.36 | 666.12 | 973.80 | 975.81 | 976.55 | 1051.35 |
| 5 | 629.76 | 598.98 | 614.04 | 705.12 | 750.01 | 855.24 | 756.60 | 1070.83 | 1084.13 | 1084.20 | 1174.12 |
| 6 | 762.12 | 742.11 | 759.60 | 887.04 | 855.86 | 987.48 | 836.52 | 1171.76 | 1192.63 | 1207.25 | 1282.04 |
| 7 | — | — | — | — | 967.32 | 1262.88 | 914.16 | 1270.80 | 1261.91 | 1309.82 | 1387.29 |
| 8 | — | — | — | — | 1078.21 | — | 984.36 | 1344.57 | 1342.17 | 1365.38 | 1481.64 |
| 9 | — | — | — | — | 1189.53 | — | 1016.28 | 1397.82 | 1429.26 | 1497.27 | 1534.56 |
| 10 | — | — | — | — | 1590.31 | — | 1092.72 | 1476.46 | 1506.17 | 1504.08 | 1620.30 |
| 11 | — | — | — | — | — | — | 1163.52 | 1558.91 | 1569.06 | 1535.31 | 1724.60 |
| 12 | — | — | — | — | — | — | 1456.32 | 1795.03 | 1913.13 | 1615.22 | 1732.25 |
| 13 | — | — | — | — | — | — | — | — | — | 1729.73 | 1825.46 |
| 14 | — | — | — | — | — | — | — | — | — | 1675.50 | 1906.16 |
| 15 | — | — | — | — | — | — | — | — | — | 1770.28 | 1994.71 |
| 16 | — | — | — | — | — | — | — | — | — | 1989.48 | 2093.16 |
| 17 | — | — | — | — | — | — | — | — | — | 1918.37 | 2149.69 |
| 18 | — | — | — | — | — | — | — | — | — | 2479.45 | 2695.57 |

说明：1986 年为按五等份分组数，其他年份为按收入水平不等份分组分数。

附表 6-2b　城镇居民家庭按收入水平分组的人均收入（抽样调查数据）

单位：元

| | 1981 | 1982 | 1983 | 1984 | 1985 | 1986 | 1987 | 1988 | 1989 | 1990 | 1991 |
|---|---|---|---|---|---|---|---|---|---|---|---|
| 平均 | 500.40 | 535.32 | 572.88 | 660.12 | 748.92 | 909.96 | 1012.20 | 1192.12 | 1387.81 | 1522.79 | 1736.91 |
| 1 | 226.68 | 231.23 | 242.16 | 284.88 | 322.96 | 496.32 | 398.76 | 662.53 | 718.50 | 777.23 | 776.32 |
| 2 | 299.40 | 296.45 | 304.68 | 410.40 | 475.95 | 632.40 | 536.04 | 783.94 | 850.16 | 881.68 | 919.45 |
| 3 | 399.00 | 401.40 | 407.64 | 558.72 | 597.24 | 733.92 | 627.84 | 925.90 | 963.14 | 987.69 | 1046.01 |
| 4 | 536.64 | 538.50 | 548.16 | 712.44 | 722.91 | 850.20 | 751.08 | 1034.88 | 1085.33 | 1133.21 | 1194.04 |
| 5 | 704.16 | 697.03 | 706.32 | 839.16 | 844.35 | 993.60 | 859.20 | 1147.97 | 1211.04 | 1261.32 | 1336.30 |
| 6 | 875.16 | 877.68 | 895.20 | 1081.68 | 970.83 | 1160.52 | 963.36 | 1269.51 | 1343.07 | 1397.14 | 1453.98 |
| 7 | — | — | — | — | 1096.76 | 1478.04 | 1062.84 | 1357.41 | 1446.33 | 1524.17 | 1597.06 |
| 8 | — | — | — | — | 1227.67 | — | 1153.32 | 1450.61 | 1557.41 | 1621.06 | 1719.98 |
| 9 | — | — | — | — | 1352.60 | — | 1200.24 | 1546.44 | 1668.40 | 1760.32 | 1827.55 |
| 10 | — | — | — | — | 1822.81 | — | 1307.28 | 1647.72 | 1768.65 | 1812.99 | 1942.30 |
| 11 | — | — | — | — | — | — | 1417.32 | 1735.87 | 1831.98 | 1921.26 | 2046.53 |
| 12 | — | — | — | — | — | — | 1710.48 | 2179.48 | 2324.60 | 1978.69 | 2146.86 |
| 13 | — | — | — | — | — | — | — | — | — | 2140.67 | 2226.34 |
| 14 | — | — | — | — | — | — | — | — | — | 2127.52 | 2340.50 |
| 15 | — | — | — | — | — | — | — | — | — | 2247.44 | 2439.57 |
| 16 | — | — | — | — | — | — | — | — | — | 2511.52 | 2531.63 |
| 17 | — | — | — | — | — | — | — | — | — | 2386.89 | 2672.82 |
| 18 | — | — | — | — | — | — | — | — | — | 3201.00 | 3449.60 |

说明：1986 年为按五等份分组数，其他年份为按收入水平不等份分组数。

#### 附表 6-3a　消费与滞后消费（家庭预算数据）

|  | $\alpha$ | $\beta_1$ | $\beta_{2,c}$ | $\sum\beta_{i,c}$ ( $i=2,3,4$ ) | $R^2$ | S.E. | D.W. |
|---|---|---|---|---|---|---|---|
| 城镇住户 | 105.79 (0.717) | 0.478 (1.407) | 0.589 (1.613) | — | 0.863 | 130.22 | 1.880 |
|  | 129.73 (0.840) | 0.987 (2.435) | — | -0.018 | 0.972 | 81.73 | 2.136 |
| 农村住户 | 18.40 (1.717) | 1.370 (3.436) | -0.343 (-0.782) | — | 0.994 | 13.90 | 1.780 |
|  | 27.13 (1.579) | 0.928 (1.450) | — | 0.347 | 0.993 | 16.58 | 2.235 |

#### 附表 6-3b　消费、滞后消费与滞后收入（家庭预算数据）

|  | $\alpha$ | $\beta_1$ | $\beta_{2,y}$ | $\sum\beta_{i,y}$ ( $i=2,3,4,5$ ) | $R^2$ | S.E. | D.W. |
|---|---|---|---|---|---|---|---|
| 城镇住户 | 86.95 (0.595) | 1.348 (0.793) | -0.291 (-0.200) | — | 0.841 | 148.39 | 3.022 |
|  | 410.19 (1.136) | -0.730 (-0.397) | — | 1.022 | 0.984 | 87.48 | 2.696 |
| 农村住户 | 19.47 (1.942) | 1.128 (3.637) | -0.056 (-0.203) | — | 0.994 | 13.87 | 1.389 |
|  | 32.17 (3.114) | 0.787 (2.311) | — | 0.400 | 0.998 | 10.43 | 2.349 |

#### 附表 6-3c　消费、滞后消费与滞后资产（家庭预算数据）

|  | $\alpha$ | $\beta_1$ | $\beta_{2,a}$ | $\sum\beta_{i,a}$ ( $i=2,3,4,5$ ) | $R^2$ | S.E. | D.W. |
|---|---|---|---|---|---|---|---|
| 城镇住户 | 473.01 (2.820) | -0.056 (-0.142) | 0.393 (2.818) | — | 0.925 | 101.86 | 2.190 |

| | $\alpha$ | $\beta_1$ | $\beta_{2,a}$ | $\sum\beta_{i,a}$ ($i=2,3,4,5$) | $R^2$ | S.E. | D.W. |
|---|---|---|---|---|---|---|---|
| | 681.58 (3.445) | −0.363 (−0.820) | — | −0.326 | 0.961 | 97.53 | 2.086 |
| 农村住户 | 12.84 (0.301) | 1.115 (4.083) | −0.025 (−0.206) | — | 0.993 | 14.33 | 1.438 |
| | 338.26 (3.348) | −0.990 (−1.648) | — | 0.664 | 0.999 | 7.10 | 1.780 |

附表 6-3d　消费、滞后消费与滞后价格（家庭预算数据）

| | $\alpha$ | $\beta_1$ | $\beta_{2,p}$ | $\sum\beta_{i,p}$ ($i=2,3,4,5$) | $R^2$ | S.E. | D.W. |
|---|---|---|---|---|---|---|---|
| 城镇住户 | 0.401 (0.415) | −0.041 (−0.104) | 1.353 (2.443) | — | 0.863 | 0.156 | 2.296 |
| | 2.016 (0.483) | −0.036 (−0.080) | — | 0.980 | 0.923 | 0.154 | 2.094 |
| 农村住户 | 0.591 (2.296) | 0.986 (23.45) | −0.081 (−0.843) | — | 0.997 | 0.030 | 1.788 |
| | 2.936 (1.248) | 1.139 (7.671) | — | −0.778 | 0.997 | 0.031 | 2.753 |

# 7 假设和模型的实证检验（四）：1978 年以后影响居民消费的因素分析

这一章在前两章的基础上，通过分析影响居民消费的各种主要因素，进一步论证本书提出的消费者行为和消费函数假设及模型。这里，把影响居民消费的各种因素划分成两大类：收入因素和非收入因素。前者主要包括持久收入和暂时收入，过去收入、现行收入和预期收入，资产收入，以及收入分配结构（相对收入）等；后者主要包括消费品补贴、居民资产（尤其是流动性资产）、利率、价格预期、货币数量和人口等。

## 7.1 影响居民消费的收入因素

在影响居民消费的各种主要因素中，前两章已经结合有关消费函数假定的验证，分析过过去收入、现行收入、预期收入和相对收入的效应。至于居民资产收入，由于平均来说，我国居民资产性收入在居民总收入中所占比重极小，其影响可以忽略不计，因此，这里主要分析持久收入、暂时收入的影响。

持久收入和暂时收入是弗里德曼在持久收入假定的消费函数理

论中提出的一对概念①。50 年代后期弗氏把收入划分为持久收入和暂时收入两个部分后，持久收入和暂时收入同消费的关系成为现代经济理论研究的一个热点。围绕这点的研究对于经济理论的推进和制定实际经济政策的作用不容低估。本书并不认为弗里德曼持久收入假定的消费函数能直接适用于分析中国居民消费与收入之间的关系，但是，把收入划分为持久收入和暂时收入，分析收入中的这两个不同部分的性质、作用、影响和相互关系，进而研究它们同消费的关系，这种方法和思路值得借鉴。尤其是，随着经济体制改革的进程，中国整个经济体制向市场经济过渡。市场经济成分的逐渐加大，使居民收入的不稳定性增加，暂时收入的绝对数量和相对数量加大，其对居民消费行为的影响增强。分析把握收入不同部分的性质及其同消费的关系，对于分析消费者行为，推进微观和宏观经济理论的研究，认识宏观经济运行中的某些重大问题以及制定经济政策，都有一定的意义。但是，正如有人已指出的，我国理论界对此研究得不够，今后应引起足够重视②。

## 一、基本模型

本书中分析持久收入、暂时收入同消费之间关系的基本理论模型为③，

---

① 参见 Milton Friedman, *A Theory of the Consumption Function*, Princeton University Press, 1957, p. 6.

② 参见刘国光、戴园晨等:《不宽松的现实和宽松的实现：双重体制下的宏观经济管理》，上海人民出版社 1991 年版，第 466 页。

③ 注意，这里的模型与弗里德曼的不同。

$$C = F(Y) \qquad\qquad 7.1$$

$$Y = Y_p + Y_t \qquad\qquad 7.2$$

式中，$C$ 为消费，$Y$ 为收入，$Y_p$ 为持久收入，$Y_t$ 为暂时收入。持久收入是消费者可预料到的、连续的、带有常规性质的收入，暂时收入是一时的、非连续的、带有偶然性质的收入[①]。模型说明，本书仅限于分析消费与收入，尤其是同收入不同部分的关系，或者换句话说，把收入看作影响消费的唯一因素，而把影响消费的其他一些经济变量舍象掉。这不意味着舍象掉的变量不重要，仅是受本书分析的主题所限。

按照现代经济理论的分析和实行市场经济国家的实际经验看，持久收入的边际消费倾向大于暂时收入的边际消费倾向，或者说，消费主要取决于持久收入。按弗里德曼的观点，消费同持久收入成固定比例[②]。消费与暂时收入的相关程度较低，这主要在于暂时收入的性质，即这种收入是不稳定的，或者说没有保证的，经济周期波动是最明显的、经常影响暂时收入的因素，此外，还有一些其他因素。相对而言，持久收入是收入中较稳定的部分。

就中国而言，如以 1978 年经济体制改革为标志划分为前后两个时期：1952—1977 年和 1978—1991 年。根据经验观察和体验，首先可以推断在两个时期中持久收入、暂时收入的特征。1952—

---

① 参见 Milton Friedman, *A Theory of the Consumption Function*, Princeton University Press, 1957, pp. 20-31。

② $C = kY_p$，弗里德曼估计的美国的长期 k 值为 0.9，不过，他在这里的 C 是指持久消费，应标记为 $C_p$。参见 Milton Friedman, *A Theory of the Consumption Function*, Princeton University Press, 1957。

1977 年，在传统社会主义经济体制下，消费者收入不仅从整体上看是稳定的，其中暂时收入的波动也不太大；相比而言，1978—1991 年，在向市场经济过渡中，经济体制改革措施出台的间断性等因素使收入中的暂时性部分的波动加大。但是，在 1978—1991 年，中国居民收入中的这两个组成部分同消费之间的关系，是否像现代经济理论分析的那样，或像其他一些国家那样，呈现持久收入的边际消费倾向大于暂时收入的边际消费倾向，消费的持久收入弹性大于消费的暂时收入的弹性的关系？也许，在由于实行开放经济政策而导致的经济发达国家对中国的消费示范效应下，呈现完全相反的关系。

在本书以下部分中，通过数据估计分析和计量模型实证检验以下几点：

1. 持久收入的稳定性和暂时收入的不稳定性；

2. 消费是否主要取决于持久收入；

3. 持久收入消费倾向与暂时收入消费倾向的关系；

4. 消费对于收入不同部分的敏感性。

## 二、持久收入和暂时收入的估计及分析

很难找到与持久收入、暂时收入相对应的实际统计数字，这里采用弗里德曼的估计方法[①]，估算中国居民收入中的这两部分。按这种方法，

---

[①]　参见 Milton Friedman, *A Theory of the Consumption Function*, Princeton University Press, 1957, pp. 220–224。

$$Y_p = (\ Y_c + Y_{c-1} + Y_{c-2}\ )/3 \qquad\qquad 7.3$$

$$Y_t = Y_c - Y_p \qquad\qquad 7.4$$

这里，$Y_c$ 表示现期收入，$Y_{c-1}$ 表示前期收入，$Y_{c-2}$ 表示前两期收入。即持久收入以可度量收入的三阶移动平均值近似表示，暂时收入以现期收入同估计的持久收入间的差额近似表示。这里可度量收入指居民可支配的货币收入，是按《中国统计年鉴》1981—1992 年各卷中的有关数字估算得出。同时，计算了收入中持久收入所占的比重和暂时收入所占的比重以及持久收入与暂时收入之比，具体数字见表 7-1，持久收入和暂时收入的变化趋势见图 7-1。

从表 7-1 中数字和图 7-1 中的趋势线看，1978 年前后两个时期，持久收入和暂时收入有两个明显不同的特征：

表 7-1　持久收入、暂时收入、两者比值及占居民收入的比重变化

| 年份 | 收入（亿元） | | | 暂时收入与持久收入之比（以持久收入为 1） | 持久收入占收入的比重（%） | 暂时收入占收入的比重（%） |
| | 合计 | 持久收入 | 暂时收入 | | | |
| --- | --- | --- | --- | --- | --- | --- |
| 1954 | 368.7 | 337.2 | 31.5 | 0.09 | 91 | 9 |
| 1955 | 377.8 | 363.3 | 14.5 | 0.04 | 96 | 4 |
| 1956 | 437.8 | 394.8 | 43.0 | 0.11 | 90 | 10 |
| 1957 | 480.5 | 432.0 | 48.5 | 0.11 | 90 | 10 |
| 1958 | 558.7 | 492.3 | 66.4 | 0.13 | 88 | 12 |
| 1959 | 653.6 | 564.3 | 89.3 | 0.16 | 86 | 14 |
| 1960 | 669.4 | 627.2 | 42.2 | 0.07 | 94 | 6 |
| 1961 | 639.1 | 654.0 | −14.9 | −0.02 | 102 | −2 |
| 1962 | 565.0 | 624.5 | −59.5 | −0.10 | 111 | −11 |
| 1963 | 591.0 | 598.4 | −7.4 | −0.01 | 101 | −1 |
| 1964 | 643.2 | 599.7 | 43.5 | 0.07 | 93 | 7 |
| 1965 | 684.6 | 639.6 | 45.0 | 0.07 | 93 | 7 |

| 年份 | 收入（亿元） | | | 暂时收入与持久收入之比（以持久收入为1） | 持久收入占收入的比重（%） | 暂时收入占收入的比重（%） |
|------|------|------|------|------|------|------|
| | 合计 | 持久收入 | 暂时收入 | | | |
| 1966 | 754.5 | 694.1 | 60.4 | 0.09 | 92 | 8 |
| 1967 | 769.3 | 736.1 | 33.2 | 0.05 | 96 | 4 |
| 1968 | 754.4 | 759.4 | −5.0 | −0.01 | 101 | −1 |
| 1969 | 780.2 | 768.0 | 12.2 | 0.02 | 98 | 2 |
| 1970 | 840.9 | 791.8 | 49.1 | 0.06 | 94 | 6 |
| 1971 | 923.4 | 848.2 | 75.2 | 0.09 | 92 | 8 |
| 1972 | 1001.2 | 921.8 | 79.4 | 0.09 | 92 | 8 |
| 1973 | 1100.0 | 1008.2 | 91.8 | 0.09 | 92 | 8 |
| 1974 | 1153.5 | 1084.9 | 68.6 | 0.06 | 94 | 6 |
| 1975 | 1238.3 | 1163.9 | 74.4 | 0.06 | 94 | 6 |
| 1976 | 1295.0 | 1228.9 | 66.1 | 0.05 | 95 | 5 |
| 1977 | 1391.2 | 1308.1 | 83.0 | 0.06 | 94 | 6 |
| 1978 | 1544.0 | 1410.1 | 133.9 | 0.09 | 91 | 9 |
| 1979 | 1841.5 | 1592.2 | 249.3 | 0.16 | 88 | 14 |
| 1980 | 2246.6 | 1877.4 | 369.2 | 0.20 | 84 | 16 |
| 1981 | 2458.8 | 2182.3 | 276.5 | 0.13 | 89 | 11 |
| 1982 | 2668.4 | 2457.9 | 210.5 | 0.09 | 92 | 8 |
| 1983 | 2998.8 | 2708.7 | 290.1 | 0.11 | 90 | 10 |
| 1984 | 3646.9 | 3104.7 | 542.2 | 0.17 | 85 | 15 |
| 1985 | 4674.8 | 3773.5 | 901.3 | 0.24 | 81 | 19 |
| 1986 | 5425.5 | 4582.4 | 843.1 | 0.18 | 84 | 16 |
| 1987 | 6483.0 | 5527.8 | 955.2 | 0.17 | 85 | 15 |
| 1988 | 8376.5 | 6761.7 | 1614.8 | 0.24 | 81 | 19 |
| 1989 | 9352.6 | 8070.7 | 1281.9 | 0.16 | 86 | 14 |
| 1990 | 10176.9 | 9302.0 | 874.9 | 0.09 | 91 | 9 |
| 1991 | 11590.1 | 10373.2 | 1216.9 | 0.12 | 90 | 10 |

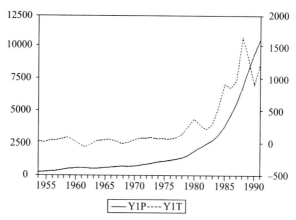

说明：Y1P 为持久收入，Y1T 为暂时收入

**图 7-1　持久收入和暂时收入的变化趋势**

**1. 稳定性和不稳定性特征。**

从变化趋势图分析，1952—1977 年，持久收入和暂时收入均有一些小的波动，两者在稳定性和不稳定性上没有太明显的差别；与此不同，1978—1991 年，持久收入除 1982、1983 年略有下降和 1990、1991 两年有一定下降外，基本上呈稳定上升趋势；另一方面，暂时收入则呈现较大的波动，有四个上升期和三个下降期，上升期暂时收入最高点达 1614.83，下降期最低点为 210.47。波动幅度的绝对值最大时达 3.28，平均为 0.92，见表 7-2 和图 7-2。

**2. 持久收入和暂时收入比重的相对变化。**

1952—1977 年，除个别年份外，暂时收入在收入中的份额一般在 10% 以下，平均为 5.4%；相应地持久收入在收入中的比重一般在 90% 以上，平均额 94.6%。1978—1991 年，暂时收入在收入中的相对份额明显上升，一般在 10% 以上，平均为 13.1%；持久

收入的相对份额下降，平均为 86.9%。1978 年以后，暂时收入在
收入中的份额有较大幅度的上升，持久收入份额相应下降。

表 7-2    1978—1991 年暂时收入波动情况

| 期别 | | 总增加量或总减少量（亿元） | 年平均增减量（亿元） | 上升期最高点收入（亿元） | 下降期最低点收入（亿元） | 波动幅度* |
|---|---|---|---|---|---|---|
| 1978—1980 | 上升期 | +286.20 | +95.40 | 369.23 | — | — |
| 1981—1982 | 下降期 | −158.76 | −79.38 | — | 210.47 | −0.43 |
| 1983—1985 | 上升期 | +690.84 | +230.28 | 901.30 | — | +3.28 |
| 1986 | 下降期 | −58.20 | −58.20 | — | 843.10 | −0.07 |
| 1987—1988 | 上升期 | +771.73 | +385.87 | 1614.83 | — | +0.92 |
| 1989—1990 | 下降期 | −739.93 | −369.97 | — | 874.90 | −0.46 |
| 1991 | 上升期 | +342.00 | +342.00 | 1216.90 | — | +0.39 |

* 波动幅度 $=1-Y_t/Y_{t-1}$。这里，$Y_t$ 表示上期（上升期或下降期）暂时收入的最高点或最低点，$Y_{t-1}$ 表示下期暂时收入的最低点或最高点。

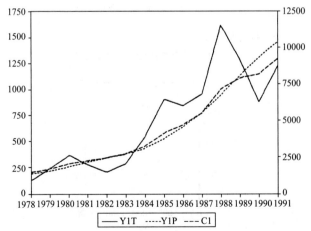

说明：Y1T 为暂时收入，Y1P 为持久收入，C1 为消费

图 7-2    1978—1991 年期间暂时收入波动图

### 三、收入中的不同部分同消费的关系

以上检验了持久收入和暂时收入的特征。现在，再分析持久收入、暂时收入同消费的关系。

从 1978—1991 年 $Y_p$、$Y_t$ 同 $C$ 的散点图看（见图 7-3），其中 1978—1988 年，$Y_p$、$Y_t$ 同 $C$ 基本上呈线性相关。根据前面的基本理论模型，建立以下计量模型：

$$C = \alpha + \beta_1 Y_p + \beta_2 Y_t \qquad\qquad 7.5$$

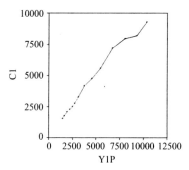

说明：Y1P 为持久收入，C1 为消费

**图 7-3a　消费与持久收入的散点图**

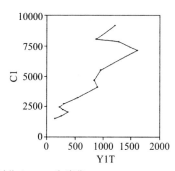

说明：Y1T 为暂时收入，C1 为消费

**图 7-3b　消费与暂时收入的散点图**

代入 1954—1978 年和 1978—1988 年的相关数字估计式中的系数，所得结果列于表 7-3：

**表 7-3　消费对收入不同部分回归结果（式 7.5）**

|  | $\alpha$ | $\beta_1$ | $\beta_2$ | $R^2$ | S.E. | D.W. |
|---|---|---|---|---|---|---|
| 1954—1978 | 4.358 | 0.994 | 0.757 | 0.999 | 12.36 | 1.25 |
|  | （0.56） | （108.10） | （7.62） |  |  |  |
| 1978—1988 | 252.92 | 0.825 | 0.818 | 0.999 | 29.29 | 1.61 |
|  | （9.85） | （45.76） | （11.94） |  |  |  |

表 7-3 中，$R^2$ 为相关系数，S.E. 为回归标准差，D.W. 为德宾—沃森检验值，括号中数为 T 检验值。从回归结果看，两个时期中，持久收入的边际消费倾向均大于暂时收入的边际消费倾向。但有两点值得注意：一是持久收入的边际消费倾向 1954—1978 年高达 0.994，说明持久收入的增量基本上用于消费，1978—1988 年降低到 0.825，说明居民的储蓄动机有所加强，与前一时期相比，居民持久收入增量中有较多的部分用于储蓄。二是 1978—1988 年，虽然持久收入的边际消费倾向仍大于暂时收入的边际消费倾向，但差额很小，仅 0.007。与其他一些国家相比，两者的差额过小，暂时收入的边际消费倾向过高。这其中似乎有前面提到过的"消费示范效应"的作用，也有居民的无风险预期还没有完全改变的因素等。但这里着重强调的另一点因素是暂时收入大幅度波动的效应。从图 7-2 看，暂时收入波动很大，由于消费并没有相应大幅度的波动，暂时收入波动可能影响到回归结果中它的系数。这一点从把回归时期扩展到 1991 年得到的结果中得到证实，1978—1991 年回归结果为，

$$C = 361.46 + 0.762Y_p + 1.191Y_t$$

$$(8.69)(54.633)(13.998)$$

$$R^2 = 0.999 \quad S.E. = 81.15 \quad D.W. = 1.575$$

$Y_t$ 的系数上升到 1.191，主要的是由于 $Y_t$ 由 1988 年的 1614.83 亿元跌到 1989 年的 1281.90 亿元，再跌至 1990 年的 874.90 亿元，到 1991 年才回升到 1216.90 亿元。而在此期间，消费仍然稳定增长。$Y_t$ 的大幅度下跌和消费的稳定增长恰好证明了两者的相关性很弱。

为了消除 $C$ 与 $Y_t$ 的非线性相关因素对回归的影响，对式 7.5 做双对数变换，为，

$$\text{Ln}(C) = \alpha + \beta_1 \text{Ln}(Y_p) + \beta_2 \text{Ln}(Y_t) \qquad 7.6$$

用普通最小二乘法估计式中的系数，结果为，

$$\text{Ln}(C) = 1.007 + 0.783\text{Ln}(Y_p) + 0.127\text{Ln}(Y_t)$$

$$(14.282)(45.860) \quad (8.772)$$

$$R^2 = 0.999 \quad S.E. = 0.018 \quad D.W. = 1.641$$

式中 $Y_p$ 和 $Y_t$ 的系数为消费的持久收入弹性和暂时收入弹性，分别为 0.783 和 0.127，即在 1978—1991 年，持久收入每变化 1%，消费变化 0.783%，暂时收入每变化 1%，消费变化 0.127%，消费的暂时收入弹性大大低于消费的持久收入弹性。

从这个结果分析消费同持久收入、暂时收入的关系，可以推断：

1. 消费对持久收入的敏感性较强，弹性为 0.783，即两者的相关程度较高；

2. 消费对暂时收入的敏感性较弱，弹性仅为 0.127；

3. 由 1 和 2 推论，消费主要取决于收入中的持久收入部分。

在这三点中，第二点与人们一般所持的观点不同。人们一般认为，1978—1991 年，由于实行对外开放政策，消费示范效应作用很强；同时，经济体制改革释放出的生产力高速发展和国民收入初次分配向个人的倾斜，使人们的收入水平迅速提高，为人们长期被压抑的消费需求的爆发创造了收入基础；再加上不同消费者之间很强的攀比、攀附行为，使居民的消费倾向较高，收入增量更多地是形成消费需求，而不是储蓄。这种认识有一定道理，但仅看到一面，即诱导消费需求增加的那些因素，而没有看到另一面，抑制消费需求增加的那些因素，其中之一是居民从"无风险预期"向"风险预期"消费行为的转变。也许正是由于这种转变，居民收入中的暂时收入部分主要用于储蓄，而不是即期消费。

1978—1991 年居民平均消费倾向和边际消费倾向的变化趋势印证了这一点。在这期间，居民消费总量对居民收入总量的边际消费倾向除两个年份外，均小于平均消费倾向，这期间的边际消费倾向均值为 0.782[①]，远低于平均消费倾向的均值 0.888[②]。根据平均消费倾向与边际消费倾向之间的关系，当前者大于后者时，前者取下降趋势。1978—1991 年平均消费倾向的趋势正是这样（见图 7-4），由 1978 年的 0.981 下降到 1991 年的，0.796，下降的趋势十分明显。相应地，平均储蓄倾向（APS=1-APC）则由 1978 年的 0.019 上

---

① 通过消费对收入的回归得到，即 $C = \alpha + \beta Y$ 中的 $\beta$。

② 平均消费倾向均值，$= \sum C_i / \sum Y_i$，$i = 1978, 1979, \cdots, 1991$ 年。

升到 1991 年的 0.204。

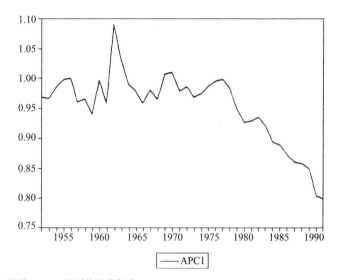

说明：APC1 为平均消费倾向

**图 7-4    1978—1991 年平均消费倾向变化趋势**

居民储蓄与暂时收入在此期间数量变化的对应关系也印证了这一点。1978—1991 年，居民储蓄（S = Y – C）增加 105226.3 亿元，其中居民储蓄存款增加 8832 亿元，同期暂时收入总量为 9759.9 亿元，按消费对暂时收入的弹性仅为 0.127 估计，暂时收入的绝大部分用于储蓄，成为居民储蓄的主要来源。

### 四、分析消费同收入不同部分关系的意义

把收入划分为持久收入和暂时收入，分析不同部分的性质及其同消费的关系，其意义是多方面的。这里，仅从对某些宏观经济问题的分析和政策含义两个方面阐释其意义。

### 1. 对认识某些宏观经济问题的意义

从收入划分为持久收入和暂时收入及其这两部分同消费的关系的角度，可以重新审查一些宏观经济问题。

首先，对消费需求膨胀的再认识。

这些年人们对消费需求膨胀的议论颇多，一般是从收入分配向个人倾斜所导致的居民收入总量的迅速膨胀的角度分析问题。这里，不评论收入分配向个人倾斜的利弊，仅从收入不同组成部分的性质的角度，重新审视从收入总量增长态势判定消费需求是否膨胀的观点[①]。从收入不同组成部分的性质的角度看，仅有当收入总量的增加主要是由其中的持久收入部分增加导致时，才有引致消费需求膨胀的可能；而当其主要是由其中的暂时收入部分增加导致时，引致消费需求膨胀的可能性极小。这里说极小，并不完全否认引致消费需求膨胀的可能性，而是基于在这种情况下，产生消费需求膨胀要求一些特殊条件，如存在恶性通货膨胀，此时货币的大幅度贬值使人们对法定货币失去信心，加上对未来通货膨胀的预期，这时，不论收入总量的增加是由收入中的哪一部分增加所致，人们都会迅速把其变为消费需求。一般而言，主要由暂时收入增加导致的收入总量的增加不会导致消费需求膨胀。

其次，对"强迫储蓄"说的再认识。

有些人认为，近些年储蓄数额的大幅度上涨的主要原因之一是由于消费品供不应求（包括供需结构不协调因素在内）而导致

---

① 　这也是对笔者以前所持观点的剖析。参见拙文："消费膨胀的原因及治理"，《经济理论与经济管理》1989 年第 2 期。

的强迫储蓄。但从上面的分析看，居民储蓄的主要来源是收入中的暂时收入部分，而这一部分同消费的相关性很弱，即居民主要是根据其持久收入或者称为经常性收入安排消费。消费者一般不会按照暂时收入的一时增减而增减其消费，除非当他们感到这种增减是持续的。由此看来，以强迫储蓄解释储蓄的大幅度上涨欠妥当[①]。而暂时收入绝对数额和其在收入中相对数额的上升似能更好地解释这一点。

第三，对宏观调控政策的再认识。

近些年，中央政府在全国范围内先后实行过两次紧缩政策，目的是抑制过旺的需求。这里不分析两次紧缩政策对投资需求的抑制作用及其通过抑制投资需求产生的抑制消费需求的间接作用，也不分析紧缩对于抑制社会集团消费需求的作用，仅从居民收入不同部分性质的角度分析紧缩政策抑制居民消费需求的作用。第一次紧缩政策是依据对 1985 年经济过热的判断实施的。紧缩使居民收入总量的增长幅度由 1985 年比 1984 年的 28.2%，下降为 1986 年比 1985 年的 16.1%，从总量上看，紧缩政策是有效的。但是紧缩政策对收入的不同组成部分的效应不同。紧缩并没能使持久收入部分的增幅有多大变化，1985 年和 1986 年比前一年的增幅分别为 21.5% 和 21.4%；而仅使暂时收入减少，暂时收入 1985 年比 1984

---

① 1987 年的一项调查也证明了这一点。按这次调查，城乡居民对自己有无被迫储蓄的判断是，城市居民认为有被迫储蓄的占 31.2%，认为无被迫储蓄的占 55.6%，未置可否的占 13.2%；农村居民相应的数字分别为 5.7%、43.9% 和 50.4%。参见中国社会科学院经济研究所居民行为课题组："我国居民收入、消费、储蓄及其意向调查资料"，《经济研究资料》1988 年 7 月号，第 42 页表 3.31。

年增加 66.2%，1986 年比 1985 年减少 16.5%。根据收入中不同部分的性质，即消费需求的变动主要与收入中的持久收入部分相关，而与收入中的暂时收入部分相关不大，由此推断，1985 年下半年开始实行的紧缩政策对居民消费需求，至少是对短期居民消费需求的抑制作用不大。第二次紧缩政策是依据对 1988 年经济过热、需求过旺的判断实施的。这次紧缩使居民收入总量的增长幅度（比上一年）由 1988 年的 29.2% 下降到 1989 年的 11.7% 和 1990 年的 8.8%。但是同样，这次紧缩对收入不同部分的效应差别很大，同期持久收入的增幅分别为 22.3%、19.4% 和 15.3%，暂时收入 1989 年和 1990 年分别比上一年减少 20.6% 和 31.7%。可见，居民收入总量增幅的下降主要是由暂时收入的大幅度减少所致，而持久收入增幅下降不大，所以，这一次紧缩对抑制短期居民消费需求的作用也不太大。

再次申明，这里并没有从整体上判断两次紧缩政策抑制经济过热、需求过旺的效应的大小，而仅仅从居民收入不同部分与消费的关系角度，分析紧缩政策对于抑制居民消费需求的效应。

### 2. 经济政策含义

按照传统的对消费者的认识，在总需求的决定上消费者似乎主要扮演一个被动的角色，其实际收入的变动将迅速地、完全地转换成消费的变动 [①]。依此观点，能够导致收入变动的某些宏观调控手段，如税收等被看成是反周期波动的、强有力的稳定经济的工

---

① 即使在 1978 年以前的传统社会主义经济体制下，这一点也不能完全成立。

具 [①]。但是，当把收入划分为持久收入和暂时收入两部分后，这两部分同消费的关系说明，如果消费者意识到收入的变动是暂时的而不是持久性的，他们可能很少改变其消费。

这里要着重指出的一点是，这并不要求以消费者的跨时预算约束作为前提条件，正像持久收入假定或生命周期假定所作的那样。也就是说，尽管持久收入假定或生命周期假定的消费函数在整体上不一定适用于分析中国的情况，但不影响持久收入、暂时收入划分方法分析中国情况的有效性，以及持久收入、暂时收入同消费关系对于制定经济政策含义的同质性。

当前，我国已很重视运用各种宏观经济手段，如税收、利率等调控总需求，这对于协调总需求同总供给之间的关系，使国民经济稳定、均衡增长十分必要。根据以上分析，在制订和实行这些政策时，应该充分认识到这些工具在调控总需求的主要组成部分之——居民消费需求的作用的有限性，即其有效的程度，正确估价其对矫正总需求数量的贡献，以加强宏观调控政策的力度。

## 7.2　影响消费的非收入因素

制约居民消费的主要因素是收入，对此是确定无疑的。除收入以外，还有多种经济因素与居民消费密切相关，其中要者为，居民

---

① 参见 A. M. Okun et al, "The Personal Tax Scurcharge and Consumer Demand, 1968-70", *Brookings Papers on Economic Activity*, vol. 1971, no.1, 1971, pp. 167-211; J. Tobin, W. Dolde, *Wealth, Liquidity, and Consumption, Consumer Spending and Monetary Policy: The Linkages*, Federal Reserve Bank of Boston, 1971, pp. 99-146。

资产（尤其是流动性资产），消费品补贴，利率，价格，货币和人口等。除居民资产的影响留待第 8 章专门分析，这里将逐一分析其他几项主要因素。

## 一、消费品补贴

本书在第 2 章已从理论上分析过消费品补贴对消费者行为的影响。按此分析，消费品补贴分为实物补贴和现金补贴两部分。其中，现金补贴形成居民货币收入的一部分，这一部分补贴的增加除使消费者的预算线平行上移外，对消费者行为的影响与其他货币收入相同。与此不同，实物补贴形成居民的非货币收入，其对消费者行为的影响与货币收入是不同的。因此，以下主要分析实物补贴对消费者行为及消费—收入关系的效应。

### 1. 消费品补贴与居民的广义收入

广义的消费品补贴包括：居民住房补贴、价格补贴、医疗费用补贴和教育费用补贴等。这些项目形成城镇居民非货币收入的主要部分[1]。因为除教育费用补贴和价格补贴中的一部分为农村居民享有外，绝大部分补贴主要为城镇居民享有，所以这里主要分析消费品补贴对城镇居民消费的效应。

消费补贴对消费—收入关系的影响首先在于，广义消费品补贴的绝大部分（除价格补贴中的明补部分外）形成居民货币收入以外的非货币收入，如果定义居民货币收入加上非货币收入为居民广义

---

① 参见邓英淘等：《中国预算外资金分析》，中国人民大学出版社 1990 年版，第192—195 页。

收入 [1]，那么，非货币收入的增加使居民广义货币收入增加，即居民实际可支配的收入增加。据有关研究，1978—1987 年，城镇居民广义收入中非货币收入所占比重由 15.65% 上升到 22.37% [2]。

居民实际可支配收入与经济学通常意义上的居民可支配收入的区别一眼可见，后者仅包括货币性收入，前者则还包括非货币性收入。在一定的制度安排下，两者的区别可能十分微小，以致可以忽略这种区别对于消费函数研究的影响，例子如西方一些主要的资本主义国家，再如我们国家的农村居民（注意，农村居民的实物收入与这里的非货币性收入不同）。但在另外一些制度安排下，两者的差别可能很大，其对消费函数关系的影响是绝不能忽略的，正如现在正在分析的我国城镇居民的例子。这是在利用消费函数理论分析我国城镇居民消费—收入关系时应该特别注意的一点，也是本书在构造城镇居民 1978 年以后消费函数基本理论模型时，把消费品实物补贴作为主要变量之一纳入模型的根据所在（见式 3.10）。

### 2. 实物补贴的双重效应

按在第 4 章的分析，实物补贴对居民消费的效应是双重的：一方面，实物补贴鼓励居民消费，原因很简单，居民只有实际消费（购买或获得国家财政暗贴的消费品）才能实际得到这种补贴，在不实行定量配给的前提下，消费越多，享受到的补贴越多。就这一方面而言，消费和补贴是同时同量发生的，如绘成图表示，消费和

---

[1]　参见邓英淘等：《中国预算外资金分析》，中国人民大学出版社 1990 年版，第 192—195 页。

[2]　同上。

补贴两条曲线应完全重合。另一方面，从居民消费构成上看，实物补贴还具有一种货币溢出效应（spill-over effect）。当某种消费品主要以实物补贴的方式获得时，居民本来准备用满足对于消费品需求的那部分货币收入被溢出，这即为实物补贴的货币溢出效应。被溢出的货币收入或者用于购买其他消费品，这时溢出效应增加了对其他消费品的需求压力；或者用于储蓄。这方面最典型的例子是城镇居民主要以实物补贴方式获得的住宅和公费医疗。

### 3. 实物补贴的估计

很难得到较全面的实物补贴数据，这里，以全民所有制单位和城镇集体所有制单位的住宅投资作为城镇居民住房补贴的度量指标，价格补贴包括一小部分已列入居民货币收入的明补，医疗费用补贴以全民所有制在职职工的医疗卫生费用替代。

以上估计虽然很粗略，但考虑到其中包含的高估和低估的各种因素后，仍可认为基本上能代表城镇居民实际获得实物补贴的水平和发展趋势[1]。估计的数据见表 7-4。

**表 7-4　城镇居民享受的实物补贴**　　　　单位：亿元

| 年份 | 合计 | 住房补贴 | 价格补贴 | 医疗费用补贴 |
|------|------|----------|----------|--------------|
| 1978 | 77.65 | 39.21 | 11.14 | 27.30 |
| 1979 | 188.20 | 77.28 | 79.20 | 31.72 |
| 1980 | 266.23 | 111.66 | 117.71 | 36.86 |
| 1981 | 333.87 | 131.63 | 159.41 | 42.83 |

---

[1]　住房补贴和医疗费用补贴的估计方法参考了邓英淘等人的估计方法，参见邓英淘等:《中国预算外资金分析》，中国人民大学出版社 1990 年版，第 193 页。

| 年份 | 合计 | 住房补贴 | 价格补贴 | 医疗费用补贴 |
|------|------|----------|----------|--------------|
| 1982 | 391.90 | 169.91 | 172.22 | 49.77 |
| 1983 | 433.31 | 178.10 | 197.37 | 57.84 |
| 1984 | 461.65 | 181.11 | 218.34 | 62.20 |
| 1985 | 605.30 | 265.42 | 261.79 | 78.09 |
| 1986 | 609.91 | 261.69 | 257.48 | 90.74 |
| 1987 | 678.46 | 278.26 | 294.60 | 105.60 |
| 1988 | 755.77 | 318.55 | 316.82 | 120.40 |
| 1989 | 783.29 | 274.54 | 373.55 | 135.20 |
| 1990 | 932.50 | 388.00 | 380.80 | 163.70 |
| 1991 | 1078.00 | 515.73 | 373.77 | 188.50 |

说明:

1. 住房补贴中 1978—1980 年数据为国家基本建设投资中的住宅投资部分,1981—1982 年数据为全民所有制单位的住宅投资,1983—1991 年数据为全民所有制单位和城镇集体所有制单位的住宅投资合计数。

2. 价格补贴包括一小部分城镇居民获得的明贴和农村居民获得的补贴。

3. 医疗费用补贴为全民所有制单位在职职工的医疗卫生费用,其中 1979—1986 年和 1988 年数为估计数,1979—1986 年数按 1978—1987 年的平均年增长率估算,1988 年数为 1987 年和 1989 年的平均值。

资料来源:根据《中国统计年鉴》1981—1992 年各卷中有关数字整理计算;医疗费用补贴 1978 年和 1987 年数取自邓英淘等:《中国预算外资金分析》,第 194 页表 10.8。

　　根据这里的估计,1978—1991 年期间,城镇居民享受的实物补贴占广义收入的比重经历了一个先上升然后下降的过程(见表 7-5 和图 7-5)。

表 7-5　城镇居民货币收入、实物补贴及其相对份额

| 年份 | 广义收入 | 货币收入 | | 实物补贴 | |
|---|---|---|---|---|---|
| | | 绝对额<br>（亿元） | 比重<br>（%） | 绝对额<br>（亿元） | 比重<br>（%） |
| 1978 | 829.25 | 751.60 | 90.64 | 77.65 | 9.36 |
| 1979 | 1041.60 | 853.40 | 81.93 | 188.20 | 18.07 |
| 1980 | 1294.63 | 1028.40 | 79.44 | 266.23 | 20.56 |
| 1981 | 1417.47 | 1083.60 | 76.45 | 333.87 | 23.55 |
| 1982 | 1550.50 | 1158.60 | 74.72 | 391.90 | 25.28 |
| 1983 | 1670.11 | 1236.80 | 74.06 | 433.31 | 25.94 |
| 1984 | 1979.55 | 1517.90 | 76.68 | 461.65 | 23.32 |
| 1985 | 2589.90 | 1984.60 | 76.63 | 605.30 | 23.37 |
| 1986 | 3067.41 | 2457.50 | 80.12 | 609.91 | 19.88 |
| 1987 | 3554.46 | 2876.00 | 80.91 | 678.46 | 19.09 |
| 1988 | 4412.77 | 3657.00 | 82.87 | 755.77 | 17.13 |
| 1989 | 5050.99 | 4267.70 | 84.49 | 783.29 | 15.51 |
| 1990 | 5833.20 | 4900.70 | 84.01 | 932.50 | 15.99 |
| 1991 | 6760.60 | 5682.60 | 84.05 | 1078.00 | 15.95 |

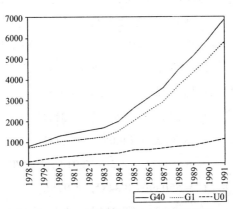

说明：G40 为广义收入，G1 为货币收入，U0 为实物补贴。

图 7-5　1978—1991 年城镇居民实物补贴、货币收入和广义收入变化趋势

1978—1983 年为上升阶段，由 9.36% 上升到 25.94%，1984—1991 年为下降阶段，由 1983 年的 25.94% 降至 1991 年的 15.95%。

### 4. 回归分析

根据城镇居民 1978 年以后消费函数的基本理论模型（式3.10），以下面的计量模型估计实物补贴对城镇居民消费的影响，

$$C_t = \alpha + \beta_1 Y_t + \beta_2 U_t + \varepsilon_t \qquad 7.7$$

回归估计结果为，

$$C_t = 213.24 + 0.711 Y_t + 0.011 U_t$$
$$（4.864）（18.95）（0.051）$$

$$R^2 = 0.997 \qquad S.E. = 65.065 \qquad D.W. = 1.915$$

其中，实物补贴 $U_t$ 的系数仅 0.011，且 T 检验值太小，似乎说明实物补贴对于城镇居民消费的解释力很弱。但从表 7-5 和图 7-5 中很容易看出，以 1984 年城市全面开展经济体制改革为界，在前后两个时期中，实物补贴与货币收入的变动趋势大不相同。1978—1984 年，两者以大体相同的速度增长，实物补贴在广义收入中所占比重上升；1984 年以后，货币收入的增长速度明显高于实物补贴的增长速度，致使后者在广义收入中所占比重下降。据此，可以分为两个时期分别估计式 7.7，结果为，

1978—1983 年　$C_t = 278.92 + 0.558 Y_t + 0.311 U_t$
$$（7.559）（9.088）（2.783）$$

$$R^2 = 0.997 \qquad S.E. = 12.914 \qquad D.W. = 2.148$$

1984—1991 年　$C_t = 550.66 + 0.848 Y_t - 1.075 U_t$
$$（2.294）（8.014）（-1.363）$$

$$R^2 = 0.996 \qquad S.E. = 80.22 \qquad D.W. = 2.425$$

分期回归结果说明，在 1978—1983 年，城镇居民货币收入每增加
1 元，消费增加近 0.56 元，实物补贴每增加 1 元，消费增加 0.31
元多，消费与实物补贴呈正相关关系。而在 1984—1991 年，$U_t$ 的
系数为负值，说明消费与实物补贴呈负相关关系，实物补贴每增加
1 元，消费减少 1 元多。结论是，城市全面开展经济体制改革前后，
实物补贴对城镇居民消费的效应截然相反。

## 二、利率

国内一些学者认为，在我国利率对于消费的影响是确定的，利
率的变化一般会引起平均消费倾向的相反方向的变化，即利率上
升，消费相对减少；利率下降，消费相对增加[①]。尽管根据有一些
差别，但这同古典经济学派的观点是一致的。古典经济学派认为，
利率是影响储蓄数额的最重要的因素，有理性的消费者在利率高
时比利率低时倾向于更多地储蓄。然后，20 世纪 30 年代以后，经
济学界广泛采纳的观点是，储蓄对于利率的变动表现着较小的反
应[②]。问题在于，制度因素是否使我国居民，尤其是平均储蓄额较
多的城镇居民在利率与消费（储蓄）关系上呈现与现代经济理论不
同，而与古典经济学派理论相同的图式。对此，建立下面的双对数
计量模型检验，

---

① 参见蒋学模主编：《社会主义宏观经济学》，浙江人民出版社 1990 年版，第
156—157 页。

② 参见〔美〕爱德华·夏皮罗：《宏观经济分析》，杨德明等译，中国社会科学
出版社 1985 年版，第 204—207 页；〔美〕加德纳·阿克利：《宏观经济理论》，陈彪如
译，上海译文出版社 1981 年版，第 294 页。

$$\mathrm{Ln}(C_t) = \alpha + \beta_1 \mathrm{Ln}(Y_t) + \beta_2 \mathrm{Ln}(R_t) \qquad 7.8$$

式中 $C_t$ 和 $Y_t$ 为居民消费总量和收入总量的人均时间序列数，$R_t$ 为一年期储蓄存款利率[①]。分别代入城镇居民和农村居民的相应数据，回归结果为，

城镇 $\mathrm{Ln}(C_t) = 1.418 + 0.764\mathrm{Ln}(Y_t) + 0.013\mathrm{Ln}(R_t)$

(10.398)(27.948) (0.395)

$R^2 = 0.997$ $S.E. = 0.018$ $D.W. = 2.314$

农村 $\mathrm{Ln}(C_t) = 0.252 + 0.934\mathrm{Ln}(Y_t) - 0.022\mathrm{Ln}(R_t)$

(2.423)(24.768) (-0.378)

$R^2 = 0.997$ $S.E. = 0.029$ $D.W. = 1.077$

$\mathrm{Ln}(R_t)$ 的系数说明，居民消费对利率变动的敏感性很弱，利率每变化1%，城镇居民消费以相同方向变化0.013%，农村居民消费以相反方向变化0.022%。

实际上，利率对于消费和储蓄的效应是不确定的。正如有人指出的，虽然有理由肯定，在一给定的总的可支配收入水平上，利率对收入在消费和储蓄之间的分配有某些影响；但是却不能同样肯定地说，较高的利率必然使收入用于消费的部分减少，用于储蓄的部分增加，反之亦然。利率的某种变动，既可以导致储蓄总额增加，也可以导致储蓄总额减少。[②]

对于利率作用于储蓄的不确定性，可以做储蓄存款增长率对名

① 数据来源见中国人民银行综合计划司编：《利率实用手册》，中国财政经济出版社1991年版，第59页；中国金融学会：《1992中国金融年鉴》，中国金融年鉴编辑部1992年版，第505页。

② 参见 Edward Shapiro, *Macroeconomic Analysis,* 5th ed., Harcourt Brace Javanovich, 1982, p. 351。

义利率①的相关分析验证。结果证明，两者的相关程度很低，相关系数仅为 0.114。再建立下面的计量模型分析平均消费倾向与利率的相关关系，

$$APC_t = \alpha + \beta R_t \qquad 7.9$$

分别代入全国居民、城镇居民和农村居民的平均消费倾向数据后，回归结果为，

全国　$APC_t = 1.033 - 0.022R_t$

　　　　（38.26）（5.636）

　　$R^2 = 0.726$　　$S.E. = 0.030$　　$D.W. = 1.388$

城镇　$APC_t = 1.044 - 0.030R_t$

　　　　（26.36）（5.23）

　　$R^2 = 0.695$　　$S.E. = 0.043$　　$D.W. = 1.311$

农村　$APC_t = 0.984 - 0.015R_t$

　　　　（36.99）（3.83）

　　$R^2 = 0.550$　　$S.E. = 0.029$　　$D.W. = 1.457$

结果说明，虽然平均消费倾向与利率按相反方向变动，但利率变动对平均消费倾向的影响很弱，前者变动 1，后者仅按相反方向变动0.015（农村居民）到 0.03（城镇居民）。

## 三、价格预期

1978 年以来，由于消费品价格及与其相关的其他商品价格逐

_____

① 储蓄存款增长率＝（本期储蓄存款余额÷上期储蓄存款余额-1）×100；名义利率为一年期储蓄存款利率。数据来源见中国人民银行综合计划司：《利率实用手册》和中国金融学会：《1992 中国金融年鉴》。

渐放开，价格形成机制由政府定价转向市场定价，价格的波动幅度
和增长幅度均增大。在此基础上，价格预期成为影响消费者行为的
重要因素，在一定程度上影响着消费支出及平均消费倾向的变动。
近些年中最典型的例子是 1988 年由价格预期导致的突击消费支出
（抢购）。

　　用 1978—1991 年居民消费支出总额对滞后一期价格指数回归
分析价格预期对消费支出的效应，结果为，

全国　　$C_t = -4441.68 + 68.57 P_{t-1}$

　　　　　　$(-9.53)\ (19.92)$

　　　　$R^2 = 0.971 \qquad S.E. = 473.26 \qquad D.W. = 0.807$

城镇　　$C_t = -1792.74 + 29.35 P_{t-1}$

　　　　　　$(-7.65)\ (16.51)$

　　　　$R^2 = 0.958 \qquad S.E. = 249.97 \qquad D.W. = 1.448$

农村　　$C_t = -2692.87 + 40.13 P_{t-1}$

　　　　　　$(-4.57)\ (8.43)$

　　　　$R^2 = 0.856 \qquad S.E. = 525.64 \qquad D.W. = 0.585$

$C_t$ 分别为全国居民、城镇居民和农村居民时间序列总量消费支出，
$P_{t-1}$ 分别为全国零售物价总指数、职工生活费用指数和农村零售物
价指数。说明滞后一期物价每变动 1，消费支出总额全国居民增加
超过 68 亿元，城镇居民增加超过 29 亿元，农村居民增加超过 40
亿元。价格预期对于消费支出总额的影响是较确定的。

　　但是，实证检验似乎说明，价格预期对平均消费倾向的效应
不那么确定。以同期平均消费倾向对滞后一期价格指数回归，结
果为，

全国　$APC_t = 1.051 - 0.001P_{t-1}$

　　　　　　（57.65）（−9.66）

　　　$R^2 = 0.895$　　$S.E. = 0.017$　　$D.W. = 0.690$

城镇　$APC_t = 1.051 - 0.002P_{t-1}$

　　　　　　（30.78）（−6.2）

　　　$R^2 = 0.766$　　$S.E. = 0.038$　　$D.W. = 0.836$

农村　$APC_t = 1.028 - 0.001P_{t-1}$

　　　　　　（41.42）（−5.86）

　　　$R^2 = 0.741$　　$S.E. = 0.022$　　$D.W. = 1.256$

滞后一期价格指数在回归中不具有统计显著性（系数趋近于零），说明其对平均消费倾向基本上没有什么影响。

当然，价格预期仅是影响消费支出的若干种预期之一，对于消费者来说，更重要的是对未来收入状况的预期，以及价格与收入的相对变动的预期。

### 四、货币数量

流通中的货币的数量与居民消费之间的关系比较复杂，因此货币数量对消费支出的影响究竟怎样，有截然不同的观点。一种观点是，消费取决于货币数量，货币越多，消费也越多[①]。实际上，流通中货币的数量与居民消费支出的关系不这样简单。至少可以从这样几个方面分析货币数量与居民消费的关系。

---

① 早期的货币数量说持此观点。参见〔美〕加德纳·阿克利：《宏观经济理论》，陈彪如译，上海译文出版社 1981 年版，第 300 页。

1. 货币的流通速度。货币流通的速度越快，居民实现等量消费所必需的货币数量越少。

2. 假定货币流通速度不变，给定时期内流通中货币的数量与消费品可供量之比显然成为影响货币数量与居民消费关系的重要因素。当流通中货币的数量与消费品可供量相比过多时（假定消费品之外其他商品可供量给定），居民实现等量的消费支出需要较多的货币数量，这时表现为消费品价格指数上涨，当上涨达到一定程度并持续一定时期时，通货膨胀发生。当流通中货币数量的增加同消费品可供量的增加[①]保持大致相同速度时，在货币数量的增加使居民可支配收入增加的条件下，居民消费支出增加。

3. 货币幻觉[②]。这是与货币数量对居民消费支出影响相关的一个问题。如果消费者在其可支配的货币收入增加时没有察觉到消费品价格同时也上涨了，"货币幻觉"发生。这时，消费者倾向于认为自己的实际收入增加了，而实际上其实际收入增加的幅度很小，或者没有增加，甚至下降了。在假定消费者普遍受"货币幻觉"支配的前提下，货币数量的增加如果使居民可支配货币收入增加，这种增加使居民相对增加收入中的储蓄部分，减少消费部分。但是，消费者之中是否普遍存在"货币幻觉"，则是一个较难判断的问题。

---

①　这里假定消费品可供量的变动不改变消费品供给结构与消费需求结构之间关系的状况。

②　money illusion，由欧文·费尔希提出，他用此描述"对于美元或任何其他的货币单位价值的涨缩失于察觉"。参见 Edward Shapiro, *Macroeconomic Analysis, 5th ed.*, Harcourt Brace Javanovich, 1982, p. 354。

　　总之，流通中货币的数量对居民消费的影响同货币流通速度、货币数量与消费品可供量以及消费者对其实际收入变动的体察程度等诸种因素相关。以下，以全国居民 1978—1991 年消费支出总量时间序列数据对货币流通数量做简单回归和双对数回归，结果为：

$$C_t = 1264.93 + 2.67M_0$$
$$(10.41)　(33.86)$$
$$R^2 = 0.990　　S.E. = 281.11　　D.W. = 0.816$$
$$\text{Ln}(C_t) = 3.68 + 0.676\text{Ln}(M_0)$$
$$(47.88)(59.84)$$
$$R^2 = 0.997　　S.E. = 0.037　　D.W. = 1.667$$

说明流通中货币数量每增加 1 元，全国居民消费增加 2.67 元，前者变动 1%，后者变动 0.676%。但是，流通中货币数量的变动对居民货币收入在消费和储蓄之间分配的影响是不确定的，以 1978—1991 年全国居民平均消费倾向对流通中货币数量变动率做回归，相关系数仅为 0.008，说明两者基本上不相关。

　　如果考虑到以上分析的某些因素，在平均消费倾向对货币变动率的回归中增加滞后一期价格指数和名义利率后，回归结果为：

$$APC_t = 1.085 - 0.078MR_t - 0.001P_{t-1} - 0.005NR_t$$
$$(51.71)　(-2.23)　(-5.96)　(-1.30)$$
$$R^2 = 0.936　　S.E. = 0.014　　D.W. = 1.017$$

式中，$MR_t$ 为货币变动率，$P_{t-1}$ 为滞后一期价格指数，$NR_t$ 为名义利率，除名义利率和滞后一期价格指数的系数很小，对平均消费倾向基本上不具有解释力外，其他各项回归结果较好，流通中货币数量变动率在加入其他两个变量后，对平均消费倾向有一定的解释力，两者呈负相关关系，货币数量变动率每变化1，平均消费倾向向相反方向变动0.078。说明1978—1991年，在考虑到价格和利率因素后，流通中货币数量增加，居民平均消费倾向下降。

### 五、人口

就宏观变量来说，人口增长使居民消费支出总额增加，这是确定无疑的。回归分析证明，在1978—1991年，人口每增加1人，居民消费支出总额增加437.58元。按总人口年净增0.15亿计算，由于人口增长因素，每年使居民消费总额增加65.6亿多元。

但是人口变动对居民平均消费倾向的效应是不确定的。回归分析说明，平均消费倾向与人口变动率基本不相关，相关系数仅为0.085。

## 7.3 消费内部构成对消费——收入关系的影响

上面两节分析了影响居民消费的各种主要因素，这种分析把居民消费作为一个整体，看其同外部某些经济变量的关系。实际上，居民消费本身也是由不同部分构成的，而且，这种构成影响着消费——收入关系，是研究消费函数时不可忽略的方面。本书在前面一些章节分析中，已经涉及消费构成对消费——收入的影响，如农村居民自给性消费和商品性消费构成的影响。在这一节，从两种不同的消费构成划分，即：一是把消费划分为持久性部分和暂时性部分，二是把消费支出划分为非耐用消费品支出、耐用消费品支出和劳务支出，分析消费不同部分同收入不同部分之间的特殊作用方式。

## 一、持久消费和一时消费

在持久收入、暂时收入与消费一节分析中，把居民消费看作为一个整体，而实际上，居民消费像居民收入一样，可以划分为持久消费和暂时消费两部分。这一节将论述消费划分成不同部分的方法，依此方法估算的结果，持久消费、暂时消费的性质、特征，消费不同部分同收入的相互关系以及分析结论的意义。

### 1. 持久消费、暂时消费的理论分析

持久消费、暂时消费是与持久收入、暂时收入相对应的一对范畴，或者说经济变量。这里，规定，

$$C_t = C_{p,t} + C_{t,t} \qquad\qquad 7.10$$

$C_t$ 为消费；$C_{p,t}$ 为消费中的持久部分，称为持久消费；$C_{t,t}$ 为消费中的暂时部分，称为暂时消费；消费由这两个部分构成。持久消费是具有经常性质的消费，暂时消费是非经常性的消费[①]。根据对消费这两个不同部分的规定以及前面对收入两个不同部分的规定，

$$\rho C_{t,t} C_{p,t} = \rho Y_{t,t} Y_{p,t} = \rho Y_{t,t} C_{t,t} = 0 \qquad\qquad 7.11$$

式中，$\rho$ 为由下标所表示的变量间的相关系数。此式说明，消费的两个不同部分之间，收入的两个不同部分之间和消费的暂时部分与收入的暂时部分之间均不存在相关关系。

由消费与收入之间的一般关系，

---

[①] 参见 Milton Friedman, *A Theory of the Consumption Function*, Princeton University Press, 1957, pp. 20–31；厉以宁：《消费经济学》，人民出版社 1984 年版，第 72 页。

$$C_t = \alpha + \beta Y_t \qquad 7.12$$

将式 7.2 代入式 7.12，

$$C_t = \alpha + \beta \left( Y_{p,t} + Y_{t,t} \right)$$
$$= \alpha + \beta_1 Y_{p,t} + \beta_2 Y_{t,t} \qquad 7.13$$

在式 7.13 中，$C_t = C_{p,t} + C_{t,t}$，由对暂时消费的规定可推断，$C_{t,t}$ 的变动与收入的变动无关，因此可把式 7.13 中 $C_t$ 所包含的 $C_{t,t}$ 归入随机扰动项（误差项），式 7.13 变为，

$$C_{p,t} = \alpha + \beta_1 Y_{p,t} + \beta_2 Y_{t,t} \qquad 7.14$$

现在可以进一步推论，持久消费的变动唯一是由持久收入的变动导致的，即

$$C_{p,t} = \alpha + \beta_1 Y_{p,t} \qquad 7.15$$

这一点可以由依式 7.14 所作回归中，$Y_{t,t}$ 的系数 $\beta_2$ 不具统计显著性，或者说接近于 0 来验证。

同样，可以依式 7.12 到式 7.15 写出对称的收入对消费回归的式子。

$$Y_t = \alpha + \beta C_t \qquad 7.16$$

$$Y_{p,t} + Y_{t,t} = \alpha + \beta_1 C_{p,t} + \beta_2 C_{t,t} \qquad 7.17$$

$$Y_{p,t} = \alpha + \beta_1 C_{p,t} + \beta_2 C_{t,t} \qquad 7.18$$

$$Y_{p,t} = \alpha + \beta_1 C_{p,t} \qquad 7.19$$

在式 7.18 中，$C_{t,t}$ 的系数 $\beta_2$ 应同样不具统计显著性。

### 2. 持久消费和暂时消费的估计

与收入的相应部分的估计一样，很难找到与持久消费、暂时消费相对应的实际统计数字，因此，仍采用三阶移动平均的估计方法，估算中国居民消费中的这两部分，即，

$$C_{p,t} = \left( C_t + C_{t-1} + C_{t-2} \right) / 3 \qquad 7.20$$

$$C_{t,t} = C_t - C_{p,t} \qquad\qquad 7.21$$

$C_t$ 表示现期消费，$C_{t-1}$ 表示前期消费，$C_{t-2}$ 表示前两期的消费。即持久消费以可度量消费的三阶移动平均值近似表示，暂时消费以现期可度量消费同估计的持久消费间的差额近似表示。这里，可度量消费是按第 4 章估计收入和消费的第一种方法估算。估计的持久消费、暂时消费的具体数字见表 7-6。

表 7-6 持久消费、暂时消费、两者比值及占居民收入比重的变化

| 年份 | 消费（亿元） | | | 暂时消费与持久消费之比（以持久消费为 1） | 持久消费占消费的比重（％） | 暂时消费占消费的比重（％） |
|------|------|----------|----------|---|---|---|
| | 合计 | 持久消费 | 暂时消费 | | | |
| 1954 | 362.8 | 328.2 | 34.6 | 0.11 | 90 | 10 |
| 1955 | 376.4 | 357.0 | 19.4 | 0.05 | 95 | 5 |
| 1956 | 437.9 | 392.4 | 45.5 | 0.12 | 90 | 10 |
| 1957 | 461.1 | 425.1 | 36.0 | 0.08 | 92 | 8 |
| 1958 | 539.1 | 479.4 | 59.7 | 0.12 | 89 | 11 |
| 1959 | 614.2 | 538.1 | 76.1 | 0.14 | 88 | 12 |
| 1960 | 667.1 | 606.8 | 60.3 | 0.10 | 91 | 9 |
| 1961 | 612.3 | 631.2 | −18.9 | −0.03 | 103 | −3 |
| 1962 | 615.9 | 631.8 | −15.9 | −0.03 | 103 | −3 |
| 1963 | 610.0 | 612.7 | −2.7 | 0.00 | 100 | 0 |
| 1964 | 636.7 | 620.9 | 15.8 | 0.03 | 98 | 2 |
| 1965 | 669.8 | 638.8 | 31.0 | 0.05 | 95 | 5 |
| 1966 | 722.3 | 676.3 | 46.0 | 0.07 | 94 | 6 |
| 1967 | 753.5 | 715.2 | 38.3 | 0.05 | 95 | 5 |
| 1968 | 727.1 | 734.3 | −7.2 | −0.01 | 101 | −1 |
| 1969 | 784.5 | 755.0 | 29.5 | 0.04 | 96 | 4 |

| 年份 | 消费（亿元） | | | 暂时消费与持久消费之比（以持久消费为1） | 持久消费占消费的比重（%） | 暂时消费占消费的比重（%） |
|------|------|------|------|------|------|------|
| | 合计 | 持久消费 | 暂时消费 | | | |
| 1970 | 848.1 | 786.6 | 61.5 | 0.08 | 93 | 7 |
| 1971 | 901.5 | 844.7 | 56.8 | 0.07 | 94 | 6 |
| 1972 | 985.9 | 911.8 | 74.1 | 0.08 | 92 | 8 |
| 1973 | 1063.4 | 983.6 | 79.8 | 0.08 | 92 | 8 |
| 1974 | 1122.6 | 1057.3 | 65.3 | 0.06 | 94 | 6 |
| 1975 | 1220.6 | 1135.5 | 85.1 | 0.07 | 93 | 7 |
| 1976 | 1287.4 | 1210.2 | 77.2 | 0.06 | 94 | 6 |
| 1977 | 1387.1 | 1298.4 | 88.7 | 0.07 | 94 | 6 |
| 1978 | 1515.4 | 1396.6 | 118.8 | 0.09 | 92 | 8 |
| 1979 | 1744.2 | 1548.9 | 195.3 | 0.13 | 89 | 11 |
| 1980 | 2077.8 | 1779.1 | 298.7 | 0.17 | 86 | 14 |
| 1981 | 2279.2 | 2033.7 | 245.5 | 0.12 | 89 | 11 |
| 1982 | 2490.7 | 2282.6 | 208.1 | 0.09 | 92 | 8 |
| 1983 | 2752.1 | 2507.3 | 244.8 | 0.10 | 91 | 9 |
| 1984 | 3250.3 | 2831.0 | 419.3 | 0.15 | 87 | 13 |
| 1985 | 4141.8 | 3381.4 | 760.4 | 0.22 | 82 | 18 |
| 1986 | 4715.0 | 4035.7 | 679.3 | 0.17 | 86 | 14 |
| 1987 | 5554.7 | 4803.8 | 750.9 | 0.16 | 86 | 14 |
| 1988 | 7157.7 | 5809.1 | 1348.6 | 0.23 | 81 | 19 |
| 1989 | 7905.7 | 6872.7 | 1033.0 | 0.15 | 87 | 13 |
| 1990 | 8151.5 | 7738.3 | 413.2 | 0.05 | 95 | 5 |
| 1991 | 9222.0 | 8426.4 | 795.6 | 0.09 | 91 | 9 |

　　像持久收入、暂时收入一样，持久消费、暂时消费在1978年

前后两个时期也有两个明显不同的特征：

（1）稳定性和不稳定性特征。1978 年以前，暂时消费有一些小的波动，持久消费则呈平缓增长态势，1978 年以后暂时消费波动较大，持久消费则呈急剧上升态势。

（2）暂时消费比重由小增大。

### 3. 消费不同部分同收入不同部分的关系

由以上分析，可以推导：

（1）暂时消费与收入的变动不相关；

（2）持久消费与收入中的暂时收入部分关系不大；

（3）暂时收入与消费的变动不相关；

（4）持久收入与消费中的暂时消费部分关系不大。

第一点意味着从式 7.13 的 $C_t$ 中去掉 $C_{t,t}$ 部分后，不影响，甚至改进回归的结果。这可以用式 7.13 和式 7.14 中的回归结果进行比较验证。第二点意味着式 7.14 中落下 $Y_{t,t}$ 这一变量后基本上不影响回归结果，即前面已指出的，$Y_{t,t}$ 的系数 $\beta_2$ 不具有统计显著性。由于消费对收入的回归和收入对消费的回归是对称的或对偶的一对回归，第三和第四点的检验同一、二点的，即用式 7.17 和式 7.18 的回归结果检验第三点，用式 7.18 中 $C_{t,t}$ 的系数和式 7.18 与式 7.19 的回归结果检验第四点。对式 7.13、式 7.14 和式 7.17、式 7.18 作双对数变换后的回归结果（见表 7-7）完全验证了上述几点。

表 7-7　消费不同部分与收入不同部分回归结果

| 式号 | $\alpha$ | $\beta_1$ | $\beta_2$ | $R^2$ | S.E. | D.W. |
|---|---|---|---|---|---|---|
| 7.13 | 1.007 | 0.783 | 0.127 | 0.9993 | 0.018 | 1.641 |
|  | （14.282） | （45.860） | （8.772） |  |  |  |

| 式号 | $\alpha$ | $\beta_1$ | $\beta_2$ | $R^2$ | S.E. | D.W. |
|---|---|---|---|---|---|---|
| 7.14 | 0.612 | 0.912 | 0.0002 | 0.9998 | 0.008 | 0.967 |
| | (18.844) | (116.018) | (0.0067) | | | |
| 7.15 | 0.611 | 0.913 | — | 0.9998 | 0.008 | 0.963 |
| | (22.770) | (280.324) | | | | |
| 7.17 | −0.397 | 1.003 | 0.102 | 0.9994 | 0.018 | 2.166 |
| | (−5.683) | (69.357) | (8.432) | | | |
| 7.18 | −0.669 | 1.096 | −0.0001 | 0.9998 | 0.009 | 0.967 |
| | (−18.88) | (149.257) | (−0.029) | | | |
| 7.19 | −0.668 | 1.095 | — | 0.9998 | 0.009 | 0.964 |
| | (−21.025) | (280.324) | | | | |

### 4. 关于 $\rho Y_{t,t} C_{t,t} = 0$ 的分析和引申讨论

从图 7-6 和图 7-7 看，$C_{t,t}$ 和 $Y_{t,t}$ 似乎是密切相关的，即 $\rho C_{t,t} Y_{t,t} = 0$ 不能成立。按弗里德曼的分析[①]，就个别消费者而言，在一特定时期，有些消费者的暂时收入或消费为正值，而另一些的为负值。这样，似乎可以假定整个社会的暂时收入或消费的平均值均等于零。但是，这并不确切，弗氏正确地区分了两类影响暂时收入或消费的因素，一类是对不同消费者产生不同影响的因素，如偶然的疾病，一次有利的购买机会等，这类因素的影响趋向于平均为零；另一类是对一组消费者产生相同影响的因素，如某年的好收成等，这类因素的影响使消费者群体产生正的或负的平均暂时收入或消费。

---

[①]　Milton Friedman, *A Theory of the Consumption Function*, Princeton University Press, 1957, pp. 22-23.

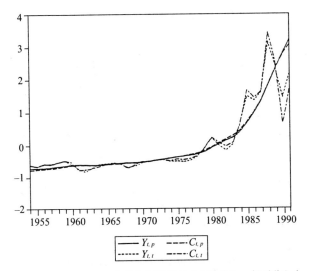

图 7-6 1954—1991 年收入不同部分（持久收入、暂时收入）
与消费不同部分（持久消费、暂时消费）的相关关系

这种分析有一定道理。按此，这里分析的是总量关系，在这种关系中，前一类因素的影响已经平均掉，存在的是后一类因素的影响。从图 7-7 中暂时收入或消费的波动态势看，与这一时期我国宏观经济的变动走向完全吻合，说明就全国消费者整体而言，影响其暂时收入或消费的主要因素是经济周期波动，且这种影响对不同消费者基本上是相同的，属于后一类因素。

图 7-7 也说明了我国消费者行为在后一类因素影响下的"同步震荡"特征。

暂时收入与暂时消费的同步震荡似乎与暂时收入主要用于购买耐用消费品相关（除用于储蓄外）。弗氏持久收入假定的含义包括，暂时收入假若用于消费，将主要用于购置耐用消费品，由此可以推论，耐用消费品支出同暂时收入的相关程度要比其同持久收入的高得多。

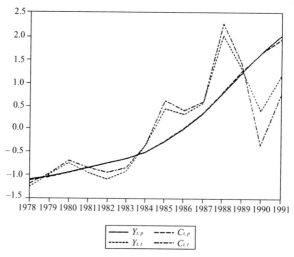

**图 7-7　1978—1991 年收入不同部分（持久收入、暂时收入）**
**与消费不同部分（持久消费、暂时消费）的相关关系**

## 二、非耐用消费品、耐用消费品和劳务支出构成对消费——收入关系的影响

囿于所能利用的数据资料和我国城乡居民消费支出的实际情况，这里仅能以城镇居民的情况为例进行分析。

### 1. 数据估计

在耐用消费品支出的估计上，由于我国统计资料中没有现成的数据可以利用，有一定困难。按我国现行的统计体系，一般是把居民消费支出归纳为两大类：消费品支出和劳务支出。消费品支出中包括了非耐用消费品支出和耐用消费品支出。因此，只要估计出耐用消费品支出，就可以从消费品支出中减去耐用消费品支出部分，得出非耐用消费品支出数据。本书利用1981—1991年中国城镇居民家庭收支抽样调查资料中有关居民户耐用消费品支出的数据，估算出城镇居民耐用消费品支出总量和相应的非耐用消费品支出总量，加上劳务支出，结果如表7-8所示。

表7-8　城镇居民消费支出构成（1981—1991年）

| 年份 | 消费支出总额（亿元） | 非耐用品 | | 耐用品 | | 劳务 | |
|---|---|---|---|---|---|---|---|
| | | 支出（亿元） | 比重（%） | 支出（亿元） | 比重（%） | 支出（亿元） | 比重（%） |
| 1981 | 913.60 | 799.08 | 87.46 | 41.52 | 4.54 | 73.00 | 7.99 |
| 1982 | 960.20 | 846.98 | 88.21 | 37.62 | 3.92 | 75.60 | 7.87 |
| 1983 | 1023.30 | 906.54 | 88.59 | 36.46 | 3.56 | 80.30 | 7.85 |
| 1984 | 1176.90 | 1032.51 | 87.73 | 41.39 | 3.52 | 103.00 | 8.75 |
| 1985 | 1529.30 | 1327.03 | 86.77 | 79.37 | 5.19 | 122.90 | 8.04 |
| 1986 | 1800.00 | 1569.64 | 87.20 | 88.36 | 4.91 | 142.00 | 7.89 |
| 1987 | 2118.60 | 1859.42 | 87.77 | 86.18 | 4.07 | 173.00 | 8.17 |
| 1988 | 2799.10 | 2462.93 | 87.99 | 123.17 | 4.40 | 213.00 | 7.61 |
| 1989 | 3144.70 | 2765.18 | 87.93 | 122.12 | 3.88 | 257.40 | 8.19 |
| 1990 | 3344.60 | 2942.01 | 87.96 | 86.09 | 2.57 | 316.50 | 9.46 |
| 1991 | 3899.40 | 3436.37 | 88.13 | 74.53 | 1.91 | 388.50 | 9.96 |

同时，由于这里要分析消费支出构成同收入不同部分（持久收入和暂时收入）的关系，按照7.1节中的方法估算了城镇居民的持久收入和暂时收入，数据见表7-9。

表7-9　城镇居民收入（总量）构成（1978—1991年）

| 年份 | 收入总额（亿元） | 持久部分（亿元） | 暂时部分（亿元） |
|---|---|---|---|
| 1978 | 751.60 | 683.40 | 68.20 |
| 1979 | 853.40 | 760.67 | 92.73 |

续表

| 年份 | 收入总额（亿元） | 持久部分（亿元） | 暂时部分（亿元） |
|---|---|---|---|
| 1980 | 1028.40 | 877.80 | 150.60 |
| 1981 | 1083.60 | 988.47 | 95.13 |
| 1982 | 1158.60 | 1090.20 | 68.40 |
| 1983 | 1236.80 | 1159.67 | 77.13 |
| 1984 | 1517.90 | 1304.43 | 213.47 |
| 1985 | 1984.60 | 1579.77 | 404.83 |
| 1986 | 2457.50 | 1986.67 | 470.83 |
| 1987 | 2876.00 | 2439.37 | 436.63 |
| 1988 | 3657.00 | 2996.83 | 660.17 |
| 1989 | 4267.70 | 3600.23 | 667.47 |
| 1990 | 4900.70 | 4275.13 | 625.57 |
| 1991 | 5682.60 | 4950.33 | 732.27 |

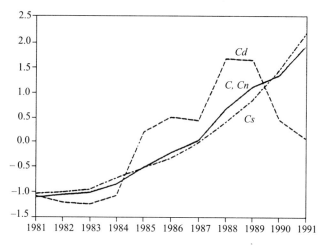

说明：

$C$ 为消费支出总额，$Cn$ 为非耐用消费品支出

$Cd$ 为耐用消费品支出，$Cs$ 为劳务支出。

图 7-8　非耐用消费品支出、劳务支出的稳定性与耐用消费品支出的不稳定性

## 2. 回归结果和相关分析

根据本书的分析，在消费支出的三个构成部分中，非耐用消费品支出和劳务支出是比较稳定的部分，而耐用消费品支出是不稳定的部分。这一节中估计的实际数据完全支持这种观点，如图 7-8 所示，就消费支出各部分的变动看，非耐用消费品支出变动轨迹与消费支出总额的几乎完全重合，劳务支出的与消费总额的大体上一致，三者均是稳定增长趋势；唯独耐用消费品支出的变动有较大的波动。由此，可以推测，在消费支出不同部分与收入不同部分的关系上，非耐用消费品支出和劳务支出与收入中的持久部分相关密切，与暂时性部分相关较弱；耐用消费品支出则完全相反，与持久性部分相关较弱，与暂时性部分相关密切。对此，可以分别做消费支出不同部分对收入不同部分的回归，回归模型为，

$$C_j = \alpha + \beta_1 Y_{t,p} + \beta_2 Y_{t,t} \qquad 7.22$$

式中，$j = 1, 2, 3$，分别代表非耐用消费品支出、耐用消费品支出和劳务支出，$Y_{t,p}$ 和 $Y_{t,t}$ 表示持久收入和暂时收入。回归结果见表 7-10。

**表 7-10　消费构成与收入不同部分的关系**

|  | $\alpha$ | $\beta_1$ | $\beta_2$ | $R^2$ | S.E. | D.W. |
|---|---|---|---|---|---|---|
| 非耐用品 | 182.16 | 0.527 | 0.908 | 0.996 | 66.35 | 1.360 |
|  | （4.383） | （14.807） | （4.698） |  |  |  |
| 耐用品 | 38.47 | −0.019 | 0.204 | 0.882 | 12.22 | 1.118 |
|  | （5.025） | （−2.972） | （5.730） |  |  |  |
| 劳务 | 5.986 | 0.08 | −0.025 | 0.994 | 9.27 | 1.283 |
|  | （−1.032） | （−2.972） | （5.730） |  |  |  |

从回归结果看，耐用消费品支出回归中 $Y_{t,p}$ 中系数 $\beta_1$ 很小，说明其与持久收入相关很弱，而 $Y_{t,t}$ 的系数为 0.204，说明与暂时收入相关较强；劳务支出回归中 $Y_{t,t}$ 的系数很小，且系数的 T 检验值过小，表明劳务支出与暂时收入相关较弱。耐用消费品支出和劳务支出的回归结果完全证实了上述推测。非耐用消费品支出的回归结果稍有不同，$Y_{t,p}$ 和 $Y_{t,t}$ 的系数均较大且 $Y_{t,t}$ 的系数大于 $Y_{t,p}$ 的系数，与上式推测不同，对此可作的解释是：a）非耐用消费品支出中仍包括一些应划归耐用消费品支出项下的成分，如金银首饰、高档衣着等；b）居民在解决温饱的基础上，十分注重改善饮食质量。如果数据估算更准确些，也许基本上能证实上式的推测。

## 7.4　本章小结

这一章分析得出的主要结论是：

1. 影响消费的非收入因素分析证明，在本书第 3 章所建立的 1978 年以后的消费函数模型中，解释变量的选择是恰当的，非收入因素中除实物补贴外（这里暂不考虑居民资产因素，对这一因素的分析放到下一章），其他变量对消费—收入关系的影响不显著。

2. 把收入和消费分别划分为持久性部分和暂时性部分对于分析消费函数是十分重要的，从中得出的一些重要结论对于推进我国宏观经济理论分析，认识宏观经济运行态势和选择宏观经济调控政策及手段，有一定理论意义和实际意义。

# 8 假设和模型的实证检验（五）： 1978 年以后居民资产选择和个人投资 行为对消费的影响

在第 2 章关于 1978 年以来消费者行为的外部环境设定和内在设定分析中，曾指出：1978 年以后消费者拥有的金融资产和其他资产的数量迅速增加。并把此作为消费者的预算约束由现期一时向跨时过渡，消费者追求现期效用最大化向追求跨时效用最大化过渡的基本前提条件。第 3 章提出的关于中国消费函数的假说Ⅲ以及相应的模型，在很大程度上是建立在这个基本前提条件之上的。第 5 章则从居民资产拥有总量上证实了这个基本前提条件，在那里，主要是从消费者行为外部环境变迁的角度，分析居民资产拥有量对消费者行为的影响，因此，尤其重视居民资产总量的变化，正如在第 5 章已指出的：在外部环境的各种变化之中，对于消费者行为及消费函数分析具有特殊意义的变化是居民资产的积累已达到相当数量。

在这一章，将更细致地分析居民资产构成的变化，以及居民资产选择和个人投资行为对消费的影响。

# 8.1　居民资产的构成和估计

在 5.1 节已指出：1978 年以前，居民资产比较单一，全部资产由金融资产和实物资产构成，其中，金融资产主要是储蓄存款和手持现金，实物资产主要是农村居民的建房投资累积。1978 年以后，居民资产虽然仍由金融资产和实物资产两大部分构成，但每一部分的构成已多样化：金融资产除储蓄存款和手持现金外，还有各种有价证券；实物资产除农村居民建房外，还有城镇居民建房和耐用消费品的累积。因此，把全部资产划分为两大部分：金融资产和实物资产。其中：金融资产进一步细分为储蓄存款、手持现金和各种证券；实物资产进一步细分为固定资产存量和耐用消费品存量。按此分类估计的全国 1978—1991 年人均各种资产占有量数据见表 8-1。

在这一章，继续沿用上述分类，但考虑到城乡差别，更侧重于分别分析城镇和农村居民的资产构成和变化及其对消费、收入关系的影响。根据可利用的资料情况和其他因素（以下有关处再说明），城镇居民的金融资产由储蓄存款、手持现金和各种证券三部分构成，实物资产由住宅投资存量和耐用消费品存量两部分构成。农村居民的金融资产由储蓄存款和手持现金两部分构成。不考虑各种证券的理由一是没有可利用的资料，二是根据经验观察农村居民拥有的各种证券的数量相对很小，尤其是人均拥有数量（相对于城镇居民或相对于农村居民的其他类型金融资产），因此忽略后对分析的结论没有多少影响。农村居民的实物资产由住宅投资存量和生产资料拥有量构成，不包括耐用消费品存量的理由基本上与各种证券的相同，不再赘述。

単位：元

表8-1 1978—1991年人均各种资产存量

| 年份 | 全部资产 | 金融资产 | | | | 实物资产 | | |
|---|---|---|---|---|---|---|---|---|
| | | 合计 | 储蓄存款 | 手持现金 | 各种证券 | 合计 | 固定资产 | 耐用消费品 |
| 1978 | 91.88 | 49.94 | 32.13 | 17.81 | — | 41.94 | 41.94 | — |
| 1979 | 107.96 | 59.99 | 37.87 | 22.12 | — | 47.97 | 47.97 | — |
| 1980 | 308.82 | 80.09 | 51.60 | 28.49 | — | 228.74 | 58.83 | 169.91 |
| 1981 | 367.64 | 98.03 | 64.71 | 33.27 | 0.05 | 269.61 | 75.17 | 194.44 |
| 1982 | 431.72 | 125.15 | 79.28 | 36.72 | 9.17 | 306.57 | 93.95 | 212.62 |
| 1983 | 500.72 | 150.06 | 96.35 | 44.48 | 9.23 | 350.66 | 122.84 | 227.81 |
| 1984 | 603.78 | 198.39 | 126.01 | 63.18 | 9.20 | 405.39 | 158.96 | 246.42 |
| 1985 | 762.63 | 255.93 | 161.01 | 77.47 | 17.45 | 506.70 | 205.55 | 301.15 |
| 1986 | 981.19 | 360.98 | 208.13 | 90.42 | 62.43 | 620.22 | 260.82 | 359.40 |
| 1987 | 1194.03 | 457.28 | 281.18 | 106.25 | 69.85 | 736.75 | 327.11 | 409.64 |
| 1988 | 1484.94 | 582.10 | 342.40 | 152.50 | 87.21 | 902.84 | 410.99 | 491.84 |
| 1989 | 1819.97 | 762.88 | 455.62 | 164.16 | 143.10 | 1057.09 | 492.31 | 564.78 |
| 1990 | 2112.25 | 950.29 | 615.22 | 182.73 | 152.34 | 1161.96 | 567.57 | 594.39 |
| 1991 | 2423.62 | 1158.63 | 786.57 | 216.76 | 155.30 | 1264.99 | 655.51 | 609.48 |

资料来源：参见表 5-1 说明。

按以上分类估计的城镇居民和农村居民人均各种资产占有量数据见表 8-2 和表 8-3。

## 8.2　城镇居民的投资行为与消费

### 一、选择空间的变化及其结果

1978 年以来城镇居民投资的一个最显著的变化是投资选择空间拓宽。1978 年以前，城镇居民仅有很少一点储蓄存款、手持现金和较低档次的一些耐用消费品，像家具、自行车、手表、收音机等。1978 年以后，随着经济体制改革的进展，城镇居民资产选择空间明显加宽，除储蓄存款、手持现金外，金融资产类中增加了各种有价证券，实物资产类中增加了住宅投资存量，耐用消费品投资的档次和品种也大为改观。这些可以从居民资产存量构成变化、增量变化和增量构成变化情况作细致分析。

#### 1. 城镇居民资产存量构成

城镇居民资产存量构成变化情况见表 8-4 和图 8-1。

1978 年，以居民全部资产存量为 100，储蓄存款占 36.79%，手持现金占 8.46%，各种有价证券为 0，耐用消费品存量占 54.75%，住宅为 0；到 1991 年相应的数字为 64.44%、6.63%、4.5%、17.66% 和 6.77%。具体看：

（1）储蓄存款持续增加。尽管城镇居民资产选择的空间拓宽，从表 8-4 和图 8-1 看，其资产选择的主要项目是储蓄存款。储蓄存款占全部资产的比重由 1978 年的 36.79% 上升到 1991 年的 64.44%，取代耐用消费品存量而成为城镇居民资产中的主要部分。

表 8-2　城镇居民人均资产存量

单位：元

| 年份 | 全部资产 | 金融资产 | | | | 实物资产 | | |
|---|---|---|---|---|---|---|---|---|
| | | 合计 | 储蓄存款 | 手持现金 | 有价证券 | 合计 | 耐用消费品 | 住宅 |
| 1978 | 244.15 | 110.47 | 89.82 | 20.64 | – | 133.68 | 133.68 | – |
| 1979 | 283.61 | 132.90 | 109.54 | 23.36 | – | 150.71 | 150.71 | – |
| 1980 | 346.87 | 176.96 | 147.60 | 29.36 | – | 169.91 | 169.91 | – |
| 1981 | 409.53 | 209.36 | 175.55 | 33.76 | 0.05 | 200.17 | 194.44 | 5.73 |
| 1982 | 473.73 | 252.79 | 208.24 | 35.38 | 9.17 | 220.94 | 212.62 | 8.32 |
| 1983 | 551.39 | 308.73 | 257.07 | 42.43 | 9.23 | 242.67 | 227.81 | 14.85 |
| 1984 | 661.94 | 390.81 | 323.35 | 58.25 | 9.20 | 271.13 | 246.42 | 24.71 |
| 1985 | 860.99 | 517.10 | 421.54 | 78.11 | 17.45 | 343.89 | 301.15 | 42.74 |
| 1986 | 1145.21 | 721.35 | 558.11 | 100.81 | 62.43 | 423.87 | 359.40 | 64.47 |
| 1987 | 1432.83 | 930.80 | 747.13 | 113.83 | 69.85 | 502.03 | 409.64 | 92.40 |
| 1988 | 1803.51 | 1175.80 | 927.81 | 160.78 | 87.21 | 627.72 | 491.84 | 135.87 |
| 1989 | 2316.92 | 1580.95 | 1264.32 | 173.53 | 143.10 | 735.97 | 564.78 | 171.20 |
| 1990 | 2859.15 | 2064.90 | 1719.92 | 192.64 | 152.34 | 794.25 | 594.39 | 199.86 |
| 1991 | 3450.57 | 2607.51 | 2223.39 | 228.82 | 155.30 | 843.05 | 609.48 | 233.57 |

**表 8-3 农村居民人均资产存量**

| 年份 | 全部资产 | 金融资产 | | | 实物资产 | | | |
|---|---|---|---|---|---|---|---|---|
| | | 合计 | 储蓄存款 | 手持现金 | 合计 | 生产性固定资产 | 住宅 | 非住宅房屋 |
| 1979 | 35.58 | 29.27 | 9.92 | 19.36 | 6.31 | — | 6.31 | — |
| 1980 | 53.92 | 39.77 | 14.70 | 25.06 | 14.16 | — | 14.16 | — |
| 1981 | 82.94 | 51.45 | 21.23 | 30.22 | 31.49 | — | 31.49 | — |
| 1982 | 121.09 | 63.45 | 28.45 | 35.00 | 57.64 | 5.50 | 51.14 | 1.00 |
| 1983 | 175.11 | 82.82 | 39.62 | 43.19 | 92.29 | 11.22 | 76.69 | 4.38 |
| 1984 | 254.81 | 117.18 | 54.53 | 62.65 | 137.64 | 25.10 | 104.95 | 7.58 |
| 1985 | 339.10 | 144.98 | 69.94 | 75.04 | 194.13 | 40.48 | 141.63 | 12.01 |
| 1986 | 442.55 | 181.46 | 94.42 | 87.05 | 261.09 | 48.53 | 186.69 | 25.88 |
| 1987 | 567.94 | 226.89 | 123.21 | 103.68 | 341.05 | 58.85 | 242.64 | 39.56 |
| 1988 | 727.58 | 288.30 | 138.69 | 149.61 | 439.28 | 72.73 | 308.32 | 58.23 |
| 1989 | 868.39 | 330.64 | 169.80 | 160.84 | 537.75 | 83.04 | 379.31 | 75.40 |
| 1990 | 1029.21 | 398.04 | 218.87 | 179.17 | 631.17 | 93.19 | 448.95 | 89.03 |
| 1991 | 1225.21 | 484.42 | 271.97 | 212.44 | 740.79 | 106.58 | 529.00 | 105.21 |

表 8-4  城镇居民人均资产存量构成（%）

| 年份 | 金融资产 | | | | 实物资产 | | |
|---|---|---|---|---|---|---|---|
| | 合计 | 储蓄存款 | 手持现金 | 有价证券 | 合计 | 耐用消费品 | 住宅 |
| 1978 | 45.25 | 36.79 | 8.46 | — | 54.75 | 54.75 | — |
| 1979 | 46.86 | 38.62 | 8.24 | — | 53.14 | 53.14 | — |
| 1980 | 51.02 | 42.55 | 8.47 | — | 48.98 | 48.98 | — |
| 1981 | 51.12 | 42.87 | 8.24 | 0.01 | 48.88 | 47.48 | 1.40 |
| 1982 | 53.36 | 43.96 | 7.47 | 1.94 | 46.64 | 44.88 | 1.76 |
| 1983 | 55.99 | 46.62 | 7.69 | 1.67 | 44.01 | 41.32 | 2.69 |
| 1984 | 59.04 | 48.85 | 8.80 | 1.39 | 40.96 | 37.23 | 3.73 |
| 1985 | 60.06 | 48.96 | 9.07 | 2.03 | 39.94 | 34.98 | 4.96 |
| 1986 | 62.99 | 48.73 | 8.80 | 5.45 | 37.01 | 31.38 | 5.63 |
| 1987 | 64.96 | 52.14 | 7.94 | 4.87 | 35.04 | 28.59 | 6.45 |
| 1988 | 65.19 | 51.44 | 8.91 | 4.84 | 34.81 | 27.27 | 7.53 |
| 1989 | 68.23 | 54.57 | 7.49 | 6.18 | 31.77 | 24.38 | 7.39 |
| 1990 | 72.22 | 60.15 | 6.74 | 5.33 | 27.78 | 20.79 | 6.99 |
| 1991 | 75.57 | 64.44 | 6.63 | 4.50 | 24.43 | 17.66 | 6.77 |

（2）手持现金变化不大。除 1990、1991 年两年略低外，大体上在 7.47%—9.07% 波动。

（3）耐用消费品存量份额持续下降。1978 年为 54.75%，远高于储蓄存款的 36.79%，为城镇居民资产存量的主要部分；1991 年下降到 17.66%，已大大低于储蓄存款的 64.44%。

（4）各种有价证券和住宅资产存量从无到有，已成为城镇居民资产中不可忽略的部分。

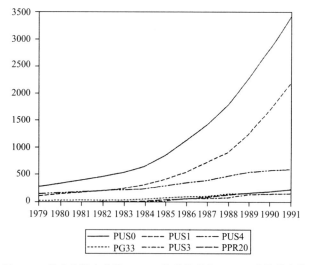

说明：PUS0 为人均资产总量，PG33 为手持现金，PUS1 为储蓄存款，PUS3 为有价证券，PUS4 为耐用消费品，PPR20 为住宅。

**图 8-1　城镇居民资产存量构成变化**

## 2. 城镇居民资产增量变化

城镇居民各种资产增量及其构成变化见表 8-5 和表 8-6。在各种资产增量变化中，储蓄存款呈明显上升趋势，其他各项均有一定幅

单位：元

## 表8-5 城镇居民人均资产增量

| 年份 | 全部资产 | 金融资产 | | | | 实物资产 | | |
|---|---|---|---|---|---|---|---|---|
| | | 合计 | 储蓄存款 | 手持现金 | 有价证券 | 合计 | 耐用消费品 | 住宅 |
| 1979 | 39.46 | 22.43 | 19.72 | 2.71 | — | 17.03 | 17.03 | — |
| 1980 | 63.26 | 44.06 | 38.05 | 6.00 | — | 19.20 | 19.20 | — |
| 1981 | 62.66 | 32.40 | 27.95 | 4.40 | 0.05 | 30.26 | 24.53 | 5.73 |
| 1982 | 64.20 | 43.43 | 32.69 | 1.62 | 9.12 | 20.77 | 18.18 | 2.59 |
| 1983 | 77.66 | 55.93 | 48.83 | 7.04 | 0.06 | 21.73 | 15.20 | 6.53 |
| 1984 | 110.54 | 82.07 | 66.28 | 15.82 | -0.03 | 28.47 | 18.61 | 9.86 |
| 1985 | 199.05 | 126.29 | 98.18 | 19.86 | 8.25 | 72.76 | 54.73 | 18.03 |
| 1986 | 284.23 | 204.25 | 136.57 | 22.71 | 44.97 | 79.98 | 58.24 | 21.73 |
| 1987 | 287.62 | 209.46 | 189.02 | 13.01 | 7.42 | 78.16 | 50.24 | 27.92 |
| 1988 | 370.68 | 244.99 | 180.68 | 46.95 | 17.36 | 125.68 | 82.21 | 43.48 |
| 1989 | 513.41 | 405.15 | 336.51 | 12.75 | 55.89 | 108.26 | 72.94 | 35.32 |
| 1990 | 542.23 | 483.95 | 455.60 | 19.11 | 9.24 | 58.28 | 29.61 | 28.66 |
| 1991 | 591.42 | 542.62 | 503.47 | 36.18 | 2.96 | 48.80 | 15.09 | 33.71 |

表 8-6 城镇居民人均资产增量构成（%）

| 年份 | 金融资产 | | | | 实物资产 | | |
|---|---|---|---|---|---|---|---|
| | 合计 | 储蓄存款 | 手持现金 | 有价证券 | 合计 | 耐用消费品 | 住宅 |
| 1979 | 56.85 | 49.97 | 6.88 | — | 43.15 | 43.15 | — |
| 1980 | 69.65 | 60.16 | 9.49 | — | 30.35 | 30.35 | — |
| 1981 | 51.71 | 44.61 | 7.02 | 0.08 | 48.29 | 39.15 | 9.15 |
| 1982 | 67.65 | 50.92 | 2.52 | 14.21 | 32.35 | 28.31 | 4.04 |
| 1983 | 72.02 | 62.88 | 9.07 | 0.08 | 27.98 | 19.57 | 8.41 |
| 1984 | 74.25 | 59.96 | 14.31 | -0.03 | 25.75 | 16.83 | 8.92 |
| 1985 | 63.45 | 49.33 | 9.98 | 4.15 | 36.55 | 27.49 | 9.06 |
| 1986 | 71.86 | 48.05 | 7.99 | 15.82 | 28.14 | 20.49 | 7.65 |
| 1987 | 72.82 | 65.72 | 4.52 | 2.58 | 27.18 | 17.47 | 9.71 |
| 1988 | 66.09 | 48.74 | 12.67 | 4.68 | 33.91 | 22.18 | 11.73 |
| 1989 | 78.91 | 65.54 | 2.48 | 10.89 | 21.09 | 14.21 | 6.88 |
| 1990 | 89.25 | 84.02 | 3.52 | 1.70 | 10.75 | 5.46 | 5.29 |
| 1991 | 91.75 | 85.13 | 6.12 | 0.50 | 8.25 | 2.55 | 5.70 |

度的波动，波动幅度最大的是各种有价证券，耐用消费品和手持现金次之。从增量构成上看，各种有价证券所占比重的波动范围在 0.08%—15.82%，耐用消费品在 2.55%—43.15%，手持现金在 2.48%—14.31%。

城镇居民资产增量结构的变化反映着其投资行为的变化。首先，从资产的两大部分——金融资产和实物资产看，城镇居民更偏好于金融资产，金融资产增量所占比重由 1979 年的 56.85% 上升到 1991 年的 91.75%，同期实物资产由 43.15% 下降为 8.25%。其次，就金融资产增量内部看，城镇居民较偏好于储蓄存款，储蓄存款增量所占比重波动幅度较小，且呈上升趋势，而手持现金和各种有价证券增量所占比重波动幅度较大，且不具有上升趋势。在储蓄存款和手持现金之间的选择上偏向前者的原因比较明显，储蓄存款除安全外，具有增值或保值的功能，居民除保留现金周转所必需的手持现金外，余外的现金倾向于采取储蓄存款形式。从表 8-4 看，手持现金占居民资产总量的比重幅波很小，接近于为一个常数，大体在 7.5%—9.0%。因此，这个数可以看作为城镇居民满足日常现金周转所必需的手持现金份额。

在储蓄存款和有价证券之间的选择上偏向于前者的原因比较复杂。可以考虑到的有：有价证券市场的不成熟；有价证券投资在操作上较储蓄存款复杂，而城镇居民投资素质的提高需要假以时日；储蓄存款的灵活性较有价证券大；储蓄存款相对风险小得多。

在城镇居民资产选择变化所反映的其投资行为上，有几个较明显的变化影响着其消费—收入关系，一个是金融资产所占比重的变化，另一个是耐用消费品存量的变化。

## 二、金融资产存量变化与消费—收入关系

　　就各种资产的流动性（灵活性）来说，金融资产明显优于实物资产。1978—1991 年，城镇居民资产存量中，金融资产所占比重大幅度上升，由 45.25% 上升为 75.75%，增加 30.32 个百分点，实物资产所占比重相应大幅度下降，由 54.75% 下降为 24.43%，减少了 30.32 个百分点。城镇居民资产存量构成上的这种显著变化使其灵活性大为增强。

　　城镇居民资产流动性增强对于消费者行为及消费—收入函数的意义在于，在整个经济中资本市场尚不健全和发达的情况下，居民资产流动性的增强使居民跨时预算所受到的约束放松，从而在一定程度上改变了消费路径。对此，可用图 8-2 形象表示。

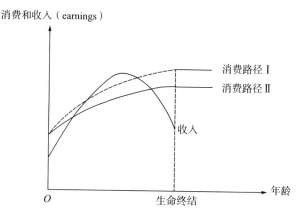

图 8-2　生命周期过程中的消费和收入（earnings）[①]

　　①　图 8-2 参照 George Hadjimatheou（1987）图 3.2 绘制，但表示的含义已有不同。参见 George Hadjimatheou, *Consumer Economics after Keynes: Theory and Evidence of the Consumption Function*, St Martin's Press, 1987, p. 57。

图 8-2 中，消费路径 I 表示居民资产流动性增强前的消费路径，消费路径 II 则表示增强后的消费路径。在终生收入轨迹不变的假定下，消费路径 II 较消费路径 I 平坦一些，这是由于居民资产流动性的增强使居民有可能在跨时预算约束放松的条件下，跨时规划或者说安排自己的消费。从两条消费路径与收入这三条曲线看，消费路径 I 与即期收入的相关程度较高，消费路径 II 与即期收入的相关程度较低，即按消费路径 II，现期消费更倾向于取决消费者的终生收入，或者说对终生收入的预期。

以上分析所暗含的消费函数生命周期假定含义十分显然，摩迪里安尼曾用图 8-3 解释其生命周期假定 [①]：

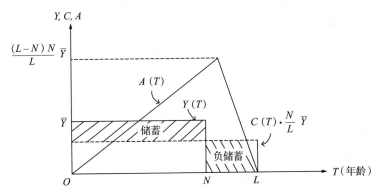

**图 8-3　收入、消费、储蓄和财产作为年龄的函数**

图 8-3 中，纵轴表示收入（$Y$），消费（$C$）和财产（$A$），横

① Franco Modigliani, "Life Cycle, Individual Thrift, and the Wealth of Nations", *The American Economic Review*, vol. 76, no. 3, Jun. 1986, pp. 297-313.

轴表示年龄,$N$ 为一生中工作年数,$L$ 为生命长度,$L-N$ 为退休年数,$\overline{Y}$ 为个人收入。在某种意义上,图 8-2 是图 8-3 更接近现实的一种简化形式。当然,由于中国城镇居民的预算约束处于从现期一时向跨时过渡中,其消费路径应比摩迪里安尼所设想的要陡一些。

以上分析可以用 1978 年前后两个时期中城镇居民人均现期消费与现期收入的回归模型验证:

$$C = \alpha + \beta Y \qquad\qquad 8.1$$

$$\mathrm{Ln}(C) = \alpha + \beta\mathrm{Ln}(Y) \qquad\qquad 8.2$$

按照上述分析,1978 年以后的边际消费倾向和消费的收入弹性应明显低于 1978 年以前的,分别代入 1952—1977 年和 1978—1991 年城镇居民消除了价格因素的人均消费、收入数据,回归结果如表 8-7。

表 8-7　式 8.1 和式 8.2 回归结果

|  | $\alpha$ | $\beta$ | $R^2$ | S.E. | D.W. |
|---|---|---|---|---|---|
| 式 8.1 |  |  |  |  |  |
| 1952—1977 年 | 0.020<br>(0.006) | 0.893<br>(88.693) | 0.997 | 5.50 | 1.188 |
| 1978—1991 年 | 180.51<br>(12.628) | 0.641<br>(48.023) | 0.995 | 18.39 | 1.952 |
| 式 8.2 |  |  |  |  |  |
| 1952—1977 年 | −0.056<br>(−0.843) | 1.007<br>(84.306) | 0.997 | 0.023 | 1.116 |
| 1978—1991 年 | 1.376<br>(16.681) | 0.774<br>(64.306) | 0.997 | 0.017 | 2.275 |

1952—1977 年和 1978—1991 年的边际消费倾向分别为 0.983

和 0.641，消费的收入弹性分别为 1.007 和 0.774，完全验证了本书的分析。

### 三、耐用消费品增量、存量与消费—收入关系

#### 1.两个不同的分析角度

作为影响消费支出的重要因素之一，耐用消费品在消费—收入关系研究中一直被人们所重视，但也一直存在较多歧义。按照凯恩斯的绝对收入假定，消费者单位用于购买消费品和劳务的支出为消费支出，因此，消费支出包括购买耐用消费品的支出，即购买耐用消费品支出是消费支出的构成部分。而按照弗里德曼的持久收入假定，消费—收入关系中分析的是消费者单位对购买来的消费品和劳务的实际消费量，就耐用消费品而言，由于其被购买后具有较长的使用寿命，所以在耐用消费品上的消费支出和对其的实际消费是不同的。因此，在弗里德曼的实际消费中包括消费者单位购买非耐用消费品、劳务支出和购买耐用消费品支出中的实际消费价值。而购买耐用消费品支出中的其余部分被看成是储蓄。[①]

与这种不同观点相对应，在消费函数研究中，对耐用消费品支出的处理方法主要有两种：一种是把其作为消费支出；另一种把它看作为一种投资或储蓄，从消费支出中减掉。

本书在这里从两个不同的角度分析耐用消费品同消费—收入的关系：一是从耐用消费品增量的角度，分析城镇居民当年的耐用消

---

① 参见 Richard G. Lipsey, Peter O. Steiner, *Economics, 5th ed.*, Harper & Row, 1978, pp. 885–886。

费品支出，即耐用消费品增量的特点及其同收入，尤其是同收入不同部分的关系；二是从耐用消费品存量的角度，把城镇居民耐用消费品存量看作其资产的组成部分之一，分析这个存量对消费—收入的影响。

**2. 耐用消费品支出（增量）的特点及其同收入不同部分的关系**

在市场经济国家，耐用消费品支出的波动性是一个可观察到的事实，因此这些国家的经济学家认为，相对收入来说消费支出的短期不稳定性大部分集中在耐用消费品方面[①]。这一点对于中国经济体制改革以来，向市场经济体制过渡期间是否成立，则需要用实际数据验证。图 8-4 显示了 1979—1991 年城镇居民人均消费支出和人均耐用消费品支出的逐年变动情况。说明：a）以 1984年城市经济体制改革全面展开为界划分为前后两个时期：1984—1991 年耐用消费品支出的波动幅度显著高于 1979—1984 年的幅度，耐用消费品支出的不稳定性增加；b）与消费支出相比，耐用消费品支出的不稳定性十分显著；c）由于耐用消费品支出占全部消费支出的比重很小（1979—1991 年在 0.01%—0.08%），耐用消费品支出波动对消费支出的稳定性影响微弱，消费支出比较平滑地稳定增长；d）消费支出增长的微小变动同耐用消费品支出的波动相关。

---

① 参见〔美〕加德纳·阿克利：《宏观经济理论》，陈彪如译，上海译文出版社1981 年版，第 310 页；J. N. Morgan, "Consumer Investment Expenditures", *The Amercian Economic Review*, vol. 48, no. 5, 1958, pp. 874-902。

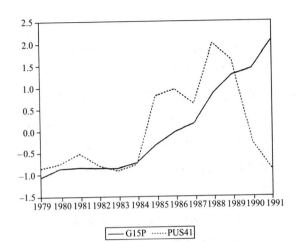

说明：G15P 为人均消费支出，PUS41 为人均耐用消费品支出

**图 8-4  1979—1991 年城镇居民人均消费支出和人均
耐用消费品支出逐年变动情况**

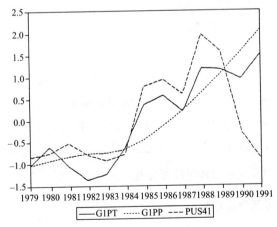

说明：G1PT 为人均暂时收入，G1PP 为人均持久收入，PUS41 为人均耐用消
费品支出

**图 8-5  耐用消费品支出同持久收入、暂时收入的相关关系**

在第 7 章分析居民收入不同部分的特征时，已看到收入中暂时收入部分的波动幅度较大，而持久收入部分比较稳定。由此作一简单推断是：从耐用消费品支出的不稳定性看，其与收入中暂时性部分的关系要比其与收入中持久性部分的关系密切得多。这也是弗里德曼持久收入假定所持的观点。进一步说，暂时收入如果被用于消费支出，将主要用于购买耐用消费品[①]。图 8-5 基本上证明了这种推断，耐用消费品支出和暂时收入在 1979—1991 年不仅具有大体接近的波动幅度，而且除 1991 年外，波动的图形也相吻合。剔除 1991 年一年后，以城镇居民人均耐用消费品支出分别对暂时收入和持久收入做回归，结果如下：

$$C_d = 11.362 + 0.285 Y_t$$

$$(1.826)(5.387)$$

$$R^2 = 0.744 \quad S.E. = 12.753 \quad D.W. = 1.415$$

$$C_d = 4.185 + 0.044 Y_p$$

$$(0.282)$$

$$R^2 = 0.384 \quad S.E. = 19.768 \quad D.W. = 1.263$$

耐用消费品支出对暂时收入回归的相关系数为 0.744，而对持久收入回归的相关系数仅为 0.384；对暂时收入的边际消费倾向为 0.285，而对持久收入的仅为 0.044。回归结果也完全证明，耐用消费品支出同收入中的暂时性部分有更密切的关系。

### 3. 耐用消费品存量

耐用消费品存量对消费—收入关系的影响主要是通过其对总消

---

① 参见厉以宁：《消费经济学》，人民出版社 1984 年版，第 74 页。

费支出中耐用消费品支出部分的影响实现的。购买耐用消费品的支出受到消费者现有耐用消费品的存量以及这一存量的役龄构成的影响[①]。后一个因素——耐用消费品存量的役龄构成的影响，现在还不可能作实证分析，原因除缺乏相应的数据外，主要在于我国城镇居民现在拥有的一些主要耐用消费品，如彩色电视机、双门电冰箱、双缸或全自动洗衣机、高档家具等，多是在 80 年代中期才大量进入居民家庭的，至今还不满一个役龄周期。因此，现在分析这一因素的影响尚为时过早。但有一点这里可以顺便指出，考虑到这一因素的作用，在预测、分析耐用消费品支出时，仅仅考虑其普及率是不够的，还必须考虑到存量的役龄构成和与其相关的更新周期。一个简单的例子是，在 80 年代初期进入城镇居民家庭的单门小冰室电冰箱和单缸洗衣机现在已进入更新期，成为影响近期耐用消费品支出的一个因素。当然，其影响的大小要视这些耐用消费品在存量中所占的比重而定。

　　至于耐用消费品存量的影响，虽然它不是影响耐用消费品支出的唯一因素，但仍可推断是最主要的因素。另一种轻视存量重要性的观点认为，耐用消费品式样、性能的变化以及消费者对这种变化的理解和认识是决定耐用消费品支出的重要因素[②]。但是，这与人均收入水平的高低相关，在人均收入水平较高的经济发达国家，后一种观点更具真实性；而在人均收入水平较低的发展中国家，这种观

---

　　① 早在詹姆斯·摩尔根的研究中已暗示了这一点。参见他的 "Consumer Investment Expenditures", *The Amercian Economic Review*, vol. 48, no. 5, 1958, pp. 874-902。

　　② 参见〔美〕加德纳·阿克利：《宏观经济理论》，陈彪如译，上海译文出版社 1981 年版，第 311 页。

点是否成立值得怀疑，而前一种观点则可推断是成立的。回归分析证实了这一点，去掉 1990 和 1991 年两个不正常年份后，1979—1989 年，耐用消费品支出与耐用消费品存量的相关系数为 0.85。

# 8.3　农村居民的投资行为与消费

## 一、农村居民资产构成

### 1. 农村居民资产存量构成

农村居民拥有的各种资产的人均存量绝对量及其构成情况见表 8-3 和表 8-8。

农村居民占有的金融资产主要由储蓄存款和手持现金构成，占有的实物资产主要由生产性固定资产、住宅资产和其他房屋资产构成。1979—1991 年，农村居民拥有的资产存量结构发生了很大变化。

首先，金融资产和实物资产构成变化。金融资产所占比重由 1979 年的 82.26% 下降到 1991 年的 39.54%，实物资产则由 1979 年的 17.74% 上升到 1991 年的 60.46%，两者分别下降或上升了 42.72 个百分点，结构变动极大。金融资产存量比重的大幅度下降主要是由于手持现金所占比重的下降造成的，1991 年与 1979 年相比，手持现金比重由全部资产的 54.39% 下降到 17.34%，下降了 37.05 个百分点。实物资产存量比重的大幅度上升主要是由于住宅资产存量比重的上升造成的，1979—1991 年，住宅资产存量所占比重由 17.73% 上升到 43.18%，增加了 25.45 个百分点；此外，实物资产中的生产性固定资产存量和非住宅房屋资产存量分别从近于0上升到 8.7% 和 8.59%。

**表 8-8　农村居民人均资产存量构成（%）**

| 年份 | 金融资产 | | | 实物资产 | | | |
|---|---|---|---|---|---|---|---|
| | 合计 | 储蓄存款 | 手持现金 | 合计 | 生产性固定资产 | 住宅 | 非住宅房屋 |
| 1979 | 82.27 | 27.87 | 54.39 | 17.73 | – | 17.73 | – |
| 1980 | 73.75 | 27.27 | 46.48 | 26.25 | – | 26.25 | – |
| 1981 | 62.03 | 25.59 | 36.44 | 37.97 | – | 37.97 | – |
| 1982 | 52.40 | 23.50 | 28.90 | 47.60 | 4.54 | 42.23 | 0.83 |
| 1983 | 47.29 | 22.63 | 24.67 | 52.71 | 6.41 | 43.80 | 2.50 |
| 1984 | 45.99 | 21.40 | 24.59 | 54.01 | 9.85 | 41.19 | 2.98 |
| 1985 | 42.75 | 20.62 | 22.13 | 57.25 | 11.94 | 41.77 | 3.54 |
| 1986 | 41.00 | 21.33 | 19.67 | 59.00 | 10.96 | 42.18 | 5.85 |
| 1987 | 39.95 | 21.69 | 18.26 | 60.05 | 10.36 | 42.72 | 6.97 |
| 1988 | 39.62 | 19.06 | 20.56 | 60.38 | 10.00 | 42.38 | 8.00 |
| 1989 | 38.07 | 19.55 | 18.52 | 61.93 | 9.56 | 43.68 | 8.68 |
| 1990 | 38.67 | 21.27 | 17.41 | 61.33 | 9.05 | 43.62 | 8.65 |
| 1991 | 39.54 | 22.20 | 17.34 | 60.46 | 8.70 | 43.18 | 8.59 |

　　第二，金融资产存量结构的变化。从表 8-8 看，金融资产存量的内部结构有所变化。储蓄存款占全部资产存量的比重有较小幅度的下降，而手持现金所占比重下降幅度很大，据此，金融资产存量中前者所占比重上升，后者所占比重下降。具体分析，在全部资产存量中，储蓄存款所占比重在 1979—1982 年呈下降趋势，而 1983—1991 年在 19.06%—22.63% 波动，近于为一个常数。手持现金所占比重在 1979—1980 年逐年大幅度下降，年降幅在 7 个百分点以上，共下降了 25.49 个百分点，1982 年以后下降的速度趋缓。

　　第三，实物资产存量结构的变化。实物资产存量结构的变化主要在于资产由单一化向多样化发展。到 80 年代中期，实物资产存量中除住宅外，生产性固定资产和非住宅房屋资产已占相当份额。具体分析，住宅资产占全部资产的比重在 1979—1982 年逐年大幅度上升，年平均增幅为 8 个多百分点，1982 年以后稳定在41.19%—43.80%，年度间略有波动。生产性固定资产所占比重在1982—1985 年取上升趋势，1985—1991 年取下降趋势。非住宅房屋资产所占比重 1985—1988 年取上升趋势，1989—1991 年稳定在 8.6% 左右。

　　从以上存量结构变化中，可以分析许多有关农村经济体制改革以来，国家宏观经济政策、改革措施、宏观经济态势、工农业产品比价等对农村经济发展的效应。其中一些可取得重要的结论。囿于本书的主题，不宜一一展开论述，仅在本书研究范围以内归纳以下几个结论：

　　第一，农村居民资产的流动性明显弱化。这是由于金融资产所占份额由略高于五分之四下降为不足五分之二所致。

　　第二，农村居民资产向多样化发展。

　　第三，农村居民资产存量绝对量迅速增大。以现值计算，人均资产总量由 1979 年的 35.58 元增至 1991 年的 1225.21 元，增长了 33 倍多，其中金融资产由 1979 年的 28.68 元增至 1991 年的484.41 元，增长了 15 倍多。即使扣除价格因素，对这种大幅度增长的态势也没有太大影响。

　　以上几个结论对农村居民消费—收入关系的效应最明显的是，跨时计划消费的前提条件增强。

表 8-9　农村居民人均资产增量

单位：元

| 年份 | 全部资产 | 金融资产 | | | 实物资产 | | | |
| | | 合计 | 储蓄存款 | 手持现金 | 合计 | 生产性固定资产 | 住宅 | 非住宅房屋 |
| --- | --- | --- | --- | --- | --- | --- | --- | --- |
| 1979 | 11.49 | 7.06 | 2.87 | 4.19 | 4.43 | — | 4.43 | — |
| 1980 | 18.66 | 10.68 | 4.85 | 5.83 | 7.97 | — | 7.97 | — |
| 1981 | 29.47 | 11.85 | 6.58 | 5.27 | 17.62 | — | 17.62 | — |
| 1982 | 36.94 | 12.17 | 7.30 | 4.88 | 24.76 | 3.74 | 20.28 | 0.74 |
| 1983 | 57.59 | 19.81 | 11.37 | 8.44 | 37.78 | 7.56 | 26.57 | 3.66 |
| 1984 | 81.14 | 33.96 | 14.71 | 19.24 | 47.19 | 14.10 | 29.80 | 3.29 |
| 1985 | 87.65 | 28.41 | 15.69 | 12.72 | 59.24 | 15.89 | 38.78 | 4.58 |
| 1986 | 108.01 | 37.17 | 24.81 | 12.36 | 70.84 | 8.85 | 47.89 | 14.10 |
| 1987 | 131.69 | 46.50 | 29.35 | 17.15 | 85.19 | 11.29 | 59.69 | 14.21 |
| 1988 | 168.50 | 63.45 | 16.58 | 46.86 | 105.05 | 15.06 | 70.54 | 19.46 |
| 1989 | 152.37 | 45.10 | 32.44 | 12.66 | 107.26 | 11.77 | 77.16 | 18.33 |
| 1990 | 175.41 | 71.25 | 51.04 | 20.20 | 104.17 | 11.81 | 77.22 | 15.14 |
| 1991 | 213.94 | 91.69 | 56.03 | 35.66 | 122.25 | 15.25 | 89.03 | 17.97 |

表 8-10　农村居民人均资产增量构成（%）

| 年份 | 金融资产 | | | 实物资产 | | | |
|---|---|---|---|---|---|---|---|
| | 合计 | 储蓄存款 | 手持现金 | 合计 | 生产性固定资产 | 住宅 | 非住宅房屋 |
| 1979 | 61.46 | 25.00 | 36.46 | 38.54 | – | 38.54 | – |
| 1980 | 57.27 | 26.01 | 31.26 | 42.73 | – | 42.73 | – |
| 1981 | 40.22 | 22.34 | 17.88 | 59.78 | – | 59.78 | – |
| 1982 | 32.96 | 19.75 | 13.20 | 67.04 | 10.13 | 54.91 | 2.00 |
| 1983 | 34.39 | 19.74 | 14.65 | 65.61 | 13.12 | 46.14 | 6.35 |
| 1984 | 41.85 | 18.13 | 23.71 | 58.15 | 17.38 | 36.72 | 4.06 |
| 1985 | 32.41 | 17.90 | 14.51 | 67.59 | 18.13 | 44.24 | 5.22 |
| 1986 | 34.41 | 22.97 | 11.44 | 65.59 | 8.19 | 44.33 | 13.06 |
| 1987 | 35.31 | 22.29 | 13.02 | 64.69 | 8.58 | 45.32 | 10.79 |
| 1988 | 37.66 | 9.84 | 27.81 | 62.34 | 8.94 | 41.86 | 11.55 |
| 1989 | 29.60 | 21.29 | 8.31 | 70.40 | 7.72 | 50.64 | 12.03 |
| 1990 | 40.62 | 29.10 | 11.52 | 59.38 | 6.73 | 44.02 | 8.63 |
| 1991 | 42.86 | 26.19 | 16.67 | 57.14 | 7.13 | 41.62 | 8.40 |

## 2.农村居民资产增量构成

1978—1991 年，农村居民人均资产增量及其构成见表 8-9 和 8-10。农村居民人均资产增量结构的变化，更清楚地显示出农村居民投资行为的改变图式。从增量的绝对数看，住宅投资具有稳定增长的趋势，储蓄存款除 1988 年比上一年大幅度下跌外，也呈稳定增长态势，另外几种，即生产性固定资产投资、非住宅房屋投资和手持现金均有一定程度的波动性。从各种增量构成上看，住宅投资在大部分年份维持在 40%—45%，构成资产增量中的最大一部分，并且维持一个较稳定的份额。储蓄存款在大多数年份成为仅次于住宅投资的农村居民资产选择的第二个对象。作为农村居民资产选择第三个对象的手持现金年度间波动较大，没有太明显的规律，但在 1982—1991 年，趋向于稳定在 11%—14%。生产性固定资产投资和非住宅房屋投资在全部资产存量中占较小的份额。

农村居民资产增量及其构成变化对本书分析主题有意义的几点是：

第一，资产增量和各组成部分的增长速度在 1978—1991 年均远远超过人均收入的增长速度。

第二，在此期间，农村居民资产选择的排序为：住宅、储蓄存款、手持现金、非住宅房屋和生产性固定资产。

第三，处于农村居民资产选择第一位的住宅投资，在资产增量中所占份额除个别年份外，高达 40% 以上。

## 二、居民资产构成上的城乡差别与农村居民的消费行为

城乡居民资产构成在某些方面有极大差别，这些差别与城乡居民的投资行为、消费行为相关。另一方面，这些差别一旦形成，又影响、制约着城乡居民的投资行为、消费行为。这里，着重分析这些差别对农村居民消费行为的影响。

### 1. 金融资产和实物资产构成差别

就资产存量结构看，城乡差别极大。1978—1991 年，城镇居民金融资产存量所占比重大幅度上升，实物资产存量所占比重大幅度下降，分别增加或减少了 30.32 个百分点。与此形成鲜明对照，同期农村居民金融资产存量所占比重大幅度下降，实物资产所占比重大幅度上升，分别减少或增加了 42.72 个百分点。

在 8.2 节中已分析过，城镇居民金融资产、实物资产存量构成的变化使其资产的流动性增强，在特定条件下，资产流动性的增强

在一定程度上改变了城镇居民的消费路径，即资产流动性增强后的消费路径较在此以前的要平坦一些，如图 8-2 所示。但是，农村居民金融资产、实物资产存量构成的变化是向相反方向发展的。金融资产的大幅度下降和实物资产的大幅度上升使农村居民资产的流动性减弱。由此看来，农村居民的消费路径要比城镇居民的消费路径较陡一些，以图 8-2 说明，应处于消费路径 II 之上。但是，农村居民资产流动性减弱，并不危及本书前面得出的农村居民预算约束由现期一时向跨时过渡的结论以及建立在这一结论之上的论点。基本理由在于，尽管金融资产存量所占份额下降了，但其绝对量却大幅度增加了，1978 年农村居民人均金融资产存量仅 29.28 元，相当于人均收入的 29%；1991 年增加到 484.41 元，增长 15 倍多，已相当于人均收入的 77%。金融资产存量绝对量的增加使农村居民有了跨时预算约束的可能性。另一方面，实物资产以及全部资产的大幅度增长，和它们增长的速度远远超过收入增长的速度，这些事实本身已经说明，农村居民已向跨时规划其消费转变。因为在消费和投资之间，或者说在消费和储蓄之间的选择，无非是在现期消费和未来消费之间的选择，平均消费倾向的下降，反映了选择向未来消费倾斜。

归纳以上分析，农村居民的消费路径虽然较城镇居民的陡一些，但比其自身经济体制改革以前的要平坦一些。

### 2. 住宅投资和福利住房制度

农村居民与城镇居民在资产结构上的重大差别之一在住宅资产上，而且这一差别是导致其他资产结构差别的基本原因，如金融资产和实物资产构成上的差别主要来源于此。

从资产增量构成上看，如上分析过的，农村居民住宅投资所占比重除个别年份外，均在 40% 以上，最高时近 60%。与此相比，城镇居民住宅投资所占比重最高时为 11% 多一点，多数年份在5%—9%。当然，造成这种差别的主要原因众所周知，在于唯独在城镇居民中实行的福利住房制度。农村居民的住宅投资既是一种资产选择行为，又是一种消费行为，后一点的根据是，这些年农村居民的住宅投资平均说来是为了满足其基本的生存条件之一。住宅投资为满足消费需求而不是为满足投资需求的倾向是十分明显的。

主要为满足消费需求的住宅投资制约着农村居民的消费—收入关系，在基本上满足吃、穿等基本生活需要之后，收入增加中的很大一部分用于兴建住宅，相对削弱了对耐用消费品的需求。同时，由于住宅投资的特点，农村居民跨时预算约束倾向加强。这可以从两个方面分析，一方面，住宅投资一次性投入量大，为兴建住宅，农村居民一般已进行了一定时期的有目的的储蓄，一旦兴建，除动用储蓄外，甚至还要筹借一部分资金；另一方面，住宅一旦建成，可以长期使用，并可以作为资产遗留给下一代。仅此而言，农村居民跨时规划消费的动机较城镇居民强。

### 3. 城乡居民消费路径的比较

综合各种因素，1978—1991 年农村居民和城镇居民消费路径的图式，可以通过比较在此期间这两大类不同消费者的边际消费倾向和消费的收入弹性获得。一般来说，边际消费倾向较低和消费收入弹性较小的消费者的消费路径要较为平坦一些；反之则要陡一些。利用式 8.1 和式 8.2，代入 1978—1991 年农村居民和城镇居民消除了价格因素的人均消费、收入数据，回归结果见表 8-11。

表 8-11　城乡居民边际消费倾向和消费收入弹性比较

|  | $\alpha$ | $\beta$ | $R^2$ | S.E. | D.W. |
|---|---|---|---|---|---|
| 式 8.1 | | | | | |
| 农村居民 | 10.170 | 0.812 | 0.992 | 5.334 | 0.691 |
| | （2.685） | （38.721） | | | |
| 城镇居民 | 180.51 | 0.641 | 0.995 | 18.39 | 1.952 |
| | （12.628） | （48.023） | | | |
| 式 8.2 | | | | | |
| 农村居民 | 0.277 | 0.921 | 0.997 | 0.028 | 0.999 |
| | （3.551） | （59.582） | | | |
| 城镇居民 | 1.376 | 0.774 | 0.997 | 0.017 | 2.275 |
| | （16.681） | （64.306） | | | |

回归结果说明，城镇居民的边际消费倾向和消费收入弹性显著低于或小于农村居民的，由此得到结论：农村居民的消费路径要较城镇居民的陡一些。

# 8.4　生命周期假设模型的检验

在对城镇居民和农村居民资产作了较细致的估计和分析的基础上，现在可以用这些数据拟合、检验摩迪里安尼的生命周期假定。

一、两种不同的可测试模型

对摩迪里安尼生命周期假设模型的检验，可以采用两种不同的方法．在缺乏可利用的合乎要求的财富数据的情况下可采用下式；

$$C_t = \alpha_1 Y_t + （\alpha_2 - \alpha_1） Y_{t-1} + （1 - \alpha_2） C_{t-1} \qquad 8.3$$

式 8.3 是根据生命周期模型总量的、高度简化的形式推导出的，这个形式为：

$$C_t = \alpha_1 Y_t + \alpha_2 A_{t-1} \qquad\qquad 8.4$$

式中的 $A$ 为非人力资产净值。假定：

$$A_{t-1} = A_{t-2} + Y_{t-1} - C_{t-1} \qquad\qquad 8.5$$

即，资产净值的变化等于上期资产净值加上本期储蓄。将式 8.4 代入式 8.5：

$$A_{t-1} = A_{t-2} + Y_{t-1} - \alpha_1 Y_{t-1} - \alpha_2 A_{t-2}$$

或　　　　　　$A_{t-1} = (1 - \alpha_2) A_{t-2} + (1 - \alpha_1) Y_{t-1}$

反复替代后获得：

$$A_{t-1} = (1 - \alpha_1) \sum_{j=0}^{\infty} (1 - \alpha_2)^j Y_{t-j-1} \qquad\qquad 8.6$$

将式 8.6 代回式 8.4：

$$C_t = \alpha_1 Y_t + \alpha_2 (1 - \alpha_1) \sum_{j=0}^{\infty} (1 - \alpha_2)^j Y_{t-j-1}$$

再利用库约克转换（Koyck transformation），最后推出式 8.3[1]。

在有可利用的资产净值数据的情况下，可采用另一种估计式：

$$C_t = \alpha Y_t + dA_t + \gamma C_{t-1} \qquad\qquad 8.7$$

上式是由斯通（R. H. Stone）在拟合英国 1949—1970 年之间的年度数据时采用的基本公式[2]，摩迪里安尼认为斯通的这个公式很接近生命周期假定[3]。

---

① 参见 George Hadjimatheou, *Consumer Economics after Keynes: Theory and Evidence of the Consumption Function*, St. Martin's Press, 1987, p. 40。

② 参见斯通的两篇论文：1, "Spending and Saving in Relation to Income and Wealth", *L'Industria*, no. 4, 1966; 2, "Personal Spending and Saving in Post-war Britain", in H. C. Bos et al. ( eds. ) *Economic Structure and Development: Essays in Honour of J. Tinbergen*, 1974。

③ 参见 F. Modigliani, "The Life Cycle Hypothesis of Saving Twenty Years Later", in Andrew Abel ( ed. ) *The Collected Paper of Franco Modigliani*, the MIT Press, 1986, pp. 41-75。

## 二、检验结果及分析

分别代入农村居民和城镇居民的总量人均数据后，式 8.3 回归结果为：

农村　$C_t = 0.908Y_t - 0.923Y_{t-1} + 1.001C_{t-1}$

　　　　（11.507）（-4.586）（4.270）

　　　$R^2 = 0.996$　　$S.E. = 4.128$　　$D.W. = 2.372$

　　　$\alpha_1 = 0.908$，$\alpha_2 = -0.015$

城镇　$C_t = 0.553Y_t - 0.514Y_{t-1} + 0.962C_{t-1}$

　　　　（4.143）（-3.083）（8.483）

　　　$R^2 = 0.990$　　$S.E. = 26.205$　　$D.W. = 2.341$

　　　$\alpha_1 = 0.553$，$\alpha_2 = 0.039$

将 $\alpha_1$ 和 $\alpha_2$ 代入式 8.4，为：

农村　$C_t = 0.908Y_t - 0.015A_{t-1}$

城镇　$C_t = 0.553Y_t + 0.039A_{t-1}$

式 8.7 回归结果为：

农村　$C_t = 0.811Y_t - 0.026A_t + 0.159C_{t-1}$

　　　　（18.451）（-9.342）（2.823）

　　　$R^2 = 0.998$　　$S.E. = 2.293$　　$D.W. = 2.383$

城镇　$C_t = 0.526Y_t - 0.059A_t + 0.474C_{t-1}$

　　　　（5.279）（-4.108）（4.133）

　　　$R^2 = 0.993$　　$S.E. = 22.475$　　$D.W. = 1.617$

两种不同的公式均取得较好的回归结果。比较说明，用两种不同方法获得的农村居民消费函数相对接近一些，收入 $Y_t$ 的系数均为正值，分别为 0.908 和 0.811，资产净值 $A_t$ 的系数均为负值，分别为 -0.015 和 -0.026。但城镇居民消费函数差别较大，主要在资产净值 $A_t$ 的系数，按前一种方法估计的系数为正值 0.39，按后一种方法估计的系数为负值 -0.059。

从回归结果各项检验值看，后一种方法优于前一种方法。更由于后一种方法是用资产净值实际观察值估计系数，其可靠性应大于前一种方法。后一种方法除基本上验证了摩迪里安尼生命周期假定外，也证明了在 8.2 和 8.3 节中所作的分析，几点结论是：

1. 居民资产与居民消费呈负相关关系，随着居民资产增加，居民消费减少。

2. 城镇居民的边际消费倾向，即收入 $Y_t$ 的系数大大低于农村居民的，前者的为 0.526，后者的为 0.811，相差 0.285。说明农村居民与城镇居民相比，其较多的收入增量用于消费。

3. 城镇居民现期消费与滞后消费的关系远比农村居民的密切。滞后消费 $C_{t-1}$ 的系数，农村居民为 0.159，城镇居民则高达 0.474。

4. 由 2. 和 3. 推断，城镇居民的消费路径较农村居民的平坦。

## 8.5　1978 年以后实证检验分析小结

从第 5 章始，到第 8 章止，本书用四章的篇幅以实际数据检验在第 2 章和第 3 章中提出的 1978 年以后时期中有关消费者行为的假定，以及相应的有关消费函数的假说和模型，现在对此做一简要小结。

## 一、消费者行为——攀附的过渡性前瞻行为

在第 2 章曾把 1978 年以后的中国消费者行为假定为攀附的过渡性前瞻行为。所谓"攀附的"是指消费者之间的消费示范效应较强，而"过渡性前瞻"是指消费者处于根据现期收入决定消费向跨时规划消费过渡。这种假定成立的最基本的条件是：存在跨时预算约束的可能性和现实性。在第 4 章中指出居民跨时预算要具备以下两个条件中的至少一个：存在消费信贷等金融机制，或居民有一定的资产存量。第 5 章，尤其是第 8 章的实证分析证明：尽管到 80 年代中后期中国的资金市场尚处于初始阶段，消费信贷等金融机制在居民跨时预算方面的作用还较弱，但居民资产（尤其是城镇居民金融资产）存量的规模已使居民初步具有了跨时预算、跨时规划消费的能力。实证检验一方面验证了居民跨时预算、跨时计划的行为，另一方面则表明，这种行为较新古典理论所假定的要弱得多，但随着改革的进程在逐渐加强，即还在从现期一时预算约束向跨时预算约束的过渡过程中。与此相伴随的是从无风险预期向风险预期过渡，从弱消费示范效应向强消费示范效应过渡。

## 二、中国消费函数假说Ⅲ和假说Ⅳ的验证

第 3 章提出了中国消费函数假说Ⅲ和Ⅳ，即：

假说Ⅲ：新古典理论框架内发展起来的消费函数，主要指弗里德曼的持久收入假定和摩迪里安尼的生命周期假定，对 1978 年以后的中国的可应用性逐渐加大；

假说Ⅳ：较复杂的消费函数对中国的可应用性较小，如理性预期的消费函数。

在那里，上面两个假说是根据对中国消费者行为的外部环境及与此相适应的行为主体的分析推论出来的，现在，第 5 章到第 8 章的实证检验证明：这两个假说成立。当然，两个假说的成立，并不意味着新古典理论框架内发展起来的消费函数能直接适用于分析中国居民消费与收入之间的关系，这一点本书已一再指出。

### 三、基本理论模型的估计

在第 3 章中，本书建立了分时期、分城乡的中国消费函数基本理论模型，其中 1978 年以前时期分城乡的模型在第 4 章中已作了估计。这里在第 5 章到第 8 章前面几节分析的基础上，估计 1978 年以后时期分城乡的消费函数基本理论模型。1978 年以后分城乡的模型为：

$$城镇 \quad C_u = \beta_1 Y + \beta_2 A + \beta_3 SU \qquad 3.11$$

$$农村 \quad C_r = \beta_1 Y + \beta_2 A \qquad 3.12$$

式中，$C_u$ 和 $C_r$ 分别为城镇居民和农村居民的消费，$Y$ 分别为城镇和农村居民的收入，$A$ 分别为城镇和农村居民的资产存量，$SU$ 为城镇居民享受的实物补贴。在假定式 3.11 和式 3.12 满足线性回归条件的前提下，代入相应数据的回归结果列于表 8-12。

表 8-12　式 3.11 和式 3.12 回归结果

| | $\alpha$ | $\beta_1$ | $\beta_2$ | $\beta_3$ | $R^2$ | S.E. | D.W. |
|---|---|---|---|---|---|---|---|
| 城镇居民 | −6.622 | 1.023 | −0.159 | −0.228 | 0.998 | 52.26 | 1.859 |
| | (−0.106) | (9.831) | (−3.663) | (−1.212) | | | |
| | − | 1.015 | −0.155 | 0.229 | 0.998 | 49.86 | 1.868 |
| | | (14.50) | (−6.623) | (−1.273) | | | |
| 农村居民 | −176.10 | 1.200 | −0.202 | − | 0.999 | 30.75 | 2.341 |
| | (−4.648) | (28.80) | (−10.247) | | | | |

　　从回归结果看，除城镇居民消费数据模型回归中的常数项不具统计显著性，可以去掉外（落下常数项的回归结果列在表 8-12 中的第 3 和第 4 列），其他各项回归结果均成立，并取得很好的拟合结果，从而验证了本书在第 3 章中建立的 1978 年以后分城乡的消费函数基本理论模型。

　　回归结果说明，1978—1991 年，城镇居民消费与其货币收入正相关，与其资产存量和享受的实物补贴负相关；同样，农村居民消费与其货币收入正相关，与其资产存量负相关。这也与本书有关章节中理论分析的推论相吻合。

# 9  分析结论和政策含义

## 9.1  分析结论

### 一、消费者行为假定的主要结论

本书以新古典理论的基本框架为参照系，分析比较了新古典理论、凯恩斯理论关于消费者行为的外部环境设定与传统社会主义经济体制下的实际情况的差异，关于消费者行为内在设定的差异，以及中国 1978 年经济体制改革前后两个时期中消费者行为外部环境和内在设定的实际情况的变异。

分析比较结果归纳在第 2 章的几张表中。

比较分析得出的结论是：中国 1978 年以前的消费者是**被束缚的、近视的、原始的消费者**，这种消费者的行为是短期的，即近似于凯恩斯的消费者，但两者之间的一个重要区别是前者很少有消费选择自由，而后者有很大的消费选择自由。中国消费者在这一时期的短期行为上被动因素居主导地位，政府的消费基金控制、基本消费品限量供给和短缺等因素限制了消费者行为的主动成分。

本书把 1978 年以前中国消费者行为假定为**被动的短期行为**。

1978 年改革以后，由于消费者行为的外部环境的变化，消费行为开始改变。如果以各种消费函数理论关于消费者行为的假定为参照系，那么，中国 1978 年以后的消费者由近似凯恩斯的原始的消费者向新古典理论的消费者转变，其前瞻行为逐渐形成。同时，在改革的特定环境中，随着收入分配差距的拉开和各种新的、较高档次的消费品的涌现，消费者之间的攀附行为强化。

本书把 1978 年以后中国消费者行为假定为**攀附的、过渡性前瞻行为**。

关于 1978 年前后两个时期中消费者行为的上述基本假定，是就中国消费者整体而言的。城镇消费者行为和农村消费者行为虽然有些不同，但是在基本假定方面是相同的。

## 二、对假说和模型作实证检验过程中得出的主要结论

1.1952—1978 年，城乡居民的现期消费主要取决于现期收入。本书验证了这个结论成立的基本前提条件：居民消费行为的基本约束条件是非跨时的、现期一时预算约束。考虑到的其他因素有，城乡居民的消费行为受到消费品定量配给和短缺的制约，农村居民的消费行为则同农村商品经济不发展，整个农村经济处于半自给经济状态，受实物收入和自给性消费的影响很大。

2.1978—1991 年，新古典理论框架内的几种主要消费函数假定对中国的适用性逐渐增加。几种主要消费函数假定指杜森贝里等人提出的相对收入假定，弗里德曼提出的持久收入假定和摩迪里安尼等人提出的生命周期假定。

3.合理预期假定的消费函数不适用于中国情况。这是通过实证

检验罗伯特·E.霍尔提出的"随机游走"模型后得到的结论。

4.1952—1978 年，城镇居民平均消费倾向接近为一常数，变化不大，没有明显的上升和下降趋势，且值较大。1978—1991 年城镇居民平均消费倾向有明显的下降趋势，下降幅度较大，与此相关，其边际消费倾向和消费的收入弹性均呈下降趋势，消费随收入变动而变动的程度减小；农村居民平均消费倾向下降的趋势不像城镇居民那样明显，但与 1952—1978 年相比，有较大幅度下降。平均消费倾向下降说明：a）居民消费与现期收入的关系相对弱化；b）收入中用于储蓄的份额增加。

5.在居民现期消费与过去消费的关系上，过去消费对于现期消费具有一种"稳定效应"，即为习惯坚持效应。

6.1978 年以后，无论是城镇居民还是农村居民，消费的示范效应随着收入分配差距的扩大而强化，农村居民间的消费示范效应比城镇居民强得多。

7.把居民收入、消费分别划分为持久收入、暂时收入和持久消费、暂时消费，1978—1991 年，暂时消费与收入的变动不相关，持久消费与收入中的暂时性部分关系不大，暂时收入与消费的变动不相关，持久收入与消费中的暂时消费部分关系不大。居民消费对持久收入的敏感性较强，对暂时收入的敏感性较弱，消费主要取决于收入中的持久性部分；居民收入中的暂时性部分（暂时收入）波动幅度较大，城镇居民购买耐用消费品支出和储蓄存款与暂时收入密切相关。

8.对影响消费、收入因素分析得出结论：a）实物补贴（包括住房补贴、价格补贴和医疗费用补贴等）。其对城镇居民消费的解释力很弱，原因在于实物补贴与货币收入的相对变动，1978—1984 年两者以大体相同的速度增加，实物补贴在广义收入（货币收入＋实物补贴）中所占比重上升；1984 年以后，货币收入增加的速度明显高于实物补贴增加的速度，致使后者在广义收入中所占比重下降。b）利率。利率对于消费和储蓄的效应很不确定，1978—1991 年，居民储蓄存款增长率同利率的相关程度很低，利率变动对平均消费倾向的影响很弱。c）价格预期。1978—1991 年，价格预期对居民消费支出总额的影响比较确定，两者为正相关关系，但价格预期对居民平均消费倾向基本上没有什么影响。d）货币数量。同价格预期一样，流通中货币的数量与居民消费支出总额正相关，但与居民货币收入在消费和储蓄之间的分配不相关。e）人口。人口增长使居民消费支出总额增加，这是确定无疑的，但是人口变动与居民平均消费倾向基本不相关。

　　9. 居民资产选择和个人投资行为对消费的影响。从总量上看，居民资产构成已发生很大变化，1978 年以后，居民实物资产拥有量已占其全部资产的相当大份额。尤其进入 80 年代以来，其所占比重已超过金融资产。但是，城乡之间反差极大，1978—1991 年城镇居民资产存量中，金融资产所占比重稳定上升，1980 年超过实物资产，1991 年已占其总资产的四分之三强，表明城镇居民资产存量的流动性增强；与此完全相反，同期农村居民资产存量中，实物资产所占比重稳定上升，1983 年超过金融资产，1991 年已占其全部资产的五分之三强，表明农村居民资产的流动性减弱。城镇居民资产的流动性比农村居民的强得多，就此而言，城镇居民的消费路径要较农村居民的平坦些。但从居民资产选择排序方面看，农村居民跨时计划消费的动机较城镇居民强。

## 9.2  结论的政策含义

现代经济理论关于消费函数及其微观基础——消费者行为研究的最终落脚点，是有关宏观经济政策实际效应和政策取向的判定，焦点在于消费行为对整个宏观经济运行的影响。就本书而言，关于上述主要结论的政策含义（主要是宏观经济政策含义），在相关章节中已分别从不同的角度加以阐释，这里不再一一赘述，仅着重归纳指出以下两点。

### 1. 经济稳定政策含义

在现代经济理论中，消费对收入的关系始终被看作为宏观政策分析的关键所在。在西方经济理论界，按照传统的观点，消费者在总需求的决定上仅仅扮演一个被动的角色，实际收入的变动能够迅速地和充分地导致消费的相应变动。依此观点，税收等能导致收入变动的某些宏观调控手段被看作是反周期波动的、强有力的稳定经济的工具。与此相反，在新古典理论框架内发展起来的消费函数理论，主要是持久收入假定、生命周期假定和按合理预期观点再界定的生命周期—持久收入假定，则从消费者追求跨时（跨代）效用最大化立论，坚持认为，消费者并不是被动地随其收入的变动而改变其消费，当消费者认识到收入的变动是暂时性的而不是持久性的时候，他们一般不会改变其消费水平（或者做很小的改变）。在这种情况下，仅仅影响消费者暂时收入变动的那些宏观经济政策是否能成为经济稳定的工具是值得怀疑的。

　　新古典理论的这种观点当然是以西方某些国家的消费者行为设定为基础的。由于种种制度因素，我国消费者行为与新古典理论中假定的消费者行为有所差异，但消费者行为应作为选择恰当的经济稳定政策工具的出发点之一却是无疑的，本书对于消费者行为研究的意义也正在于此。第2章关于中国消费者行为的分期分析表明，中国1978年以前的消费者是被束缚的、近视的、原始的消费者，其典型特征是被动的短期行为，其现期消费主要取决于现期收入。但是，1978年以后，中国消费者从"无风险预期"向"风险预期"消费行为转变，其跨时规划消费的行为逐渐加强，消费对收入的关系随之发生质的变化。这些变化对于宏观政策的效应产生了明显的影响。第7章关于消费同收入不同部分（持久收入、暂时收入）的实证分析证明，如果消费者意识到收入的变动是暂时的而不是持久的，他们很少改变其消费。在这一章分析的两个实证例子（1985年和1988年由中央政府实行的紧缩政策）印证了这一点。1978年后，尤其是1985年以后随着经济体制改革分量的加大，传统体制向新体制过渡的步伐加快，消费者行为的改变致使宏观政策对于总需求的组成部分之一——消费需求的效应的力度和方向有所改变。正是由于这种改变，两次紧缩政策的实施对于抑制短期居民消费需求的作用不明显。可见，把握消费者行为是选择、制定经济稳定政策的基础。

　　此外，从实证的角度，凯恩斯经济学及新古典综合派理论已经揭示出，在经济周期波动中，消费具有一种"棘轮效应"，即当收入在周期波动的低谷阶段下降时，消费维持不变或下降较小，这使总需求中的消费需求部分较投资需求稳定得多，消费需求的这一性质对于经济衰退具有遏制作用。1978—1991 年，我国经济已经经历过三个"增长周期"，在周期波动中，波动不是表现为经济的绝对下降或上升，而是表现为经济增长速度减慢或加快，与此相关，居民收入的波动也不是表现在绝对额的增减上，而是表现在增加速度的快慢上。在这个意义上，消费的"棘轮效应"不明显。但是，上述过去消费对于现期消费具有一种"稳定效应"的结论表明，消费的相对稳定性对于我国宏观经济的稳定仍有一定的意义。

**2. 经济增长政策含义**

与 1978 年以前不同，1978 年以后，居民现期消费与现期收入的相关性弱化，平均消费倾向下降，居民的储蓄部分以银行存款、购买有价证券、购买耐用消费品或住宅的方式，转向投资领域，居民储蓄成为经济增长所需资本的重要来源。这与经济史上，一些国家在经济高速增长时期，居民的边际消费倾向小于平均消费倾向，使后者趋于下降的史实相吻合。但是，影响居民收入在消费和储蓄之间分配的因素是多样的和复杂的。本书的分析揭示了各种因素对居民收入在消费和储蓄间分配上的作用方向及强弱，以及城镇居民和农村居民在资产选择偏好上的排序和投资行为上的差异，这些对于制定恰当的经济增长政策具有一定的意义。

# 9.3 需要进一步研究的问题

囿于笔者所能获得利用的资料，主要是有关消费函数研究的统计数据，以及中国经济体制改革以来的时间不长，消费者还没有足够的时间完全形成一种与旧时体制下不同的消费行为，本书对于消费函数的研究还余留一些问题，其中主要的有：

**1. 单个家庭历史数据的分析**

本书研究消费函数利用的主要是总量数据，如时间序列的居民收入、消费等，即使是家庭预算数据，也是经过统计部门汇总整理过的样本组平均数值。虽然这些数据能够基本上满足总量消费函数研究的要求，但是，用于研究消费者行为——这个微观经济（宏观经济的微观基础）层面上的课题，其不足则是明显的：总量数据和平均数值遮盖去个体数据的一些重要特征。对消费者行为的进一步研究，还有赖于对单个家庭（消费单位）历史数据的分析，这也是消费函数研究的新方向之一[①]。当然，要在这个新的方向上取得进展，还有待于单个家庭历史数据的积累和开发，这方面寄希望于统计部门。

**2. 社会集团消费对个人消费行为的影响**

社会集团消费中的一部分直接转化为个人消费，对个人消费行为产生一定的影响。

本书在 1978 年以后时期城镇居民消费函数基本理论模型中纳入的解释变量之一实物补贴，在 7.2 节关于实物补贴对消费—收入关系的影响分析中，实际上已涉及社会集团消费对个人消费行为和

---

① 参见〔美〕罗伯特·E.霍尔、〔美〕约翰·B.泰勒：《宏观经济学》，陈勇民等译，中国经济出版社 1988 年版。

消费函数的影响。如公费医疗补贴，与其相应的物质内容医疗设备、药品等，按其性质属于社会集团消费。但是，由于很难获得有关社会集团消费及转化为个人消费部分的较准确、较全面的数据资料，本书没有专门论述社会集团消费对个人消费行为和消费函数的影响。虽然依笔者所见，这并不影响本书分析所得出的主要结论，但确为需进一步研究的问题之一。

### 3. 经济周期波动对消费—收入关系的影响

本书在一些章节分析中涉及经济周期波动与消费—收入关系之间的相互作用，如 7.1 节关于持久收入和暂时收入的分析，但没有专设章节进行分析，原因仍在于可利用的数据。根据本书的方法论原则之一，分两个时期建立消费函数模型，重点放在 1978 年以后时期。依此，研究 1978 年以后时期中经济周期与消费—收入之间的关系，如果分析的是长期关系，时间序列数据跨度尚嫌太短；如果分析的是短期关系，缺乏季度数据。故舍之。

# 参考文献

《马克思恩格斯全集》，人民出版社 1965 年至 1985 年版。

《资本论》，人民出版社 1975 年版。

〔英〕希克斯：《价值与资本》，薛番康译，商务印书馆 1962 年版。

〔英〕凯恩斯：《就业利息和货币通论》，徐毓枬译，商务印书馆 1963 年版。

〔英〕马克·布劳格：《经济学方法论》，黎明星等译，北京大学出版社 1990 年版。

〔英〕特伦斯·W. 哈奇森：《经济学的革命与发展》，李小弥、姜洪章译，北京大学出版社 1992 年版。

〔英〕詹姆斯·E. 米德：《效率、公平与产权》，施仁译，北京经济学院出版社 1992 年版。

〔美〕A.S. 艾克纳主编：《经济学为什么还不是一门科学》，苏通等译，北京大学出版社 1990 年版。

〔美〕爱德华·夏皮罗：《宏观经济分析》，王文钧等译，中国社会科学出版社 1985 年版。

〔美〕丹尼尔·贝尔、〔美〕欧文·克里斯托尔：《经济理论的危机》，陈彪如等译，上海译文出版社 1985 年版。

〔美〕杜森贝里（Duesenberry, James S.）：《所得、储蓄与消费者行为之理论》，侯家驹译，台湾银行经济研究室 1968 年版。

〔美〕弗里德曼：《弗里德曼文萃》，高榕等译，北京经济学院出版社 1991 年版。

〔美〕H.H. 利布哈弗斯基（Liebhafsky H.H.）：《价格原论》上册，毛育刚译，台湾银行经济研究室 1970 年版。

〔美〕赫伯特·A. 西蒙:《人工科学》,武夷山译,商务印书馆 1987 年版。

〔美〕加德纳·阿克利:《宏观经济理论》,陈彪如译,上海译文出版社
　　1981 年版。

〔美〕加里·S. 贝克尔:《家庭经济分析》,彭松建译,华夏出版社 1987
　　年版。

〔美〕罗伯特·E. 霍尔、〔美〕约翰·B. 泰勒:《宏观经济学》,陈勇民等
　　译,中国经济出版社 1988 年版。

〔法〕莱昂·瓦尔拉斯:《纯粹经济学要义》,蔡受百译,商务印书馆
　　1989 年版。

〔意〕摩迪里安尼等:"效用分析与消费函数:对横断面资料的一个解
　　释",载肯尼斯·栗原:《凯恩斯学派经济学(内部读物)》,蔡受百
　　译,商务印书馆 1964 年版。

〔匈〕科尔内:《短缺经济学》,高鸿业校,经济科学出版社 1986 年版。

〔匈〕科尔内:《增长、短缺与效率:社会主义经济的一个宏观动态模
　　型》,崔之元、钱铭今译,四川人民出版社 1986 年版。

〔波〕米哈尔·卡莱斯基:《社会主义经济增长理论导论》,符钢战译,上
　　海三联书店 1988 年版。

世界银行经济考察团:《中国:长期发展的问题和方案(主报告)》,中
　　国财政经济出版社 1985 年版。

世界银行经济考察团:《中国:宏观经济稳定与工业增长》,中国财政经
　　济出版社 1990 年版。

世界银行经济考察团:《中国:计划与市场》,章晟曼译,中国财政经济
　　出版社 1991 年版。

世界银行经济考察团:《中国:社会主义经济的发展》,财政部外事财务
　　司组织译校,中国财政经济出版社 1983 年版。


陈宗胜:《经济发展中的收入分配》,上海三联书店 1991 年版。

程秀生:《2000 年中国的人民消费》,中国社会科学出版社等 1987 年版。

邓英淘等:《中国预算外资金分析》,中国人民大学出版社 1990 年版。

樊纲等:《公有制宏观经济理论大纲》,上海三联书店 1990 年版。

符钢战等:《社会主义宏观经济分析》,学林出版社 1986 年版。

谷书堂:《社会主义经济学通论:社会主义经济的本质、运行与发展》,
上海人民出版社 1989 年版。

国家统计局:《中国统计年鉴》1981—1992 年各卷,中国统计出版社版。

国家统计局城市抽样调查总队:《1987 年全国城镇居民家庭收支调查资
料》,中国统计出版社 1988 年版。

国家统计局城市抽样调查总队:《"六五"期间我国城镇居民家庭收支调
查资料》,中国统计出版社 1987 年版。

国家统计局城市社会经济调查总队:《中国城镇居民家庭收支调查资料》,
1988—1991 年各卷,中国统计出版社 1989、1990、1991、1992 年版。

国家统计局贸易物价统计司:《中国贸易物价统计资料(1952—1983)》,
中国统计出版社 1984 年版。

国家统计局国民经济平衡统计司:《国民收入统计资料汇编(1949—1985)》,
中国统计出版社 1987 年版。

蒋学模:《社会主义宏观经济学》,浙江人民出版社 1990 年版。

李扬:《财政补贴经济分析》,上海三联书店 1990 年版。

李子奈:《计量经济学:方法和应用》,清华大学出版社 1992 年版。

厉以宁:《消费经济学》,人民出版社 1984 年版。

厉以宁:《中国宏观经济的实证分析》,北京大学出版社 1992 年版。

林白鹏等:《中国消费结构学》,经济科学出版社 1987 年版。

刘国光、戴园晨等:《不宽松的现实和宽松的实现:双重体制下的宏观经
济管理》,上海人民出版社 1991 年版。

柳随年等:《中国社会主义经济简史》,黑龙江人民出版社 1985 年版。

刘迎秋:《总需求变动规律与宏观政策选择:中国(1952—1990 年)经
验的理论分析》,陕西人民出版社 1993 年版。

张风波:《中国宏观经济结构分析》,人民出版社 1987 年版。

张风波:《中国宏观经济结构与改革》,中国财政经济出版社 1987 年版。

张风波:《中国宏观经济结构与政策》,中国财政经济出版社 1988 年版。

张卓元等:《中国十年经济改革理论探索》,中国计划出版社 1991 年版。

中国金融学会:《1992 中国金融年鉴》,中国金融年鉴编辑部 1992 年版。

中国农村发展问题研究组：《国民经济新成长阶段与农村发展（经济研究报告）》，浙江人民出版社 1987 年版。

中国经济体制改革研究所宏观经济研究室：《改革中的宏观经济》，四川人民出版社 1988 年版。

中国人民银行综合计划司：《利率实用手册》，中国财政经济出版社 1991 年版。

顾海兵："我国居民消费的特点与函数"，《数量经济技术经济研究》1987 年第 12 期。

秦朵："居民消费与收入关系的总量研究"，《经济研究》1990 年第 7 期。

王美今、曾五一："论我国经济体制改革前后宏观消费函数的演变"，《数量经济技术经济研究》1990 年第 4 期。

萧高励："我国二元经济中消费函数的特殊性探微"，《财经研究》1989 年第 2 期。

赵人伟、李实："中国居民收入分配：城市、农村和区域"，《改革》1992 年第 2 期。

中国城镇居民收入分配课题组："我国经济改革进程中个人收入分配的特点"，《改革》1991 年第 5 期。

中国社会科学院经济研究所居民行为课题组："居民的消费选择与国民经济成长"，《经济研究》1988 年第 1 期。

中国社会科学院研究所居民行为课题组："我国居民收入、消费、储蓄及其意向调查资料"，《经济研究资料》1988 年 7 月号。

中国社会科学院经济研究所中国城乡居民收入分配研究课题组："中国城镇居民的收入分配统计报告"，《经济工作者学习资料》1991 年第 1 期。

朱宪辰："理性预期持久收入假设与检验方法"，《数量经济技术经济研究》1993 年第 3 期。

陈继信、叶长林："农民家庭收支调查"，载中国农业年鉴编辑委员会：《中国农业年鉴（1983）》，农业出版社 1984 年版，第 381—382 页。

王于渐："中国消费函数的估计与阐释"，载于景元等：《中国经济改革与发展之研究》，商务印书馆 1990 年版。

Deaton A., *Essays in the Theory and Measurement of Consumer Behaviour:in Honour of Sir Richard Stone*, Cambridge University Press, 1981.

Duesenberry J. S., *Income, Saving and the Theory of Consumer Behavior*, Harvard University Press, 1949.

Friedman M., *A Theory of the Consumption Function*, Princeton University Press, 1957.

Friedman M., *Studies in the Quantity Theory of Money*, University of Chicago Press, 1956.

Greenwald D. et al., *The McGraw-Hill Dictionary of Modern Economics*, 3th ed., McGraw-Hill Book Company, 1983.

Gujarati D., *Basic Econometrics*, McGraw-Hill Book Company, 1978.

Haavelmo T., *Methods of Measuring the Marginal Propensity to Consume, Studies in Econometric Method*, Hood W. C., Koopmans T. C., Wiley, 1953.

Hadjimatheou G., *Consumer Economics after Keynes: Theory and Evidence of the Consumption Function*, St. Martin's Press, 1987.

Hall R. E., Taylor J. B., *Macroeconomics: Theory, Performance and Policy*, 2nd ed., W. W. Norton & Company, 1988.

Hansen L. P., Sargent T. J., *Linear Rational Expectations Models for Dynamically Interrelated Variables*, Federal Reserve Bank of Minneapolis, 1980.

Henderson J. M., Quandt R. E., *Microeconomics Theory: A Mathematical Approach*, 3th. ed., McGraw-Hill Book Company, 1980.

Hicks J. R., *Methods of Dynamic Economics*, Clarendon Press, 1985.

Johnston J., *Econometric Methods*, 3th. ed., McGraw-Hill Book Company, 1984.

Keynes J. M., *The General Theory of Employment, Interest and Money*, St. Martin's Press, 1973.

Lipsey R. G., Steiner P. O., *Economics*, 5th ed., Harper & Row, 1978.

Lucas R. E., *Models of Business Cycles*, Basil Blackwell, 1987.

Pigou A. C., *Employment and Equilibrium: A Theoretical Discussion*, 2nd ed., Mcmillan, 1952.

Pindyck R. S., Rubinfeld D. L., *Econometric Models & Economic Forecasts*, 2nd ed., McGraw-Hill Book Company, 1981.

Sargent T. J., *Dynamic Macroeconomic Theory*, Harvard University Press, 1987.

Shapiro E., *Macroeconomic Analysis*, 5th ed., Harcourt Brace Jovanovich, 1982.

Tobin J., Dolde W., *Wealth, Liquidity, and Consumption, Consumer Spending and Monetary Policy: The Linkages*, Federal Reserve Bank of Boston,1971.

Tobin J., *Essays in Economics, vol.2: Consumption and Econometrics*, North-Holland Publishing Company, 1975.

Weintraub E. R., *Microfoundations: The Compatibility of Microeconomics and Macroeconomics*, Cambridge University Press, 1979.


Altig D., Davis S. J., "The Timing of Intergenerational Transfers, Tax Policy, and Aggregate Savings", *The American Economic Review*,vol.82, no.5, Dec.1992.

Altonji J. G. et al. (1992), "Is the Extended Family Altruistically Linked? Direct Tests Using MicroData", *The American Economic Review*, vol.82, no.5, Dec.1992.

Ando A. and Franco M., "The "Life Cycle" Hypothesis of Saving: Aggregate Implications and Tests", *The American Economic Review*, vol.53, no.1-2, Mar.1963.

Barro R. J., "Are Government Bonds Net Wealth"?, *Journal of Political Economy*, vol.82, 1974.

Bernheim B. D. et al., "The Strategic Bequest Motive", *Journal of Political Economics*, vol.93, no.6, 1985.

Brown T. M., "Habit Persistence and Lags in Consumer Behaviour", *Econometrica*, vol.20, no.3, July 1952.

Chow G. C., "A Model of Chinese National Income Determination", *Journal of Political Economy*, vol.93, no.4, 1985.

Corbo V., Schmidt-Hebbelk, "Public Policies and Saving in Developing Countries", *Journal of Development Economics*, vol.36, no.1, 1991.

Davidson J. E. H. et al., "Econometric Modelling of the Aggregate Time-Series Relationship between Consumers Expenditure and Income in the United Kingdom", *Economic Journal*, vol.88, no.352, 1978.

Farrell M. J., "The New Theories of the Consumption Function", *The EconomicJournal*, vol.69, no.276, Dec.1959.

Feder G. et al., "The Determinants of Farm Investment and Residential Construction in Post-Reform China", *Economic Development and Cultural Change*, vol.41, no.1, Oct. 1992.

Ferber R., "Consumer Economics: A Survey" ,*Journal of Economic Literature*, vol.ll, no.4, Dec.1973.

Friedman B. M., Kuttner K. N., "Money, Income, Prices, and Interest Rates", *The American Economic Review*, vol.82, no.3, Jun.1992.

Gali J, "Budget Constraints and Time—Series Evidence on Consumption", *TheAmerican Economic Review*, vol.81, no.5, Dec.1991.

Goodfriend M., "Information —Aggregation Bias", *The American Economic Review*, vol.82, no.3, Jun.1992.

Hall R. E., Mishkin F. S., "The Sensitivity of Consumption to Transitory Income: Estimates from Panel Data on Households", *Econometrica*, vol.50, no.2, Mar.1982.

Hall R. E., "Stochastic Implications of the Life Cycle-Permanent Income Hypothesis: Theory and Evidence", *Journal of Political Economics*, vol.86, no.6, 1978.

Hansen L. P., Sargent T. J., "Formulating and Estimating Dynamic Linear Rational Expectations Models", *Journal of Economic Dynamics and Control*, vol.2, 1980.

Hoover K. D., Sheffrin S. M., "Causation, Spending, and Taxes: Sand in the Sandbox or Tax Collector for the Welfare State?", *The American Economic Review*, vol.82, no.1, Mar.1992.

Kotlikoff L. J., "Taxation and Savings: A Neoclassical Perspective", *Journal of Economic Literature*, vol.XXII, no.4, 1987.

Laumas P. S., "Wealth and Consumer Horizon: Evidence from a Developing Economy", *Review of Income and Wealth*, vol.38, no.1, Mar.1992.

Laumas P. S. et al., "Wealth, Income, and Consumption in a Developing Economy", *Journal of Macroeconomics*, vol.14, no.2, Spring 1992.

Lubell H., "Effects of Redistribution of Income on Consumers' Expenditures", *The American Economic Review*, vol.37, no.1, Mar.1947.

Mayer T., "The Propensity to Consume Permanent Income", *The American Economic Review*, vol.56, no.5, Dec.1966.

Modigliani F., "Fluctuations in the Saving-Income Ratio: A Problem in Economic Forecasting", *Studies in Income and Wealth*, vol.11, NBER, 1949.

Modigliani F., "Life Cycle, Individual Thrift, and the Wealth of Nations", *The American Economic Review*, vol.76, no.3, Jun.1986.

Morgan J. N., "Consumer Investment Expenditures", *The American Economic Review*, vol.48, no.5, 1958.

Okun A. et al., "The Personal Tax Surcharge and Consumer Demand, 1968-70", *Brookings Papers on Economic Activity*, vol.1971, no.1, 1971.

Paxson C. H., "Using Weather Variability to Estimate the Response of Savings to Transitory Income in Thailand", *The American Economic Review*, vol.82, no.1, Mar.1992.

Podkaminer L., "Macroeconomic Disequilibria in Centrally Planned Economies: Identifiability of Econometric Models Based on the Theory of Household Behavior under Quantity Constraints", *Journal of Comparative Economics*, vol.13, no.1, 1989.

Stone R. H., "Spending and Saving in Relation to Income and Wealth", *L'Industria*, no.4, 1966.

Tobin J. "A Survey of the Theory of Rationing", *Econometrica*, vol.20, no.4, Otc, .1952.

Tobie J., Houthakker H. S., "The Effects of Rationing on Demand Elasticities", *The Review of Economic Studies*, vol.18, no.3, 1950.

Wang Z., Chern W. S., "Effects of Rationing on the Consumption Behavior of Chinese Urban Households during 1981-1987", *Journal ofComparative Economics*, vol.16, no.1,1992.

Wilcox D. W., "The Construction of U.S. Consumption Data: Some Facts and Their Implications for Empirical Work", *The American Economic Review*, vol.82, no.4, Sept.1992.


Begg D., "The Rational Expectations Revolution", in Begg, D., *Macroeconomics: Theories and Evidence*, Philip Allan Publishers Ltd., 1982.

Duesenberry J. S., "Income-Consumption Relations and Their Implications", in Lloyd M. et al., *Income, Employment and Public Policy*, W. W. Norton & Company, 1984.

Ferber R., "Research on Household Behavior, 1962", in Keiser N. F., *Readings in Macroeconomics Theory, Evidence, and Policy*, Prentice-Hall, Inc., 1970.

Ishikawa T. et al., "The Bonus Payment System and Japanese Personal Savings", in Aoki M., *The Economics Analysis of the Japanese Firm*, North-Holland, 1984.

Keiser N. F., "Consumption and Saving", in Keiser N. F., *Readings in Macroeconomics Theory, Evidence, and Policy*, Prentice-Hall, Inc., 1970.

Keiser N. F., "The Consumption-Income Hypothesis and Some of theEvidence", in Keiser N. F., *Readings in Macroeconomics Theory, Evidence, and Policy*, Prentice-Hall, Inc., 1970.

King M., "The Economics of Saving: A Survey of Recent Contributions", inArrow K. J. et al., *Frontiers of Economics*, Oxford, 1985.

Marglin S. A., "Alternative Theories of Saving, Distinguishing Saving

Theories Empirically", in Marglin S. A., *Growth, Distribution, and Prices*, Harvard University Press, 1984.

Modigliani F. et al., "Utility Analysis and the Consumption Function: An Interpretation of Cross-Section Data", in Kurihara K. K., *Post Keynesian Economics*, Allen & Unwin, 1955.

Modigliani F., "The Life Cycle Hypothesis of Saving Twenty Years Later", in Andrew A., *The Collected Paper of Fraco Modigliani*, the MIT Press, 1986.

Muth J. F., "Optimal Properties of Exponentially Weighted Forecasts", in Robert E. L., Sargent L. J., *Rational Expectations and Econometric Practice: vol.1*, University of Minnesota Press, 1981.

Muth J.F., "Estimation of Economic Relationships Containing Latent Expectation Variables", in Robert E. L., Sargent L. J., *Rational Expectations and Econometric Practice: vol.1*, University of Minnesota Press, 1981.

Stone R. H., "Personal Spending and Saving in Post-War Britain", in Bos H. C. et al., *Economic Structure and Development: Essays in Honour of Jan Tinbergen*, North-Holland Publishing Company, 1974.

Taylor J. B., "Rational Expectations Models in Macroeconomics", in Arrow K. J., Honkapohja S., *Frontiers of Economics*, Basil Blackwell, 1985.

# 后　　记

　　本书是我于 1993 年冬在南开大学通过的博士论文的修改稿。自从 1984 年作硕士论文涉足消费经济理论领域始，至今已近十年，其间，与他人合作承担并完成了国家"六五"和"七五"有关消费方面的哲学社会科学重点科研项目，在山东大学为高年级本科生开过消费经济理论专题研究课，为研究生开过宏观经济分析课（其中包括消费函数分析）。消费经济理论成为我的主要研究方向之一。1991 年秋入南开大学，在导师谷书堂教授和朱光华教授指导下攻读博士学位，学位论文选题即定为居民消费、储蓄与经济发展。之后，在两位先生精心指导下，选修课目，搜集资料，开展调查，研读文献，确定题目，反复修改提纲，直至撰写出初稿和修改定稿，以及撰写、修改论文详细摘要。在此过程中，两位先生倾注了大量的心血。这本书的顺利完成是与他们的鼓励、关怀和帮助分不开的。

　　论文初稿成文后，我的硕士研究生导师、山东大学的林白鹏教授读了理论分析部分，南开大学的陈宗胜博士通读了全文，他们提出一些宝贵的修改意见。北京大学的刘方棫教授、中国社会科学院的杨圣明和贺菊煌研究员等曾对论文提纲提过改进意见。曾任世界银行高级经济专家的杨叔进博士对研究中国消费函数的方法作过指点。

　　南开大学老一辈的经济学家对我的惠予是许多的，德高望重的杨敬年教授、魏埙教授不仅授给我经济发展理论和现代西方经济学著作选读课，而且无私地、毫无保留地为我提供了一些难得的资料。

　　在论文构思、酝酿阶段，学兄们之间的学术切磋使我获益匪浅，同时，南开大学1991级博士研究生中的浓厚的学术氛围，和同这一年级经济类其他专业以及哲学、历史、中文、物理、数学、化学等学科的博士研究生的跨专业、跨学科的交流，使我受到启迪和少走了许多弯路。在建立数据库、处理数据和论文打印过程中，张灿副教授、范振义、纪益员和李江卫同志给予了帮助和方便。在天津和去北京、济南、青岛、烟台、威海、广州、中山、深圳、郑州、许昌、三门峡等地的调查过程中，这些地方的统计局、城调队、农调队、工商局、税务局和金融等部门的许多同志给予了热情的款待和大力的帮助。

　　在论文评议和答辩过程中，胡代光、刘方棫、戴园晨、赵人伟、宋则行、蒋学模、宋承先、高峰等诸位先生对论文的基本观点和方法给予充分肯定，并提出一些中肯的建议。上海人民出版社社长兼总编辑陈昕先生和编审魏允和先生在本书编审中提出若干重要的修改意见，为本书的出版作了种种努力。

　　我的亲人（父、母、岳母、弟妹们）和许多朋友从不同的方面关心着我、鼓舞着我，支持我攻读博士学位。

　　原论文初稿由我的妻子于新建女士输入微机，并校对了打印校样。在我攻读博士学位期间，她承担了全部家务，承受了两地分居的许多不便和培育儿子之责。本书成文期间，她和我们的儿子以极大的耐心支持我集中全部精力攻关。

导师和老一辈的恩惠，同事、同学、朋友和亲人们的帮助使我得以提前顺利地完成博士论文并修改成书。对于他们的恩惠和帮助，我将终生难忘。我仅仅希冀这本书没有辜负他们的厚待和期望，并以此书表达我的无法言喻的感谢、感激之情。

1994 年 3 月 18 日于泉城济南